Golf — Spiel mit Kopf

Mel Flanagan

Für meine Frau Imelda

Die Fotos wurden uns freundlicherweise zur Verfügung gestellt von:

Bord Failte, Irische Fremdenverkehrszentrale:
Seite 33, 34, 51, 52, 69, 70, 87, 88, 101, 105, 106, 123, 124, 138, 141, 142, 152, 157, 159, 160

Rhein-Ruhr-Foto, Neuss: Seite 107, 186

Die übrigen Fotos: Eddie de Barra

Zeichnungen: Charles MacNeill

Mel Flanagan

Golf
Spiel mit Kopf

Ein Handbuch für Golfer

Meyer & Meyer Verlag

Originaltitel »Use The Head«
Mel Flanagan, Dublin, Irland
Übersetzung: Anna White-Brüning, Dublin, Irland
Überarbeitung: Jürgen und Heike Schiffer, Köln

CIP-Kurztitelaufnahme der Deutschen Bibliothek:
Flanagan, Mel
Golf — Spiel mit Kopf / Mel Flanagan
Aachen: Meyer & Meyer Verlag, 1987
Einheitssacht.: Use the head ⟨dt.⟩
ISBN 3-89124-052-X

Einbandgestaltung: Franz-Josef Mehlkopp, Schwalmtal
Satz: Graphodata, Aachen
Druck und Einband: Bercker, Kevelaer
Printed in Germany 1987

Inhaltsverzeichnis

Seite

Einführung

Es ist meine Absicht, mit diesem Buch dem Golfer Tips, Anschauungsunterricht und Gedächtnishilfen zu vermitteln. Einige Textabschnitte werden wie Wiederholungen erscheinen: das ist aus Einprägungsgründen notwendig. Gut und mit viel Freude zu spielen, sollte unsere wesentliche Motivation sein, oder wir sollten vielleicht umgekehrt soviel Spaß am Spiel haben, daß wir es gut spielen. Nun, was ich in diesem Buch geschrieben habe, basiert auf meiner eigenen Erfahrung, meinen Beobachtungen und mehr als ein bißchen Freude an diesem faszinierenden Spiel. Ich hoffe hiermit denen, die den Golfsport lieben, einige Hilfestellungen zu geben.

Ich habe dieses Buch mit Geschichte und Hintergrundinformationen über den Golfsport bereichert, inklusive einiger Anekdoten, die besonders nach einer frustrierenden Runde ein Lächeln hervorrufen sollen. Darum geht es ja auch im wesentlichen: Lächeln, Gelächter, Frustration, Verzweiflung, Erfolg und Spaß an der Freude. Ich hoffe sehr, daß Sie als Golfer von diesem Buch profitieren werden, insbesondere wenn Sie sich meinem selbstentwickelten PZASA-System verschreiben und somit Ihr eigenes Spiel verbessern. Viel Spaß!

Mel Flanagan

Abb. 1: Einige Golfschläge

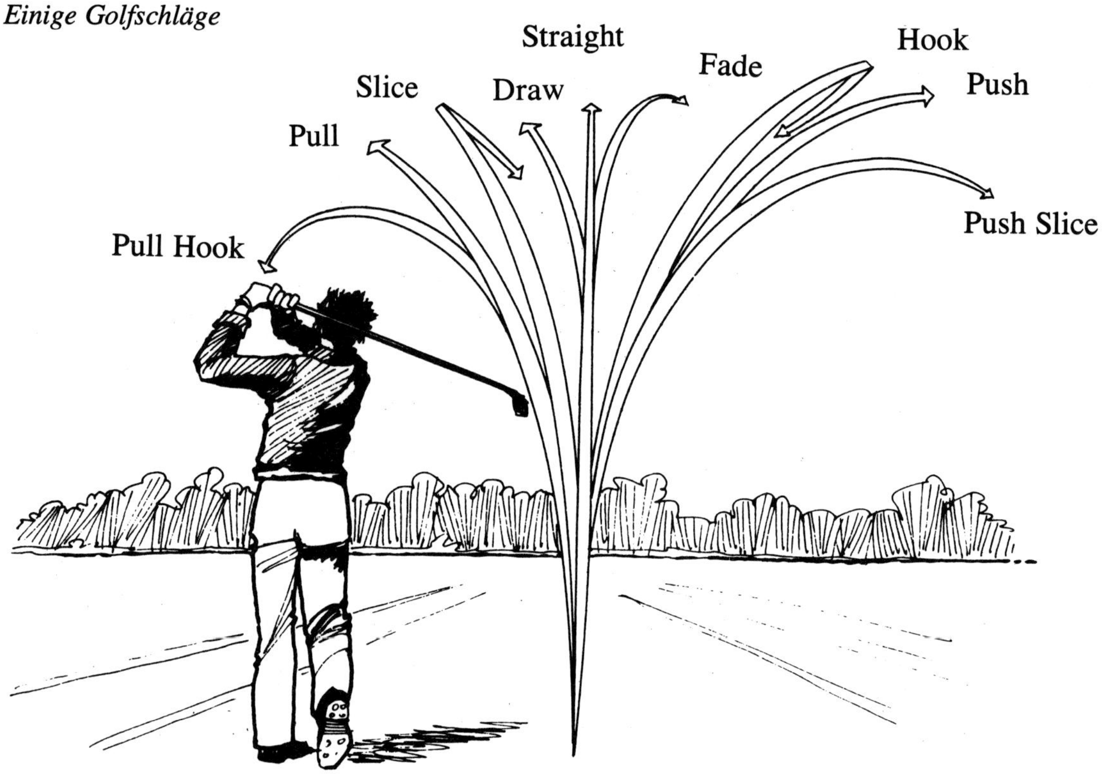

Abb. 1a: »Der Schlägerkopf bewegt den Ball«

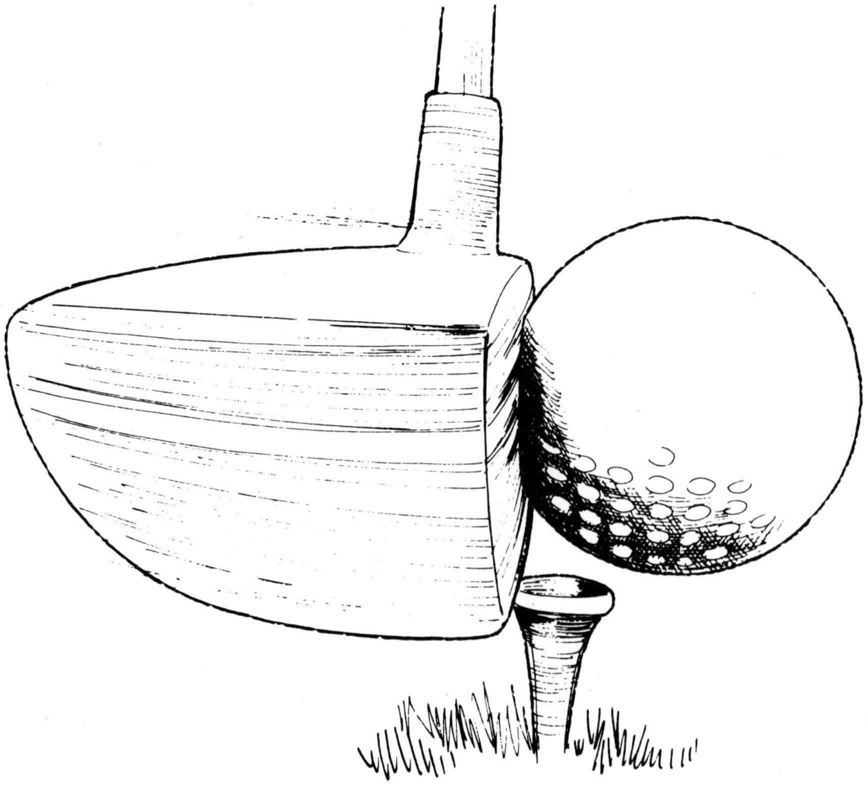

Spiel mit Kopf

1. Kapitel

Spiel mit Kopf: Wundern Sie sich über diesen Titel?

Das gesamte Golfspiel zentriert sich um den *Schlägerkopf,* oder anders ausgedrückt: der Schlägerkopf bringt den Ball in eine Laufbahn, nicht Ihr Körper. Die Flugrichtung des Golfballes wird von der Schlagrichtung des Schlägerkopfes und dem auf den Ball bestimmt. Die Flugdistanz des Balles wird von der Geschwindigkeit, mit der der Schlägerkopf auf den Ball auftrifft, bestimmt (siehe Abb. 1a).

Die erste Schlußfolgerung liegt also nahe: der Schlägerkopf ist der Mittelpunkt des ganzen Geschehens. Sie müssen alles Wissenswerte über den Schlägerkopf lernen. Die Schläger mit flachem Schlägerblatt zum Beispiel haben die niedrigen Nummern von 1 bis 5; mit diesen Schlägern müssen Sie in einer bestimmten Weise schlagen, um dem Loftmangel des Schlägerblattes entgegenzuwirken. Ein steiler Schwung funktioniert nicht mit einem flachen Schlägerblatt (siehe Abb. 2,3,4 und 5).

Zweitens muß Ihnen eindeutig klar sein, daß ein Slice von einer *offenen* Schlägerblattstellung verursacht wird (nach rechts gerichtet beim Treffmoment) und ein Hook von einer *geschlossenen* Schlägerblattstellung (nach links gerichtet beim Treffmoment). Es ist schwierig für Sie, das für sich selbst herauszufinden, da alles während des Treffmoments so schnell vor sich geht. Sie können unmöglich die Anschlagrichtung des Schlägerblattes genau erkennen. Ein zielgerichteter Schlag ist das Ergebnis eines Schlägerblattes, das im Schwung auf den Zielpunkt gerichtet ist und beim Anschlag in dieselbe Richtung weist (siehe Abb. 6 und 7).

Abb. 2

Danach müssen Sie lernen, den Schlägerkopf auf den Zielpunkt zu richten.

Drittens: soll der Ball im Treffmoment gerade auf den Zielpunkt zufliegen, so muß der Schlägerkopf auf den Zielpunkt gerichtet sein. Nun, da der Schwung ungefähr zwei Sekunden dauert, ist die

Chance, wenn Sie den Schlägerkopf in Richtung Ziel bewegen, relativ groß, daß der Schlägerkopf an der gleichen Stelle auftrifft, wo Sie ihn vorher in Position gebracht haben. Es wird Ihnen in der Tat ausgesprochen schwerfallen, es anders zu machen.

Nehmen wir an, Sie unterlassen es, den Schläger in Position zu bringen: wenn der Schläger z.B. 50 Meter nach rechts vom Zielpunkt gerichtet ist, wird der Ball genau dorthin fliegen, es sei denn, Sie korrigieren die Flugrichtung im Schwung. Höchstwahrscheinlich passiert sogar folgendes: der Golfer wird sich während des Schwunges bewußt, daß seine Ansprechposition falsch ist; anstatt nun den *Schwung auf den Zielpunkt zu richten,* versucht er, das zu korrigieren, indem er hinter den Körper quer in Richtung Ziel zurückschwingt. Oder anders ausgedrückt: Sie beginnen mit einem Fehler, nämlich mit einer *falschen Zielrichtung.*

Sie enden mit einem *schlechten Schwung,* während Sie Ihre Zielrichtung zu korrigieren versuchen. Es ist wie beim Motor Ihres Autos: funktioniert ein Motorenteil nicht mehr, werden die anderen mit be-

Abb. 3

Abb. 4

Abb. 5

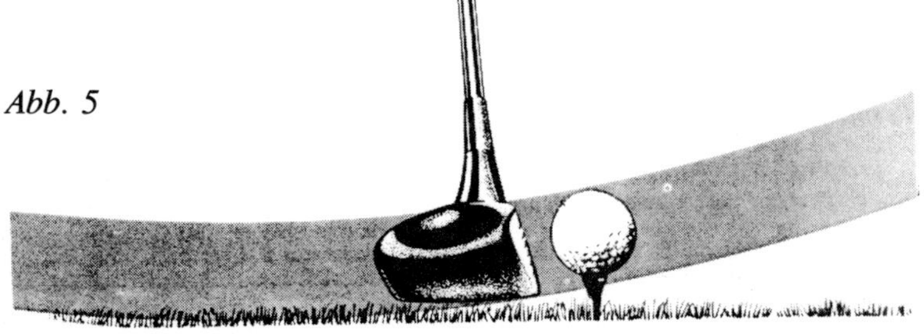

einträchtigt (genaue Erklärung erfolgt im 6. Kapitel »Aufstellung«). Andererseits wird, *wenn Sie richtig anfangen, eine Kettenreaktion von »richtigen« Schlagphasen folgen* (siehe Abb. 8).

Lassen Sie den Schlägerkopf die Arbeit für Sie machen

Viertens bestimmt, wie wir bereits gefolgert haben, *der Schlägerkopf die Flugbahn des Balles und nicht Ihre Körperbewegung: deshalb muß es Ihnen klar sein, daß Sie einen Schlägerkopf schwin-*

gen. Vergessen Sie all die Fachsimpelei, die Positionen etc. Wenn Sie den Ball treffen, sagen Sie zu sich selbst: »Ich schwinge den Schlägerkopf auf den Ball zu, und ich lasse den Schlägerkopf an den Ball heran...« oder anders ausgedrückt: Werden Sie gut im Delegieren (falls Sie nicht schon gut darin sind). Delegieren Sie die Arbeit an den Schlägerkopf. Sagen Sie sich: »Ich arbeite hart genug, ich bin hier draußen, um mich zu entspannen, soll doch dieses *Ding* da unten die Arbeit für mich erledigen.«

Es gibt viele Methoden, das zu praktizieren. Eine der besten ist, einen Stein an einem Seilende zu befestigen und ihn zu schwingen; fühlen Sie das Gewicht des Steines beim Schwingen. Dann nehmen Sie den Golfschläger und fühlen das Gewicht des Schlägerkopfes beim Schwingen. Wie beim Stein wird Ihnen klar werden, daß Sie ein Stück Metall am Ende des Schlägers auf den Ball zuschwingen (siehe Abb. 9).

Abb. 6

Abb. 7

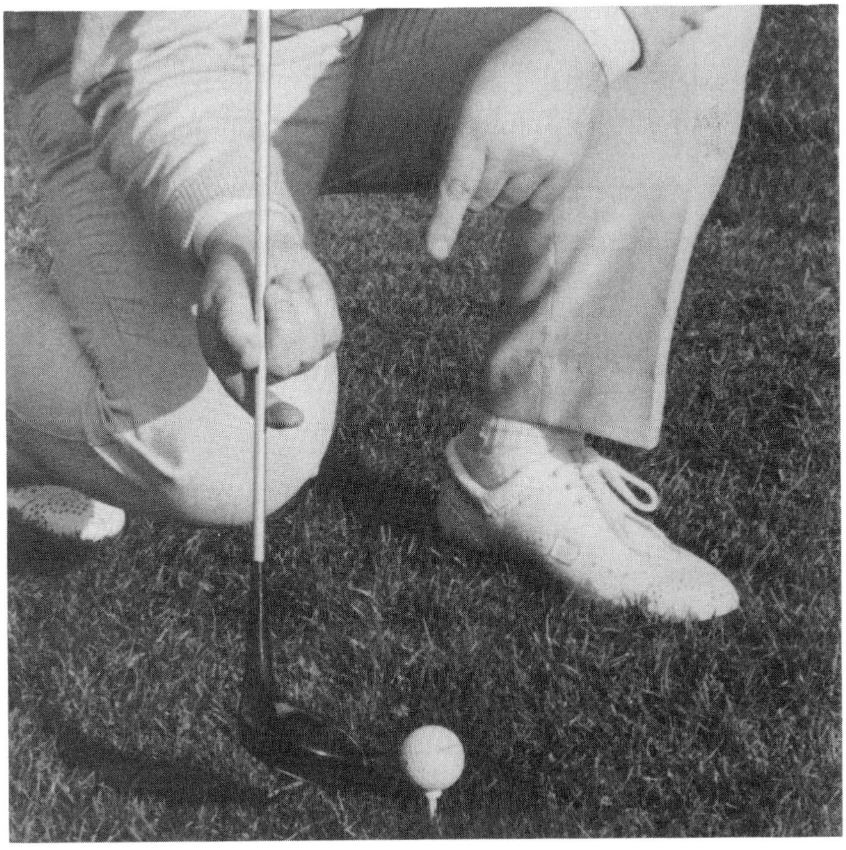

Zu guter Letzt

Benutzen Sie Ihren eigenen Kopf, um ein Gefühl für das Golfspiel zu entwickeln und um sich selbst durch das Spiel auszudrücken.

Der wichtigste Grund für die Wahl dieses Buchtitels ist ein Grundprinzip: Ihr *eigener Kopf* ist ausschlaggebend, nicht der *Schlägerkopf.* Das bedeutet natürlich nicht, dauernd in Lehrbüchern herumzustöbern. Was dabei herauskommen wird, ist, daß Sie alles zu technisch angehen und sich selbst davon abhalten, den Schläger zu schwingen und den Ball zu treffen. Leider passiert das nur allzu oft. Leute fangen an, Golf zu spielen und machen anfangs gute Fortschritte. Sie können den Ball kilometerweit schlagen, wissen aber eigentlich nicht so recht, wie sie das machen, entschließen sich dann, von Grund auf zu lernen und *verlieren sich in der Theorie.* Ich kann mich gut an ein Essen mit einem lustigen Freund vom Land erinnern. Er versuchte, mir zu erklären, wie er durch die Theorie verwirrt wurde. Er streckte seinen rechten Arm über den Tisch aus und erklärte: »Ich habe so viele Bücher gelesen, wie meine Hand anzeigt, aber nicht von der Höhe der Tischplatte aus gesehen, sondern vom Fußboden.«

Abb. 8

Bedienen Sie sich Ihrer Vorstellungskraft

In unserer modernen Gesellschaft sind wir daran gewöhnt, mit Informationen überfüttert zu werden. Früher, als es nur Radio gab, also nur Ton, mußten wir unsere *Vorstellungskraft* benutzen, um das zum Ton gehörende Bild zu kreieren. Heute wird uns alles *serviert,* und wir müssen wieder lernen, das mit Vorsicht zu genießen, sonst haben wir bald weniger Phantasie und Vorstellungskraft als Hühner auf der Stange. Um das Golfspiel zu lernen, müssen wir unsere *Intelligenz* einsetzen *und all unsere Vorstellungskraft* entwickeln. Zusätzlich zu unserer Intelligenz haben wir fünf Sinne, von denen wir während des Lernprozesses so viele wie möglich benutzen müssen.

Erfahrung sammeln mit dem Kopf

Vor allem müssen Sie alles selbst ausprobieren.

Man hört oft die Meinung der Leute, daß Golf einfach zu langweilig sei und sie es deshalb nie spielen würden. Eines Tages gehen sie dann auf den Platz und plötzlich *erwischt es sie,* und sie wundern sich, warum sie das nicht früher schon entdeckt haben. Wie so oft im Leben, ist man sich bestimmter Dinge nicht bewußt, bis man selbst die Erfahrung macht, und dann wird es zur Manie. Das gleiche gilt für's Golfspiel: Sie müssen erst *die Erfahrung selbst machen, wenn der Schlägerkopf auf den Ball trifft,* um die wirklichen Attraktionen des Golfspiels zu verstehen und schätzen zu lernen (siehe Abb. 10).

Wie geschieht das? Sie müssen lernen, mit den Händen zu sehen

So gesehen, müssen Sie alles über den Schlägerkopf wissen — die *Ursachen* und die *Folgen.* Sie müssen ein *Gefühl* für den Schlägerkopf entwickeln, da Ihre Sehfähigkeit begrenzt ist. Dieses Argument kann ich anhand eines Videos demonstrieren: Die Leute waren verblüfft über den Fremden, den sie auf dem Video sahen und der sich als die eigene Person herausstellte. Da man eigentlich nicht *sehen* kann, wie man schwingt, muß man lernen, es zu *fühlen.* Denken Sie an den Schlägerkopf beim Schwung und versuchen Sie, sich während des Schwunges bewußt zu sein, wo er sich befindet, und noch wichtiger, wann Sie auf den Ball treffen. Mit anderen Worten, *sehen* Sie mit Ihrem Gefühl oder *trainieren Ihre Hände* hierfür. Es ist viel wichtiger zu wissen, wo sich der Schlägerkopf befindet, und nicht wo er sein sollte. Sie kön-

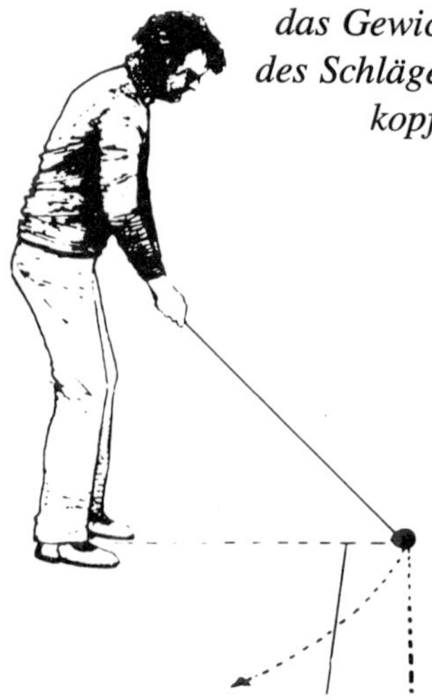
Fühlen Sie das Gewicht des Schlägerkopfes

Abb. 9

nen auch einen anderen Ihrer Sinne benutzen, nämlich Ihr Gehör, besonders beim Putten und beim Chippen, um ein Gefühl für die richtige Berührung des Balles zu entwickeln. Einer der großartigsten Putter aller Zeiten, Bobby Locke, kümmerte sich nie um das Ergebnis seiner Putts, sondern verließ sich nur auf sein Gehör. Wenn das Geräusch stimmte, war es ein guter Putt, und der Ball rollte ins Loch.

Entwickeln Sie ein Gefühl für das Spiel. Versuchen Sie, den Lernprozeß natürlich zu gestalten, und setzen Sie Ihre fünf Sinne so oft wie möglich ein.

Zusammenfassend kann man sagen, der Schlägerkopf ist der Mittelpunkt aller Aktivitäten. Konzentrieren Sie sich auf ihn, der Schlägerkopf sollte Sie beschäftigen, denn er spielt die wichtigste Rolle. Sie zielen, Sie schwingen und Sie treffen mit dem Schlägerkopf. Entwickeln Sie eine Beziehung zu ihm, und Sie werden ein guter Golfer (siehe Abb. 10).

Abb. 10: Konzentrieren Sie sich auf den Schlägerkopf

Meine Lehrmethoden

2. Kapitel

Sie sollten nicht den Schwung, sondern das hinter dem Schwung stehende System studieren

Als Lehrer habe ich immer versucht, die Dinge einfach und direkt zu präsentieren. Wenn ich etwas in den letzten Jahren gelernt habe, so ist es die Tatsache, daß etwas nicht einfach genug sein kann.

Wir scheinen generell anzunehmen, daß die Amateure mehr über unser eigenes Fachgebiet wissen, da wir uns mit unserem Fach tagtäglich befassen. So war ich immer der Meinung, daß der Lernende selbst die Gründe verstehen muß, warum etwas klappt oder nicht klappt. Ein Großteil des *Lehrens* ist zu technisch ausgerichtet. Ich habe mich immer bemüht, die technische Fachsimpelei, soweit es ging, wegzulassen, in manchen Fällen auf Kosten technischer Genauigkeit.

Ein Beispiel dafür ist, daß der Schwung heute von den meisten Golftechnikern als ein von-innen-gerade-nach-innen Schwung bezeichnet wird. Meiner Meinung nach ist diese Bezeichnung verwirrend, und der Einfachheit halber beschränke ich mich auf den von-innen-nach-außen- oder den Innenseiten-Schwung. Ich bin auch davon überzeugt, daß der Sinn und Zweck meiner Lehrmethoden klar gemacht werden muß.

Die Bedeutung der Wiederholung

Wenn Sie ein Gedicht zum ersten Mal lesen, sagt es Ihnen möglicherweise nicht sehr viel. Nach wiederholtem Lesen nimmt es jedoch Form und Gestalt an. Für mich gilt das gleiche Prinzip für das Lehren. *Wiederholungen bestimmter Punkte, immer und immer wieder, garantieren, daß der Lernende vollkommen versteht, was gemeint ist. Das gilt für meine Unterrichtsstunde sowie für dieses Buch.* Wenn Sie nach ein paar Seiten einen Abschnitt überfliegen, und der Inhalt kommt Ihnen bekannt vor, so ist das Absicht.

Ich schreibe hier keine Prosa. Ich lehre, wie Golf gespielt werden soll. *Je öfter ich die wesentlichen Gesichtspunkte wiederhole, desto größer wird Ihre Chance (wie bei der Unterrichtsstunde auf dem Platz), sie zu verstehen.* Ich versuche auch, all die Informationen, die ich im Laufe meiner Erfahrung als Golfer gesammelt habe, in diesem Buch wiederzugeben. Ich biete sie Ihnen an: Machen Sie Gebrauch davon! Mir macht es nichts aus, daß die Informationen vielleicht nicht hundertprozentig technisch oder grammatikalisch korrekt sind, solange Sie klar und eindeutig verstehen, was ich zu sagen habe.

Vielleicht habe ich mir hier die Freiheit eines Golfdichters genommen!

Die Notwendigkeit eines Systems

»Übung ohne wissenschaftliche Methode oder ohne ein System gleicht einem Lotsen ohne Kompaß. Er hat keine Ahnung, wo es hingeht.« (Leonardo da Vinci).

Ich glaube auch fest an Systeme. Alles funktioniert aufgrund eines Systems, und ich habe folgendes System entwickelt, um Ihnen beim Golfspiel zu helfen.

a) Sie lernen das Spiel
b) Sie verbessern Ihr Spiel
c) Sie korrigieren Ihr Spiel

Folgen Sie dem PZASA-System (Erklärung folgt unten), und es wird funktionieren. Sie werden sehen! Wenn Sie es nicht machen, wird das Spiel für Sie immer ein Gewirr von Regeln und Ideen sein. Vor einigen Jahren ist mir auf einem New Yorker Bahnhof zum ersten Mal klar geworden, wie ein System funktioniert. Ich wußte nicht, wo ich war, und versuchte, meine Orientierung anhand einer ziemlich komplizierten Wandkarte zu finden. Ich suchte nach dem richtigen Abfahrtsgleis für den entsprechenden Zug. Plötzlich kam mir der Gedanke, daß ich nicht auf die Karte an sich, sondern auf die Erklärungen des Kartensystems achten sollte. Das gleiche gilt für das Golfspiel. *Achten Sie nicht auf den Schwung, sondern auf das System, das hinter dem Schwung steht!*

Nach der Entdeckung dieses Systems haben Sie das *Sesam-öffne-Dich* für das Golfspiel gefunden.

P = **Präparation.** Organisation und Verständnis.

Wenn Sie mit dem Schläger anfangen, merken Sie, daß der Schwung der Teil des Spiels ist, über den Sie die geringste Kontrolle haben.

Selbst *wenn Sie glauben, der Fehler läge im Anschlagsbereich, müssen Sie verstehen, daß er von der Vorbereitungsphase herrührt.* Nur wenige Golfer betrachten die Angelegenheit so. Da heutzutage alles unmittelbar sein muß, nehmen die meisten an, daß der Fehler im Schwung zu suchen ist! Haben Sie Geduld, und widmen Sie sich erst der Vorbereitungsphase, bevor Sie den Schwung ausführen. Genauso ist es doch in Ihrem Alltagsleben, es passiert etwas, weil Sie nicht gut genug vorbereitet waren. Das Gleiche gilt für das Golfspiel, wenn Sie wirklich ein Golfer werden wollen.

Z = **Ziel.** Ausrichtung des Schlägerkopfes auf das Ziel.

Wenn Sie korrekt zielen, werden die anderen Kleinigkeiten fast von alleine geschehen. Wenn Sie z.B. den Schlägerkopf mit dem Ziel in Einklang bringen, wird das folgende A viel leichter zu schaffen sein.

A = **Aufstellung** des Körpers parallel zur Ziellinie.

Wenn der Schlägerkopf und der Körper in eine Linie gebracht werden, d.h. Füße, Hüften und Schultern auf den Zielpunkt fixiert sind, ist es viel leichter, einen guten Schwung zu machen.

S = **Schwung**

Sie haben den Schlägerkopf auf den Zielpunkt gerichtet und Ihren Körper parallel zur Ziellinie ausgerichtet. Es ist jetzt einfach, in die Zielrichtung auf den Zielpunkt hin zu schwingen.

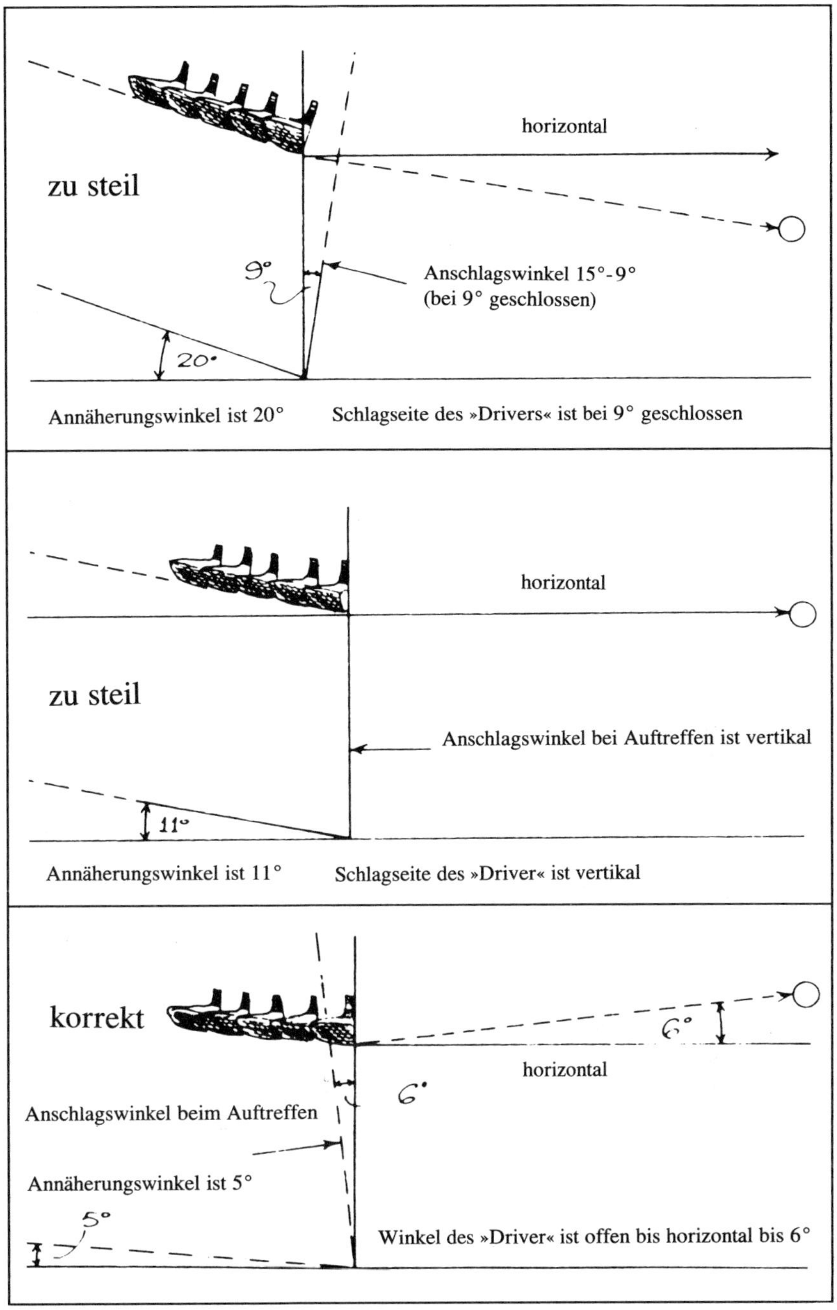

Abb. 11 : Beispiele von Annäherungswinkeln mit einem Driver

A = **Ausweichen**

Vermeiden Sie, einen Ausweg in der Theorie des Spiels zu suchen und in der Theorie des Spiels stecken zu bleiben. Machen Sie sich nicht allzuviel Sorgen um die korrekte Position beim Schwung, Sie könnten dabei möglicherweise vergessen, den Ball zu treffen. Das Endergebnis wäre Paralyse durch Analyse.

Ein waches Gespür dafür, wie Sie den *Schlägerkopf* schwingen, kombiniert mit der Erkenntnis der Bedeutung des Schlägerkopfes, wird es Ihnen ermöglichen, Golf mit gleichbleibender Qualität zu spielen.

Wie gesagt, machen Sie sich dieses System zunutze, ganz gleich ob

Sie nur mit dem Golfsport liebäugeln oder ein etablierter Golfer mit niedrigem Handicap sind. Folgen Sie der Routine des Systems: Sie werden das gewünschte Ergebnis erreichen, und Ihr Spiel wird beständig und gleichmäßig werden. Alle etablierten Golfer haben Routine und halten sich daran. Der ehemalige Meistergolfer Dr. Cary Middlecoff z.B. meint: »Jeder Golfer, der bei einer Meisterschaft ein tadelloses Golfspiel präsentiert, hat seine Routine, die nie mehr als einige Sekunden variiert, egal bei welchem Schlag.«

Flans Gesetz

Der Annäherungswinkel zum Golfball darf nicht größer sein, als der Loft des Schlägerblattes. Zum Beispiel: ein Driver mit einem Loft von 11 Grad erreicht seinen maximalen Effekt auf dem Platz, wenn der Schlägerkopf den Ball in einem Winkel zum Boden von höchstens 11 Grad und nicht mehr berührt (siehe Abb. 11).

Einfacher ausgedrückt: Wenn Sie einen Sandwedge mit einem Loft von 55 Grad besitzen, könnte der Annäherungswinkel des Schlägerblattes geringer als 55 Grad sein, da der des Loft Schlägerblattes groß genug ist, um den Ball in die gewünschte Flugbahn zu bringen. Ihr Annäherungswinkel könnte hier z.B. 45 Grad betragen.

Ich habe es auch immer für wichtig gehalten, sich eindeutig darüber klar zu sein, daß die Hände die Führung des Schlägerkopfes beeinflussen. Unsere Hände haben eine natürliche Haltung in bezug auf unsere Arme; und zwar beziehe ich mich hier auf die Haltung, wenn man die Arme frei seitlich am Körper herunterhängen läßt. Wenn die Hände aus dieser natürlichen Position gebracht werden, so werden sie so schnell wie möglich versuchen, dorthin zurückzugelangen. Wenn Sie z.B. das Problem eines Slice haben, dann liegt das an der Position Ihrer linken Hand am Griff. Ist sie zu weit nach links am Griff, wird sie automatisch während der Anschlagsphase versuchen, nach rechts zurück zu rutschen. Wenn Sie zu weit nach rechts greifen (starker Linkshand-Griff), tendiert die linke Hand dazu, nach links zurück zu rutschen, und somit wird das Schlägerblatt während des Schwunges in eine geschlossene Position gebracht; das Ergebnis ist ein »Hook« (siehe Abb. 11a).

Die verschiedenen Disziplinen innerhalb des Golfspiels haben ebenfalls besondere Bedeutung. Eine Umfrage des Golf-Digest ergab, daß 43 % des Golfspiels aus Putten, 25 % aus Schlägen mit den Hölzern, 13 % aus Chippen, 7 % aus Schlägen mit den kurzen Eisen, 4 % mit den mittleren Eisen, 3 % aus Schlägen mit den langen Eisen, und 5 % aus »Trouble«-Schlägen bestehen. Der Prozentsatz von 43 % beim Putting ist insofern interessant, da es das Gebiet ist, bei dem man am wenigsten an Instruktionen interessiert ist. Nur einmal in all den Tausenden von Stunden, die ich gegeben habe, bin ich ausdrücklich nach einer Unterrichtsstunde im Putten gefragt worden. Der relative Beitrag, den alle verschiedenen Bereiche beim Golfspiel haben, sollte bei der Betrachtung der schwachen Stellen in Ihrem eigenen Spiel in Betracht gezogen werden.

Entwickeln Sie sich selbst, nicht jemand anderen

Meiner Meinung nach liegt das Geheimrezept für den Erfolg beim Golfspiel in der Selbstentdeckung und im Ausspielen Ihrer eigenen Stärken. Entwickeln Sie einen guten Schlag und Ihren eigenen Stil. Machen Sie sich das System zunutze, und verwickeln Sie sich nicht zu sehr in der Theorie des Spiels. Ihre persönlichen Erlebnisse sind immer die lebendigsten und eindrucksvollsten und bleiben in Ihrem Gedächtnis haften, bis sie abgerufen werden. Die beste Lernmethode ist die eigene Erfahrung.

Abb. 11a

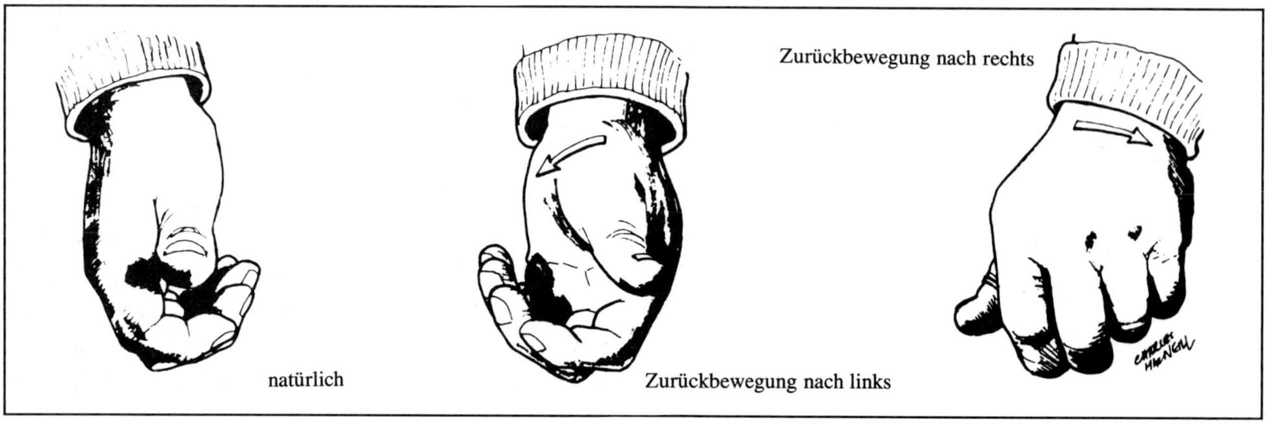

Das Spiel verstehen 3. Kapitel

Wenn Sie sich Zeit zum Nachdenken nehmen, verdoppeln sich Ihre Erfolgschancen.

Ich möchte Ihnen etwas mitgeben, was Ihnen bei richtigem Gebrauch dazu verhelfen wird, besser Golf zu spielen, als Sie es je für möglich gehalten haben.

Zuerst bitte ich Sie, für eine gewisse Zeit die Vorstellung oder den unstillbaren Drang, Bälle zu schlagen, aus Ihrem Kopf zu verbannen. Ganz einfach gesagt, ich werde mit Ihnen neun verschiedene Phasen auf dieser Golfreise durchlaufen, angefangen bei den Grundlagen bis zu den schwierigen Phasen des Golfspiels. Als erstes bitte ich Sie, sich die vier Schlüsselpunkte des Golfspiels vor Augen zu führen, sozusagen als einen Panorama-Überblick, einen Einstieg in das Spiel.

1) Ein besseres Verständnis für die Schläger zu bekommen, die Sie benutzen.
2) Zu verstehen, daß Ihr alltägliches Leben Ihrem Fortschritt beim Golfspiel Schranken setzt.
3) Einzusehen, daß der potentiell gute Golfer, der versucht, sein Spiel durch Übung zu verbessern, normalerweise in die falsche Richtung schaut.
4) Und zu guter Letzt: Der eigentliche Weg zum Erfolg liegt in der Ansprechposition. Das Ansprechen ist der Schlüssel zum Erfolg. Ich hoffe, die nächsten Seiten werden Ihnen zum besseren Verständnis und somit zu einem verbesserten Spiel verhelfen.

Abb. 12

Die Schläger, die wir benutzen

Höchstens 14 Schläger sind erlaubt. Die Auswahl der Schläger liegt vollkommen bei Ihnen.

Die Holzschläger, mit denen normalerweise gespielt wird, sind die Nummern 1 bis 5. Die Eisen haben die Nummern 2 bis 11 (Sand-Wedge).

Beginnen wir mit den niedrigen Nummern. Ich beziehe mich hier auf die Hölzer Nr. 1 — 5 und die Eisen Nr. 2 — 7. Das sind die wirklich *schwierigen* Schläger. Um diese Schläger zu meistern, müssen Sie ein grundlegendes Verständnis für die Grenzen dieser Schläger haben.

Um das zu erklären, erläutern wir die schwierigsten Schläger.

Ein **Driver,** oder Nr. 1, hat ein Loft von 11 Grad, es sei denn, Sie lassen ihn extra anfertigen. Das Schlägerblatt ist sehr flach.

Ein **Sand-Wedge,** oder Nr. 11, hat ein Loft von 55 Grad; das Schlägerblatt ist stark geneigt (siehe Abb. 12 u. 14). Das ist der einfachste von allen Schlägern. Der Sand-Wedge ist für steile Schläge mit einem Auf- und Abschwung gedacht.

Der Driver — Sie versuchen mit dem flachen Schlägerblatt dieses Schlägers ein rundes Objekt vorwärts zu bewegen, und da dieser Schläger keine Schrägseite hat, *können Sie nicht auf den Ball herab schlagen,* wenn Sie ihn in eine Flugbahn bringen wollen. Das ist der schwierigste von allen Schlägern (siehe Abb. 13).

Achten Sie auf das Geräusch beim Rückschwung des Schlägerkopfes

Es gibt nur einen erfolgreichen Weg, mit dem Driver zu spielen;

konzentrieren Sie sich auf den hinteren Teil des Golfballes, nicht auf den oberen. (Ihre Arme setzen eine Botschaft Ihrer Augen um. Sie sind auf die Rückseite des Balls gerichtet und dirigieren den Schläger in diese Richtung.) Führen Sie den Schläger im ersten Teil des Rückschwunges innen am Boden zurück. Im Idealfall sollte man versuchen, *den Ball vom Tee abzuheben.* Den Ball zu treffen, und das Tee unberührt im Boden zu lassen, ist Ihr Ziel — so machen das alle Top-Profis. Mit anderen Worten, die Kraft des Schwunges ist *nach vorne* gerichtet und nicht nach unten (siehe Abb. 15, 16 u. 17).

Die Schwungkraft muß nach vorne gerichtet sein und nicht nach unten; ich nehme doch an, Sie wollen den Ball nach vorne fliegen lassen! Sie sollten nicht nach dem Ball schlagen, vielmehr soll sich der Ball eher zufällig in der Schwungbahn befinden. Er taucht schlicht und einfach in der Schwunglinie auf. *Das gleiche Prinzip gilt für jedes Eisen mit einer flachen Schlagseite.*

Der Schwung ist im großen und ganzen eine *Reaktion,* ein ausgesprochen wichtiger Punkt, meiner Meinung nach. *Wenn Sie den Schlägerkopf beim Rückschwung schnell zurücknehmen, wird er beim Durchschwung auf den oberen Teil des Balls treffen.* Diese Strategie funktioniert bei den Eisen mit schrägem Schlägerblatt, d.h. Nr. 7, 8, 9, 10; bei den Eisen mit flachem Schlägerblatt jedoch funktioniert sie absolut nicht (ein Spieler mit diesem Problem wird einen Schaden am oberen Teil seiner Hölzer feststellen).

Wenn Sie allerdings den Schlägerkopf am Boden entlang zurückführen, werden Sie automatisch den Ball von hinten treffen und somit *den Ball vom Tee abheben.*

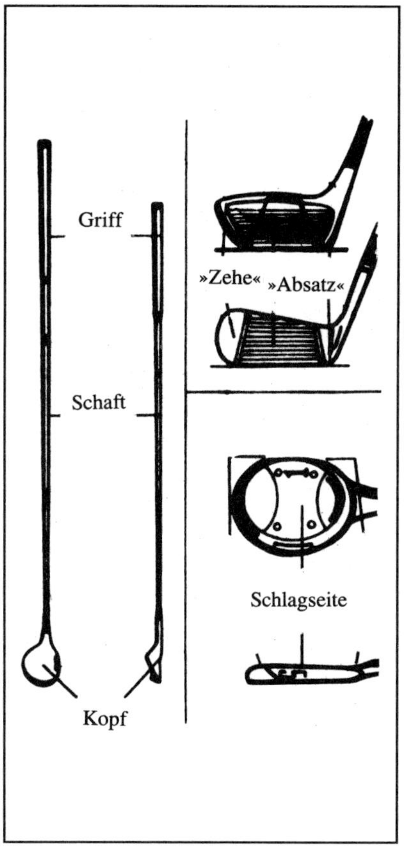

Abb. 13

Abb. 14

Diese Situation ist ideal für alle Schläger mit flachem Schlägerblatt oder Schläger mit geringer Neigung, d.h. Nr. 1, 2, 3, 4, 5, 6. Der Beginn des Schwunges ist von ausschlaggebender Bedeutung. Ihr alltägliches Leben ermutigt Sie jedoch, Ihren Schwung falsch zu beginnen. Im nächsten Kapitel werde ich erklären, warum Ihre tagtäglichen Aktivitäten Sie dazu veranlassen, Ihre Schläger zu steil in den Rückschwung zu bringen und somit auf den Ball zu schlagen.

Ein Verständnis für die Schranken, die ihr alltägliches Leben ihrem Fortschritt beim Golf setzt

Zur Wiederholung: Der wesentliche Teil Ihres Schwunges mit flachwinkligen Schlägern ist der Beginn des Rückschwunges. Der Schlägerkopf muß am Boden entlang zurückgeführt werden; das gilt für alle Schläger mit einem flachen Schlägerblatt. Das ist das Ziel. Das Problem ist hierbei *die starke rechte Hand.* Die meisten Menschen sind Rechtshänder. Sie benutzen die rechte Hand bei 95 % ihrer tagtäglichen Arbeit.

Sie halten höchstwahrscheinlich in diesem Augenblick dieses Buch mit Ihrer rechten Hand. Die meisten Golfer sind ebenfalls Rechtshänder, und da sie ihre rechte Hand ununterbrochen während des Tages benutzen, ist es nur natürlich, daß sie die Kontrolle auch beim Golfspiel übernehmen will. Die rechte Hand übernimmt das Kommando und folgendes geschieht: Der Schläger wird mit der rechten Hand aus der Golftasche herausgenommen, und der Schaft ist mehr oder weniger parallel zum rechten Arm. Aufgrund dieser Situation hebt die rechte Hand beim Rückschwung den Schlägerkopf schnell an und trifft beim Durchschwung ebenso schnell auf den Ball. Vor Beginn Ihres Schwunges ist Ihnen der Mißerfolg bereits sicher, *da Ihre schwächere linke Seite nicht daran gewöhnt ist, eine Führungsrolle zu übernehmen, übernimmt die stärkere rechte Seite diese Rolle.*

Wie schützen wir uns davor? Das werden wir später erfahren. Zunächst schauen wir uns an, welche Probleme beim Üben auftauchen, wenn Sie einen anstrengenden Schwung nach dem anderen ausführen.

Abb. 15

Probleme beim Üben

Ich habe mittlerweile eine ganz schön lange Zeit Golfstunden gegeben *und habe viele Leute beim Üben ihrer Fehler beobachtet, Sie haben richtig gelesen — beim Fehler-Üben.*

Die meisten Spieler versuchen, Ihr Spiel durch harte Arbeit zu verbessern, sie führen einen Schlag nach dem anderen aus. Sie versuchen, ihren Schwung zu verbessern, und nach einem schlechten Schlag suchen sie *den Fehler* beim Schwung. Sie machen am laufenden Band imaginäre Korrekturen bei ihrem Schwung.

Schauen Sie in die richtige Richtung

1) Der durchschnittliche Schwung ist in weniger als zwei Sekunden vorbei (siehe Abb. 18).
2) Der potentiell gute Spieler kann seinen Schwung nicht sehen. Deshalb:
   a) kann er seine Fehler nicht sehen.
   b) Wenn er glaubt, daß er seine Fehler korrigiert, weiß er nicht, ob das auch tatsächlich der Fall ist. In Wirklichkeit *tappt er im Dunkeln.*
   c) Er reagiert automatisch auf den Flug des Balles.

Zum Beispiel:

Wenn er den Ball sliced — zielt er nach links (in Erwartung auf den Slice).

Wenn er den Ball hooked — zielt er nach rechts (in Erwartung auf einen Hook).

Wenn er zuviel Höhe bekommt — schlägt er auf den Ball herab.

Je mehr Sie versuchen, Probleme zu vermeiden, um so mehr Probleme werden Sie paradoxerweise haben! Die meisten Golfplätze sind entgegen dem Uhrzeigersinn angelegt, mit Begrenzungen auf der rechten Seite. Infolgedessen werden Anfänger immer Schwierigkeiten auf dieser Seite haben, da sie instinktiv nach links zielen, und folglich dazu, den Ball nach rechts anschneiden.

d) Am allerwichtigsten ist schließlich das Ansprechen, denn der Schwung ist ja in kürzester Zeit vorbei.

Zusammenfassend:
1. Der Golfer schaut in die falsche Richtung.
2. Er reagiert falsch auf den Flug des Balles.
3. Er versucht ständig, seinen Schwung zu korrigieren.

Sein Ansprechen

Schlechtes Golf, unbefriedigende Schläge; beides basiert auf dem Ansprechen. Merken Sie sich, daß alle Top-Spieler fast die gleiche Ansprechposition haben.

Jeder Job in Ihrem Alltagsleben bedarf einer Vorbereitung. Das Geheimrezept zum Erfolg liegt in der Vorbereitung, ganz gleich was Sie machen. Wenn Sie z.B. das große Los gezogen und ein Hotel gekauft haben, werden Sie doch mit Sicherheit dem bewährten System folgen: Manager, Assistent, Empfangschef, 1. Küchenchef, Oberkellner usw. Systeme gibt es für jeden Job. *Sie verleihen jeder Tätigkeit natürlich Ihren eigenen Stempel. Verlassen Sie sich vor allem aber auf bewährte Systeme.*

Der wichtigste Teil des Systems beim Golf ist das Ansprechen. Alle Top-Spieler folgen einem einheitlichen System.

Die Hoffnung, Ihr Spiel zu verbessern, ohne Ihre Ansprechposition zu perfektionieren, kommt einer Safari ohne Kompaß gleich.

Die Flugweite, die ein Durchschnittsgolfer mit jedem Eisen und Holz erreichen sollte, ist in der Abbildung dargestellt (s. Abb. 19).

Abb. 16

Abb. 18

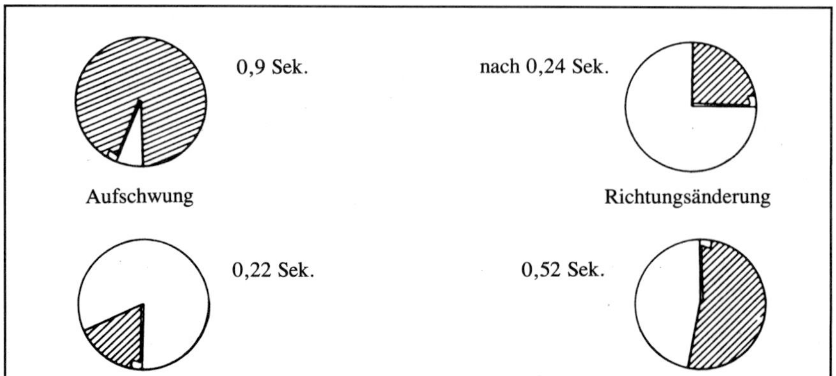

»Wenn Ihre Ansprechposition korrekt ist, besteht eine gute Chance, daß Sie einen anständigen Schlag ausführen, sogar mit einem mittelmäßigen Schwung. Wenn Ihre Ansprechposition allerdings nicht korrekt ist, wird Ihr Schlag miserabel sein, sogar mit dem besten Schwung der Welt.« (Jack Nicklaus).

Abb. 17

Abb. 19

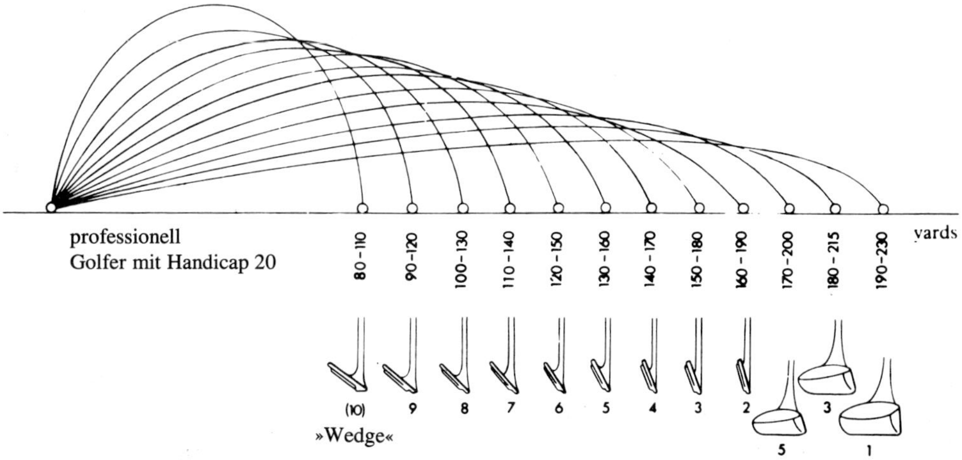

Eine Vorbereitung für das ganze Leben

4. Kapitel

Das Ansprechen:

Das Ansprechen besteht aus zwei Teilen:
1) Vorgabe
2) Ziel

Die normalerweise schwache linke Seite* hat beim Ansprechen Vorrang, wenn ihr, wie es sein sollte, eine wesentliche Rolle beim Schwung zukommen soll.

Die linke Seite

a) Die linke Hand

Da die Hände den einzigen Kontakt darstellen, den Sie mit dem Schläger haben, muß dieser Kontakt korrekt sein. *Die Schwungkraft wird durch Ihre Hände vermittelt.* Berücksichtigen Sie Ihre linke Hand.

1) Sie müssen damit beginnen, mit den *Fingern* zu greifen, und nicht mit der Handfläche. Durch den Fingergriff werden Sie sich der Muskeln im linken Arm und im Rücken bewußt; beim Schwung werden diese größeren Muskeln aktiviert.

2) Umfassen Sie den Schläger so mit der linken Hand, daß das durch den Zeigefinger und den Daumen gebildete V auf die rechte Schulter zeigt. Das ist die wichtigste Bewegung, die Sie beim Golfspiel machen müssen. Das können Sie überall üben.

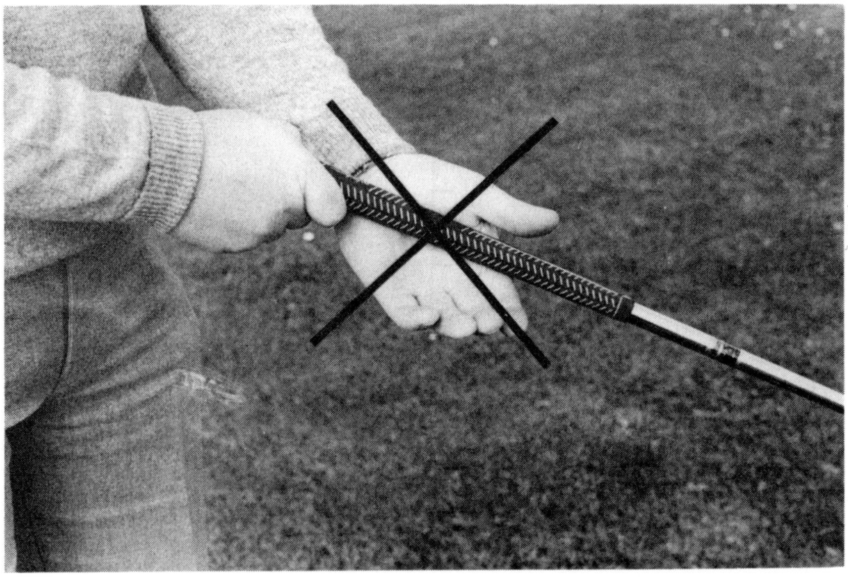

Abb. 20

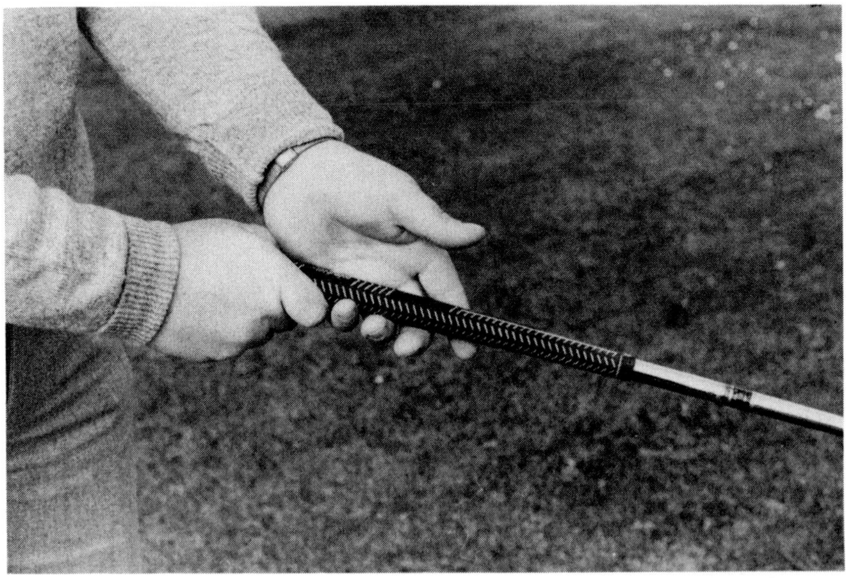

Abb. 21

b) Der linke Arm

Als Resultat Ihres Greifens wird Ihr linker Arm eine Position einnehmen, die mehr oder weniger *parallel zum Schaft* verläuft. Sie sollten das Gefühl bekommen, daß von Ihrer linken Schulter aus bis zum Schlägerkopf eine mehr oder weniger durchgehende, gerade Linie verläuft (siehe Abb. 20, 21, 22, u. 23).

Die Folgen dieser korrekten Position sind:

1) Durch den Fingergriff mobilisieren Sie die größeren Muskeln der linken Seite, was ihr einen Vor-

teil über die ansonsten stärkere rechte Seite während des Schwunges verschafft (siehe Abb. 24, 25, 26 u. 27).

2) Sie werden Ihre linke Seite automatisch beim Rückschwung nach hinten bewegen, während der Schlägerkopf noch am Boden bleibt, wie das bei den niedrigen Nummern der Fall sein sollte. Sie halten so die rechte Seite davon ab, den Schläger schnell abzuheben, und somit vergrößert sich Ihre Chance erheblich, den Ball von hinten zu treffen und nach vorne zu schlagen. Auf diese Weise attackieren Sie den Ball im richtigen Winkel.

---

* für linkshändige Spieler: ersetzen Sie bitte links durch rechts

3) Kraft

Die automatische Folge dieser Anfangsbewegung ist eine unkomplizierte Drehung der Schulter um 90 Grad. Schließlich der wichtigste Punkt: durch den Linkshand-Fingergriff werden Sie ein Gefühl für den Schlägerkopf entwickeln und somit in der Lage sein, Geschwindigkeit und Treffmoment des Schlägerkopfes zu bestimmen. Die Entfernung, die der Ball zurücklegt, ist eine direkte Folge der Geschwindigkeit *des Schlägerkopfes* im *Treffmoment (Schlägerkopfgeschwindigkeit = Flugweite).* Das Ansprechen mit der linken Seite wird heute von allen guten Spielern akzeptiert und praktiziert. Versuchen Sie es!

Der korrekte Bewegungsablauf geschieht *automatisch und unbewußt* als Resultat einer korrekten Ansprechposition.

Übungsmethoden

Üben Sie die Griffhaltung Ihrer linken Hand am Schaft (V-Position: Zeigefinger und Daumen auf die rechte Schulter gerichtet), und gewöhnen Sie sich an das Gefühl, den linken Arm mehr oder weniger in einer Linie mit dem Schaft zu haben; dann üben Sie, nur den linken Arm zu schwingen. Mit anderen Worten, Sie müssen Ihre linke Seite (die normalerweise schwächer ist) trainieren, die meiste Arbeit zu leisten, und versuchen, während Sie schwingen, den Arm mit der Schaftlinie im Einklang zu halten, ohne ihn anzuwinkeln. Das ist leicht zu erreichen, indem Sie exzessive Handgelenksbewegungen vermeiden und den Rückschwung kurz halten.

Einen anderen wichtigen Punkt sollten Sie sich merken, wenn es darum geht, Ihre linke Seite zu benutzen. Ihre linke Seite ist es nicht gewöhnt, eine führende Rolle im alltäglichen Leben zu spielen; aber um Ihr Golfspiel zu verbessern, sollten Sie das fördern.

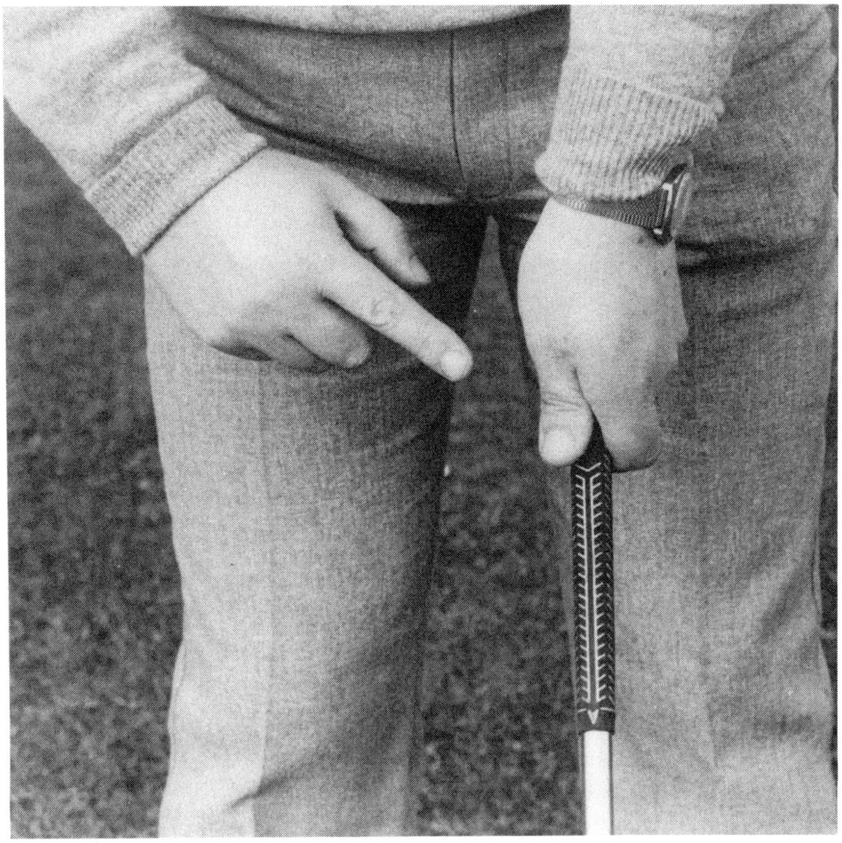

Abb. 22

Orientieren Sie sich an der linken Seite

Henry Cottons Reifen-Drill-System

Es ist bekannt, daß Henry Cotton der Überzeugung war, mit dem Reifen-Drill-System den linken Arm zu stärken und zu verbessern. Es ist ganz einfach: legen Sie einen alten Reifen auf den Boden, halten Sie den Golfschläger am Griff, und plazieren Sie den Schlägerkopf innerhalb des Reifens.

Die Übung besteht aus einem Vor- und Rück-Schwung mit dem linken Arm, während der Schlägerkopf eine Seite des Reifens trifft ohne die andere mit Geschwindigkeit zu treffen. Es gibt viele andere und ähnliche Drills, die Sie im Winter zu Hause, im Garten oder in der Garage üben können.

Die rechte Seite. Vervollständigung des Ansprechens

Es ist genauso wichtig, sich der Tatsache bewußt zu sein, daß die rechte Seite beim Rückschwung eine passive Rolle spielt. Sie spielt nur eine Rolle beim »Spin«. Sicherheitshalber wiederholen wir noch einmal:

a) Die von Natur aus schwache Seite hat Vorrang bei der Ansprechposition.

b) Aus dieser Situation müssen Sie Kapital schlagen, das heißt die korrekte Sequenz von Bewegungsabläufen ins Rollen bringen: der Schläger wird von der linken Schulter, dem Arm und der Hand am linken Knie entlang rückwärts geführt. Die rechte Hand spielt allerdings die wichtigste Rolle beim Golfschwung in der Auftreffphase. *Sie schlagen den Ball mit Ihrer rechten Hand. Sie geben den Schlägerkopf mit Ihrer rechten Hand frei. Das passiert automatisch und natürlich;* darüber brauchen Sie nicht nachzudenken (siehe Abb. 28, 29, 30 u. 31).

Golfern mit dem Problem, den Schlägerkopf zu *finden,* empfehle ich gewöhnlich den Zwei-Hand-Griff. Das Problem kann durchaus mit einer geringen Flugweite, mit dem Slice oder sogar dem gefürchteten Socket zusammenhängen. Wenn die rechte Hand über der linken Hand liegt oder mit der linken Hand verbunden ist, ist es sehr einfach, einen Schlag zu *blockieren.* Folgendes passiert: der Körper schwingt durch, läßt den Schlägerkopf hinter sich zurück, wobei die Schlägerblattstellung meist weit geöffnet ist (nach rechts gerichtet). Wenn dem Golfer geraten wird, den Schlägerkopf loszulassen, wird das in den meisten Fällen falsch interpretiert und hat zur Fol-

Abb. 23 und 24

ge, daß er versucht, den Schlägerkopf im Schwung zu beschleunigen und somit den Körper noch weiter nach vorne, vor den Schlägerkopf zu bringen. Die Probleme verschlimmern sich, bis man zu dem Punkt kommt, der als *repressiver Fortschritt* bezeichnet wird: das bedeutet, daß man ständig schlechter anstatt besser wird.

Halten Sie die beiden Hände am Griff auseinander. Das bringt ein doppeltes Ergebnis: Dadurch, daß Sie die rechte Hand *befreien,* werden Sie sie automatisch zu einer Biegung im Gelenk am Gipfelpunkt des Rückschwunges veranlassen, und weil sie von der linken Hand *weg* ist, wird sie sich auf den Schlag konzentrieren und dadurch den Schlägerkopf frei durch den Schlag laufen lassen. Anders ausgedrückt: alle drei Probleme beruhen auf der Tatsache, daß Sie nicht in der Lage sind, die rechte Hand beim Schwung zu nutzen. Indem Sie beide Hände am Griff auseinanderhalten, werden Sie andere Ergebnisse haben, da die rechte Hand frei ist, um selbständig zu operieren (siehe Abb. 32).

Falls das für Sie ein akutes und anhaltendes Problem ist, vergrößern Sie den Abstand zwischen den Händen.

Abb. 25

Das komplette Ansprechen von Anfang bis Ende

Sie sprechen den Ball mit Ihrer linken Schulter, Hüfte und Ihrem linken Knie an; die linke Seite ist in einer beträchtlich höheren Position als die rechte Seite. Sie sollten das Gefühl haben, daß Ihr linker Arm eine gerade Linie mit dem Schaft bildet; es folgt automatisch, daß Sie Ihre linke Hand ein klein wenig vor den Schlägerkopf plazieren. Der Schaft sollte in Richtung auf den rechten Fuß weisen.

Sie plazieren die rechte Hand so auf den Schläger, daß der Schaft über Ihren Fingern liegt. Sie schließen die rechte Hand so um den Griff, daß Sie mit dem Daumen und dem Zeigefinger ein V formen, das auf die rechte Schulter zeigt. Der Fingergriff verhilft Ihnen zu einem maximalen *Feel und Touch* und erlaubt Ihnen ebenfalls, mit der rechten Hand den Schlägerkopf mit einer kraftvollen Schwungreaktion *durch den Ball zu peitschen.*

Beide Hände kommen am Schaft zusammen und agieren als eine Einheit. Alle guten Spieler haben beide Hände am Schaft sehr nahe beieinander.

Halten Sie Ihre rechte Schulter ein wenig niedriger, und setzen Sie so Ihren rechten Ellbogen fest. Sie sollten das Gefühl haben, daß Ihr rechter Arm in der *weichen* Position oder entspannt ist und bereit, sich beim Rückschwung zu beugen (siehe Abb. 33, u. 34).

Ihr linker Arm befindet sich in einer ausgestreckten oder geraden Position, während der rechte Arm leicht nach innen angewinkelt ist. Wenn der rechte Arm beim Ansprechen leicht angewinkelt ist, *faltet* er sich beim Rückschwung ganz natürlich auf. Ihre Ansprechposition verhilft Ihnen dazu, die richtigen Bewegungsabläufe automatisch und mühelos in Gang zu setzen. Sie bereiten eine Kettenreaktion vor: Die von Natur aus starke Seite ist in einer schwachen Position, und die schwächere linke Seite ist jetzt bereit, die Führungsrolle zu übernehmen, indem sie den Schlägerkopf tief am Boden entlang zurückführt. Um das zu üben, können Sie den Schaft als Kontrollstab zwischen den Armen benutzen.

Sie haben Ihren täglichen Ablauf unterbrochen und sind nun bereit, Golf zu spielen. Wie Sie das An-

Abb. 26

sprechen in Ihrem Wohnzimmer üben können:

Nachdem Sie den Ball auf dem Boden plaziert haben, halten Sie den Schläger mit der linken Hand einige Zentimeter vom oberen Ende des Griffs entfernt. Sie haben den Schlägerkopf hinter dem Ball auf ein imaginäres Ziel gerichtet und sollten jetzt beide Füße im rechten Winkel zu einer Linie zwischen dem Ball und der Innenseite Ihres linken Absatzes in Position bringen. Machen Sie mit einer Unterarmbewegung weiter und bringen Sie die rechte Hand an den Griff des Schlägers (siehe Abb. 35).

Der Effekt ist, daß Sie die rechte Schulter nach unten ziehen und damit ein korrektes Schwungmuster ermöglichen, welches immer auf den hinteren Teil des Balles gerichtet sein sollte, ohne die Richtung der Schulterlinie, die parallel zur Ziellinie verläuft, zu verändern. Sie werden schnell lernen, daß diese einfache Routine-Übung klar und eindeutig den Vorrang des linken Arms unterstreicht und gleichzeitig die untergeordnete und unterstützende Rolle des rechten Arms verdeutlicht. Man kann in der Tat klar erkennen, daß die rechte Seite nur eine Ergänzung zur bereits organisierten Ansprechposition bildet.

Abb. 27

Die Evolution des Vardon-Griffs

Der Vardon-Griff ist vor allem ein Fingergriff, ein leichter Griff, und es ist interessant, die Entstehungsgeschichte dieses Griffes zu studieren.

Harry Vardon wurde in Jersey als Sohn einer alten Bauernfamilie geboren. Genau wie die jungen Leute in Irland ihre Hurling-Schläger oft selbst anfertigen, hatte er seine »Golfwerkzeuge« aus Baumästen hergestellt. Folglich war der Griff sehr rauh, was die Hände stark in Mitleidenschaft zog, wenn der Schläger in der damals akzeptierten Art gehalten wurde. Später entdeckte er den Vorteil, beide Hände am Griff zu verbinden, und schuf so den *Overlapgriff* wie wir ihn heute kennen *(Überhand-Griff)*.

Trotz der vielen Veränderungen bezüglich der Ausrüstung und der Techniken in den letzten Jahren ist der Vardon-Griff nach wie vor ein unerläßlicher Teil des modernen Golfspiels.

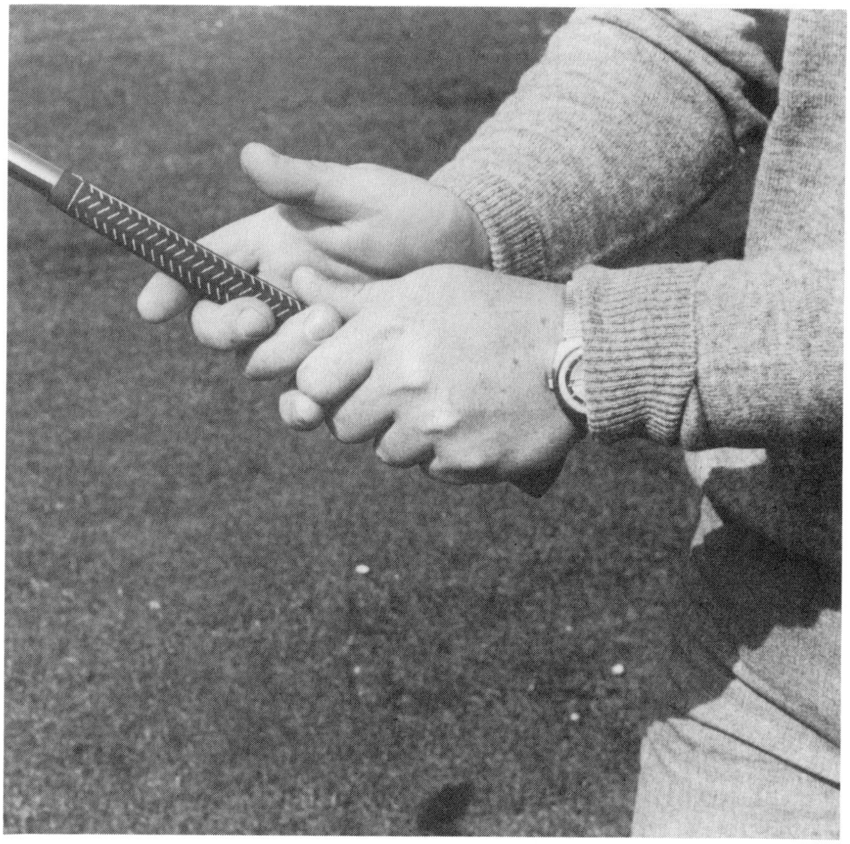

Abb. 28

Abb. 29

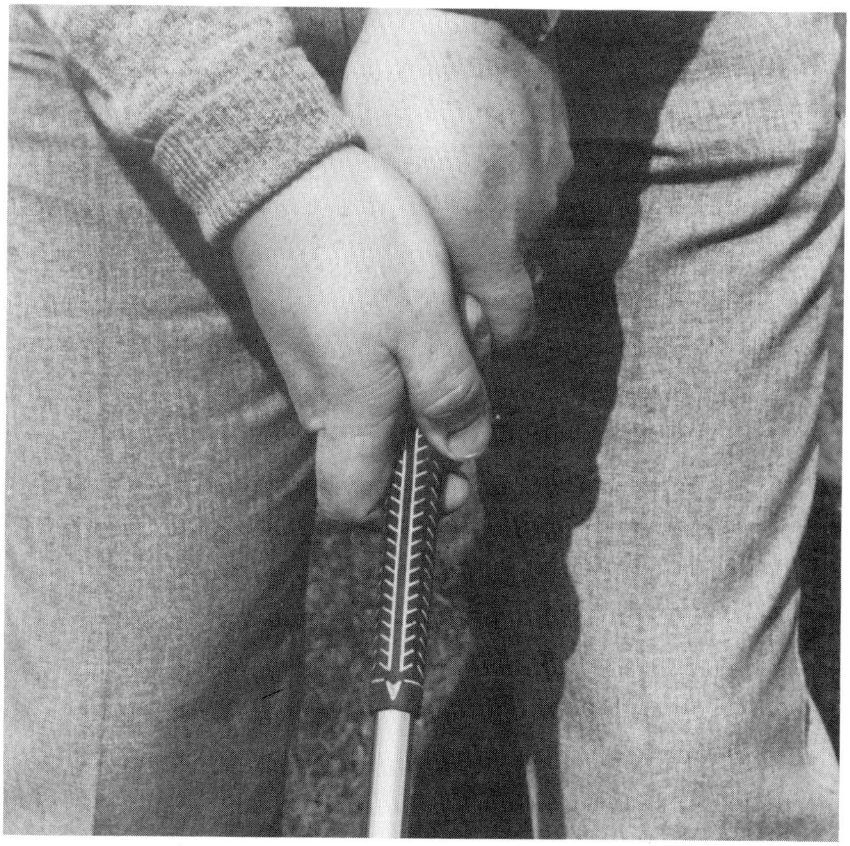

Abb. 30

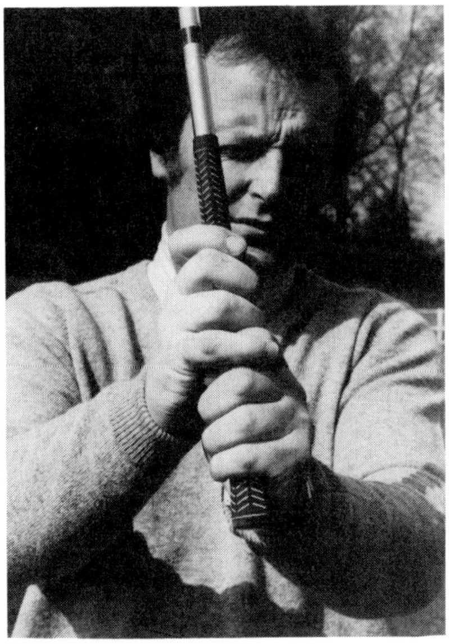

Abb. 31

Abb. 33

Abb. 34

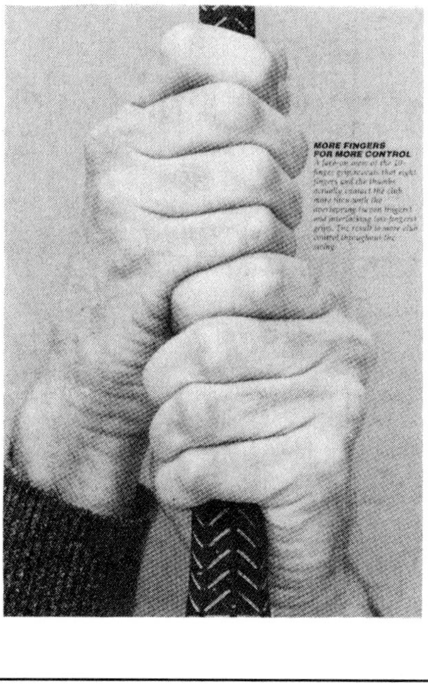

Abb. 32

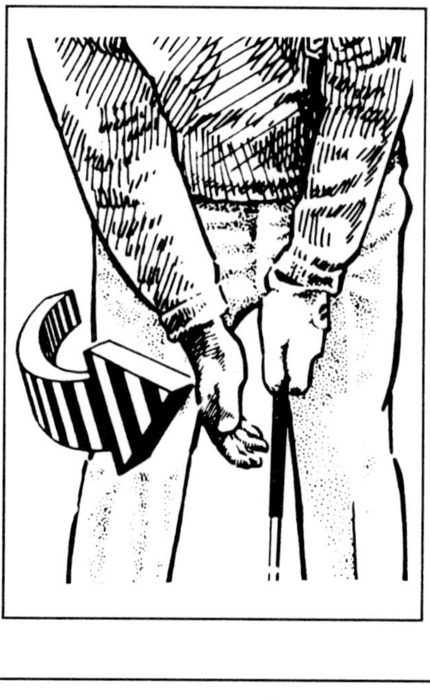

Abb. 35

Haltung und Ballposition

5. Kapitel

Alle guten Spieler haben eine gute Haltung. Eine *gute Haltung* bedeutet einfach eine aufrechte Haltung. Dafür gibt es viele Gründe. Man sagt, daß die guten Golfer ein Minimum an Anstrengung aufwenden, um ein maximales Ergebnis zu erreichen, was wir als Sparsamkeit von Bewegungsabläufen bezeichnen. Mit einer aufrechten Körperhaltung entwickeln Sie bei gleichem Energieaufwand wesentlich mehr Kraft.

Eine praktische Demonstration, um die Hebelwirkung in der Golf-Terminologie zu erklären, kann wie folgt illustriert werden: Nehmen wir an, Sie sind in Ihrem Auto unterwegs und haben plötzlich einen Platten. Nachdem Sie Ihren Ersatzreifen aus dem Kofferraum genommen haben, merken Sie, daß Sie nur zwei Schraubenschlüssel haben, einen kurzen und einen langen. Zuerst versuchen Sie es mit dem kürzeren, aber was Sie auch unternehmen, die Reifenmuttern drehen sich keinen Millimeter. Wenn Sie es aber mit dem langen Schraubenschlüssel versuchen, klappt es sofort. Warum? Ganz einfach, der längere Schlüssel hat eine größere Hebelwirkung und dadurch können Sie mehr Kraft auf die Reifenmuttern übertragen. Dieses Beispiel nennt Ihnen zwei Gründe für eine aufrechte Haltung beim Golfspielen.

1. Sie benötigen weniger Körperbewegung.
2. Sie erzeugen mehr Kraft durch die Hebelwirkung.

So erzielen Sie eine gute Körperhaltung:

Übungen zur Körperhaltung:

1) Aufrecht am Ball stehen.
2) Das Gewicht auf die Fersen zurückverlagern; wenn Sie sich dann vorbeugen, um den Ball zu erreichen, brauchen Sie sich nicht zu bücken.
3) Sie sollten sich nicht zum Ball hin bücken, sondern leicht die Knie und die Hüfte beugen, der Rücken bleibt gerade.

Abb. 36

4) Sie müssen den Kopf hochhalten. Der obere Teil Ihres Kopfes (da, wo die kleine Glatze ist...) sollte für eine Person, die Ihnen gegenüber steht, nicht sichtbar sein. Diese besondere Körperposition erlaubt der linken Schulter einen freien Bewegungsablauf beim Durchschwung. Sie sorgt auch für eine bessere Sicht und einen größeren Ausholbogen beim Schwung.
5) Allgemein ausgedrückt, stehen Sie direkt am Ball. Man kann sagen, daß man nicht nahe genug am Ball stehen kann.

Zu sehr zusammengekauert

Schräger Rückschwung
Die Folgen eines runden Rückens beim Schwungablauf

Wenn Sie sich bücken, verlieren Sie in doppelter Weise (siehe Abb. 36 u. 37). Eine detaillierte Erklärung finden Sie im Kapitel »Eine Wende zum Besseren«.

a) Sie benötigen mehr Bewegung bei gleicher Kraft.

b) Sie vergeuden Kraft, mit dem Resultat, daß Sie sich während des Schwunges unmöglich vom Ball abwenden können. Sie *kippen ab* (wie ein geankertes Boot im Wind hin und her kippt), wenn Sie in einer zusammengekauerten (gebückten) Stellung sind; Ihre linke Schulter zieht sich hoch. Die rechte Seite nimmt den Schläger in einem steilen Winkel auf, relativ schnell beim Rückschwung, und das Resultat ist ein Abwärtsschlag auf den Ball. Das Ergebnis wird ein hoher Schlag sein, da Sie den Ball von unten mit dem oberen Ende des Schlägerkopfes treffen und dadurch zuviel Backspin verursachen. Die Schwungkraft muß nach vorne, nicht nach unten gerichtet sein, um den Ball vorwärts zu bringen.

Die Position des Balles

Merken Sie sich, daß der Ball an der Innenseite des linken Absatzes liegen sollte, wenn Sie den Driver und die Hölzer 3, 4, 5 benutzen. Beim Spiel mit den Eisen sollte der Ball allerdings die Position haben, die in der Abbildung demonstriert wird. Diese Ballposition ermöglicht Ihnen, Ihre Eisen mit mehr Dynamik und Autorität zu benutzen. Weiterhin wird sie Ihnen bei der Ansprechposition vor dem Schwung behilflich sein, indem sie eine offene Schulterausrichtung vermeidet. Sie wird Ihnen dazu verhelfen, einen leicht abfallenden Durchschwung zu machen, was unerläßlich für ein gutes Spiel mit den Eisen ist. Einige der Top-Profis treten dafür ein, bei allen Schlägern den Ball links vom Absatz liegen zu haben. Aber um das zu praktizieren, müßten Sie ebenso athletisch sein und die Beine so benutzen können, wie diese das tun. Sie sollten dem Beispiel des ausge-

Abb. 37

Tralee, Co. Kerry

Carrols Irish Open, Portmarnock, Co. Dublin

zeichneten Seve Ballesteros folgen, der beim Gebrauch den Ball ständig nach hinten in den Stand verlagert, wie viele andere Topspieler auch. Ich nenne sie *Handspieler.* Das ist mein Rat für Sie (siehe Abb. 38).

Ein weiterer Punkt in Bezug auf die Ballposition, der katastrophale Folgen hat, ist die Plazierung des Balles zu weit vom Stand. Unweigerlich gelangen Ihre Schultern in eine offene Stellung, und der Schlägergriff wird auf die rechte Schulter weisen oder in einer Linie mit Ihrem rechten Arm sein. Dadurch wird Ihr Griff automatisch schwächer. Denken wir für einen Augenblick an die Auftreffzone und betrachten sie als Halbkreis. Wenn man den Ball ans Ende des Halbkreises oder nach vorne in Ihren Stand gelegt hat, ist die unweigerliche Konsequenz, daß Sie nach links herausschwingen oder in Richtung Halbkreisende, auf das er gerichtet ist (siehe Abb. 39 u. 40).

Abb. 40

Abb. 38

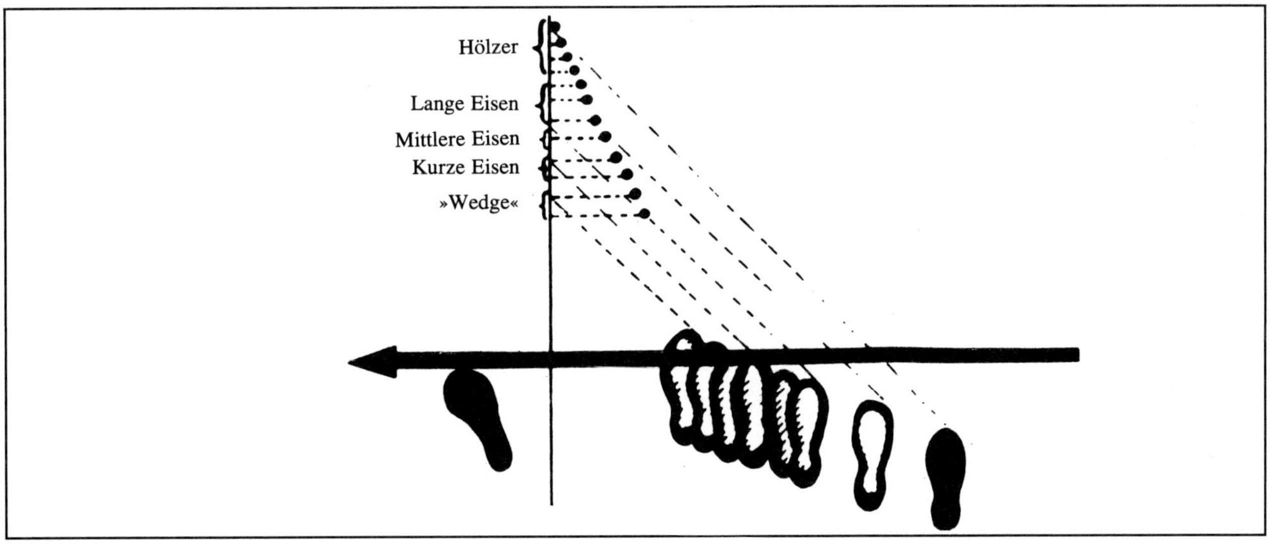

Abb. 39

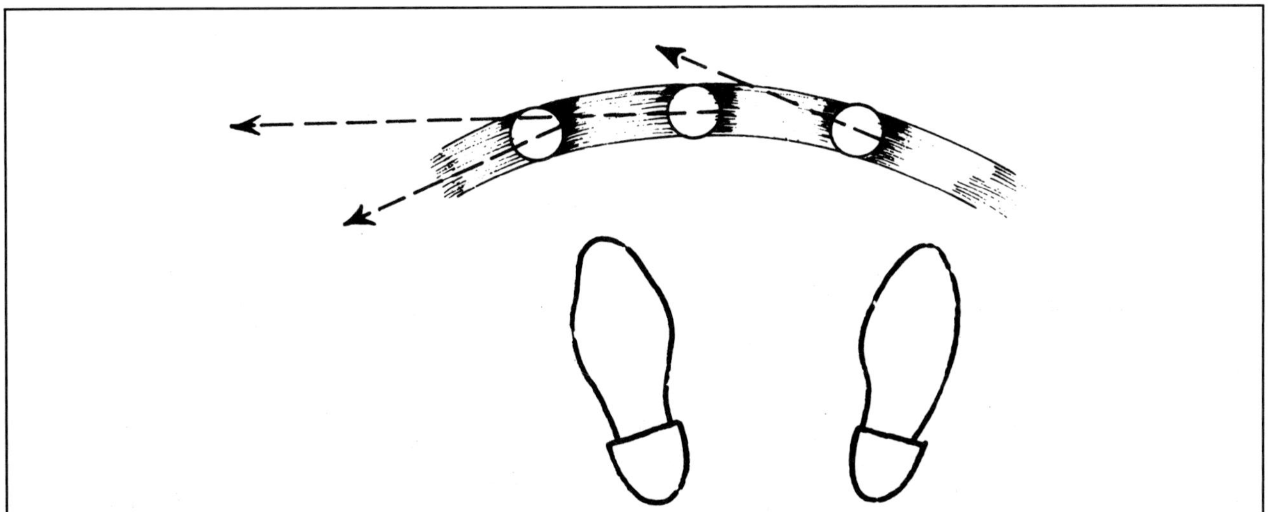

Kontrollieren Sie die Ballposition, wenn Ihre Schläge »wild« gehen

Die Aufstellung

6. Kapitel

Motto — »Der Schlägerkopf wird dies für Sie erledigen«

Der Ausrichtung wird am wenigsten Aufmerksamkeit beim Spiel geschenkt. Die meisten P.G.G. (potentiell gute Golfer) lassen die Aufstellung unbeachtet, wundern sich aber dann, daß der Ball nicht dorthin fliegt, wohin Sie ihn haben wollen. Wenn die Golfer sich im Alltagsleben so verhalten würden wie auf dem Platz, wäre die Unfallquote auf unseren Straßen wesentlich höher, und wir würden in einer Gesellschaft voller Risiken leben! Wenn Sie in Ihrem Auto sitzen, versuchen Sie sicherlich mit dem Lenkrad in die richtige Richtung zu steuern. Das gleiche gilt beim Schießen: Sie zielen mit dem vorderen Teil der Waffe auf die Zielscheibe. Nun, das gleiche gilt auch für Golf. Ich konnte bei meinen Golfstunden immer wieder feststellen, daß Golfer sehr gute Übungsschläge machen; wenn dann allerdings der Ball vor Ihnen liegt, fällt der ganze Schwung in sich zusammen. Der Grund liegt auf der Hand: Sie haben beim Übungsschwung nichts zu verlieren. Das ist natürlich ganz anders, wenn es darauf ankommt, den Ball zum gewünschten Zielpunkt zu bringen. Oft zielen sie dann 30 Meter weiter nach rechts.

Im Falle von Platzbegrenzungen, wie es sie auf den meisten Golfplätzen gibt, *zielen die Golfer tatsächlich auf die Begrenzungen* anstatt auf den Zielpunkt. Sie schwingen nicht auf den Zielpunkt hin, sondern versuchen beim Rückschwung mit einer Körperdrehung die falsche Zielrichtung zu korrigieren. Sie *beginnen mit einem Fehler,* indem sie meterweit nach rechts vom Zielpunkt entfernt zielen und versuchen, diesen Fehler mit einem *weiteren Fehler* beim Schwung zu korrigieren.

Es ist wie beim Motor Ihres Autos. Wenn ein Motorteil nicht

Abb. 41

mehr funktioniert, werden alle anderen mitbeeinträchtigt. Wenn Sie mit einem Fehler beginnen, wirkt sich das auf Ihren Schwung aus, und viele andere Dinge werden in Ihrem Spiel schiefgehen. Wenn Sie allerdings richtig ansetzen, läuft alles Weitere wie von selbst — eine positive Kettenreaktion: alles andere geschieht automatisch.

Was ich hier klarzumachen versuche, ist folgendes: wenn Sie lernen, in welcher Weise Sie auf den Zielpunkt zielen sollen, sind Korrekturen während des Schwunges unnötig. Dann haben Sie nichts weiter zu tun, als *auf den Zielpunkt hin zu schwingen;* der Schwung passiert schnell, nachdem Sie den Schlägerkopf auf das Ziel hin ausgerichtet haben. Die Chancen sind sehr groß, im Treffmoment genau auf die gleiche Stelle am Ball zu treffen. Es ist in der Tat schwierig, den Ball nicht zu dem gewünschten Zielpunkt zu bringen.

Womit zielen Sie?

Wenn ich diese Frage einem Golfer stelle, bekomme ich unweigerlich die Antwort: »Ich versuche, meine Schulter auf das Ziel auszurichten!« Dann frage ich: »Treffen Sie den Ball mit Ihren Schultern, Ihren Knien oder Ihrer Hüfte?« »Nein.« »Womit treffen Sie dann den Ball?« »Mit dem Golfschläger natürlich.« «Mit welchem Teil des Schlägers?« »Mit dem Schlägerkopf.«

Und nun wird uns klar, daß Sie hoffen, daß der Schlägerkopf beim Durchschwung auf den Zielpunkt zielt, den Ball trifft und dieser auch sein Ziel erreicht.

Stellen Sie sich diese Frage, und Sie werden lernen, daß der *Kopf des Schlägers, nicht Ihr Körper auf das Ziel gerichtet ist.* Das Geheimnis liegt darin, *zuerst den Schlägerkopf* in Zielposition zu bringen und *dann erst Ihren Körper.*

Abb. 42

Alle Profis der ganzen Welt folgen einer wohlerprobten Routine. Leider achten die Zuschauer, selbst Golfer, während eines Turniers nur auf die Flugbahn des Golfballes oder auf den Schwung eines Superstars. Sie sehen sich alles an, achten aber nicht auf die Einzelheiten, zum Beispiel, wie die Profis ihren Schläger halten, wie sie sich *aufstellen* oder auf ihre Ansprechsituation zum Ball.

Folgen Sie den Abbildungen 41 und 42. Sie können sie mit imaginären Zielpunkten üben. Holen Sie sich Ihre Freunde zur Unterstützung, zur Kontrolle, daß Sie sich auch gerade zur Ziellinie aufstellen. Am Anfang dauert es relativ lange, weil Sie es mechanisch machen. Durch viel Übung können Sie es dann allerdings sehr schnell auf dem Golfplatz praktizieren.

Sie können es im Endeffekt so schnell machen, wie es dauert, einen Golfball zu plazieren. Üben Sie es regelmäßig, bis es zur Routine wird.

Sie legen den Ball auf den Boden, gehen soweit hinter den Ball zurück, bis er sich visuell direkt zwischen Ihnen und dem Zielpunkt befindet; gehen Sie ganz sicher, daß Sie die Fluglinie des Balles klar vor sich sehen.

Die Fluglinie sollte vorher wie ein Film in Ihrem Gehirn gespeichert sein.

Sie halten den Schläger mit Ihrer rechten Hand, gehen auf den Ball zu, während Sie den Zielpunkt im Auge behalten, plazieren den Schlägerkopf hinter den Ball und zielen mit ihm auf den Zielpunkt.

Ihren Körper bringen Sie erst dann in Stellung, wenn Sie sicher sind, daß der Schlägerkopf auf den Zielpunkt gerichtet ist (siehe Abb. 43 u. 44).

Abb. 43

Bringen Sie Ihren Körper so in Position, daß er sich entweder links vom Zielpunkt oder parallel zur Ziellinie befindet (siehe Abb. 45).

Nur der *Schlägerkopf* ist auf den Zielpunkt gerichtet, sonst nichts.

Wenn Sie das nicht für besonders wichtig halten, erinnern Sie sich bitte, daß Jack Nicklaus, Bernhard Langer und Severiano Ballesteros, die Top-Spieler von heute, alle dieser Routine folgen. Sie haben natürlich ihre persönlichen Variationen. Aber alle sind besonders um ihre Aufstellung zum Ball bemüht. Halten Sie beim nächsten Turnier auf dem Platz oder beim Fernsehen Ihre Augen offen.

Wenn Sie wirklich fest entschlossen sind, den Ball auf den Zielpunkt hin zu spielen, bringen Sie Geduld, Entschlossenheit und genug Engstirnigkeit auf, um dieser Routine zu folgen. Die meisten Golfspieler tun das nämlich nicht!

Die gleiche Routine gilt für alle Schläger. Es geht einfacher mit den Schlägern aus Holz, da auf den meisten Holz-Schlägerköpfen der Firmenname gedruckt steht, und zwar normalerweise in einer horizontalen Linie. Wenn Sie den Schlägerkopf der Hölzer so plazieren, daß der Firmenname auf den Zielpunkt zeigt, dann ist auch der Schlägerkopf in der richtigen Position.

Abb. 44

Das Chippen

Das gleiche gilt für Ihr Chippen, auch wenn Sie ganz nahe an der Fahne sind — am Rande des Grüns (siehe Abb. 46, 47 u. 48).

Hier das Patentrezept für die Eisen mit den hohen Nummern: Der Ball sollte sich genau zwischen Ihnen und dem Zielpunkt oder dem Fähnchen befinden.

Sie halten den Schläger in Ihrer rechten Hand — zielen Sie mit dem

Schlägerkopf auf die Fahne oder auf den Punkt auf dem Grün, wo Sie den Ball landen sehen wollen.

Richten Sie den Körper ein gutes Stück links vom Zielpunkt aus, so daß ausreichend Platz für Ihre Arme beim Durchschwung vorhanden ist.

Nehmen Sie sich vor dem Schlag etwas Zeit, und stellen Sie sich vor, daß die Flagge wie ein Magnet auf den Schlägerkopf wirkt. Sie werden das Ergebnis mit Erstaunen beim Schwung feststellen. Sie werden Ihr Ziel genau treffen. Der Schlägerkopf schwingt, da er auf den Zielpunkt gerichtet war, durch die Schlagzone automatisch zurück zum Ball.

Ich kann diesen Punkt wirklich nicht oft genug betonen. Es frustiert mich, Golfer zu beobachten, die beste Resultate erwarten und dauernd meterweit rechts oder links vom Zielpunkt entfernt das Ziel anvisieren.

Zusammenfassung

1. Richten Sie den Schlägerkopf auf den Zielpunkt.
2. Der Körper ist links von oder parallel zur Ziellinie ausgerichtet.
3. Der Schwung ist in zwei Sekunden vorbei — Sie haben keine Zeit, während des Schwunges Korrekturen auszuführen.

Das gilt für jeden Schlag beim Golfspiel, zum Beispiel beim Sand-Schlag: Richten Sie den Schlägerkopf auf den Zielpunkt und den Körper ein gutes Stück nach links vom Zielpunkt aus. Wiederum bilden Fahne und Schlägerkopf eine Linie.

Es gibt hier einige Variationen, die wir bereits angesprochen ha-

Abb. 45

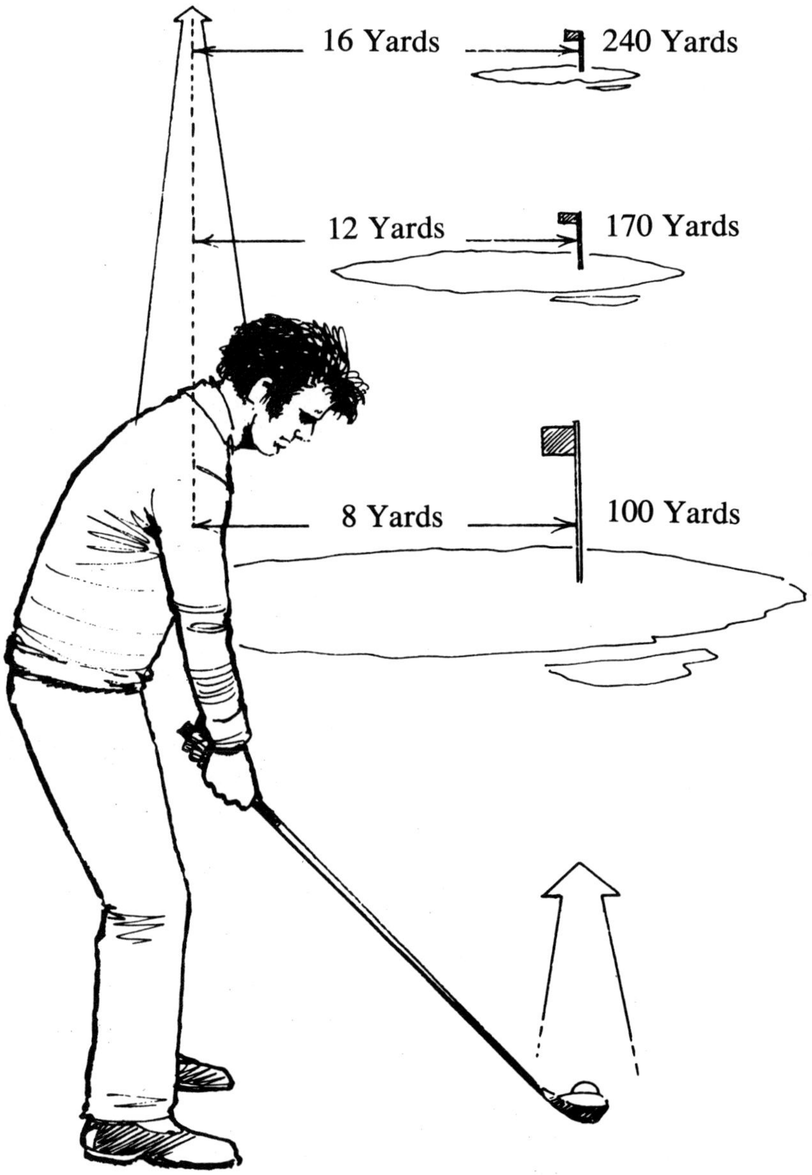

Körper links vom Zielpunkt und Schlägerkopf auf den Zielpunkt gerichtet ben. Sie spielen auf einem engen, schmalen Fairway mit Gebüsch auf der linken Seite. Natürlich wollen Sie den Ball nicht ins Gebüsch spielen. Die Ausrichtung erfolgt in der Mitte des Fairways, dann erfolgt eine geringe Anpassung, indem Sie den Schlägerkopf leicht öffnen oder nach unten rechts zielen, selbst wenn Ihr Körper in der ursprünglichen Position bleibt. Sie können auch Ihren Linkshand-Griff abschwächen, indem Sie ihn entgegen dem Uhrzeigersinn drehen. Die linke Hand wird automatisch am Griff in die natürliche Postion zurückgehen wollen und somit eine offene Schlägerblattstellung verursachen.

Abb. 46 + 47

Zur Wiederholung:

Wenn Sie die linke Seite des Fairways irritiert, und Sie nach rechts hin genug Platz haben und ein Desaster vermeiden wollen, dann öffnen Sie das Schlägerblatt gerade so weit, daß es nach rechts zielt, und dieses Öffnen der Schlägerblattstellung wird Ihren Griff automatisch schwächen. Sie können dann beruhigt sein, der Ball geht auf keinen Fall nach links und bleibt somit im Spiel.

Das gleiche gilt auch umgekehrt, wenn Sie das Problem auf der rechten Seite des Platzes haben, was bei den meisten Golfplätzen der Fall ist, die nach dem St. Andrews Modell angelegt wurden.

Sie zielen nun mit dem Schlägerblatt nicht auf die Mitte des Fairways, sondern drehen die Spitze des Schlägerblattes leicht einwärts. Das verstärkt automatisch Ihren Griff, was dazu beiträgt, daß der Ball nicht nach rechts geht, da sich die Schlägerblattstellung beim Anschlag nicht öffnet. Das sind nur geringfügige Änderungen, die Sie während einer Runde Golf vornehmen. Es kommt Ihnen zugute, diese Waffen im Kleinkrieg gegen den Golfplatz zur Hand zu haben. Es dreht sich alles um den Schlägerkopf. »Der Schlägerkopf wird das für Sie erledigen.«

Abb. 48

Abb. 49

Das Entwickeln einer guten Schwungform

7. Kapitel

Während der frühen Lernphasen brauchen Sie außer den Schlägern noch zwei weitere Attribute in Ihrer Golftasche — »Geduld und Durchhaltevermögen«. Golf ist ein altes und im Grunde einfaches Spiel, das sich langsam entwickelt hat, und es ist ein sehr tiefgründiges Spiel. Nachdem Sie ein gutes Ansprechen entwickelt haben, müssen Sie Ihr Spiel durch eine gute Schwungform stabilisieren. In vielerlei Hinsicht stellt der *Golfball für den Anfänger eher eine Bedrohung dar.* Vor lauter Anstrengung, den Ball zu treffen, vergessen Sie Ihren Schwung. Sie brauchen jedoch Geduld: »Können Sie so lange durchhalten, bis Sie eine gute Form entwickelt haben, *bevor* Sie es mit dem Golfball aufnehmen?« Vorausgesetzt, Sie akzeptieren, daß der Ball ein Beeinträchtigungsfaktor ist, der Sie daran hindert, einen flüssigen Schwung auszuführen, dann können Sie mit regelmäßiger Übung ohne Ball einen zuverlässigen, dauerhaften Rhythmus entwickeln. Ein Tee im Boden wäre in dieser Lernphase für Ihre Schwungentwicklung als *Zielscheibe* völlig ausreichend.

Von »innen« nach »außen« und nichts kann schiefgehen

Wie sieht die grundlegende Schwungform aus? Die grundlegende Schwungform, die Sie entwickeln müssen, ist schlichtweg eine Schwungkurve, die von *innen* nach *außen* verläuft. Eine Linie direkt vom Ball zurück und direkt durch den Ball hindurch ist die Richtungslinie zum Ziel. Der Schlägerkopf wird *innerhalb* dieser Linie beim Rückschwung und außerhalb der Linie beim Durchschwung bewegt.

Bei einer genauen Untersuchung des Schwunges vermeide ich, *Paralyse durch Analyse* zu vermitteln. Vergessen Sie nicht, der Schwung ist in weniger als zwei Sekunden vorüber. Zu viele tiefschürfende Gedanken über den Schwung sind nicht von Vorteil. Sie erreichen dann möglicherweise einen mechanischen und nicht besonders effektiven Schwung. Wenn Sie jedoch eine korrekte Ansprechposition haben, beginnen Sie richtig.

a) Rückschwung — Zurückführen

Viele Golfer unterliegen dem Irrtum, daß der Schläger vom Ball aus gerade nach hinten geführt werden sollte. Das ist nicht der Fall. Sie sollten den Schlägerkopf am Boden entlang an der Innenseite zurückführen. Beim Führen benutzen Sie die linke Seite, linke Schulter, Arm und Hand. Mit der rechten Seite führen Sie nur beim »Spin«.

Sehr wichtig

Achten Sie ganz besonders auf diese Abbildung, sie ist sehr wichtig (siehe Abb. 50).

Das Ergebnis dieses Zurückführens

Ihre linke Schulter dreht sich automatisch, spannt somit die Rückenmuskeln und erzeugt Kraft. Sie bewegen ebenfalls den Schlägerkopf nach hinten und nach oben, schaffen Raum, vermeiden den *steilen* Rückschwung und schaffen so einen richtigen *Angriffswinkel* von hinten auf den Ball. Sie sollten sich wirklich auf diese ersten Zentimeter des Rückschwungs konzentrieren. Wenn Sie es richtig machen, geht alles weitere wie von selbst, und als Ergebnis werden Sie gute Schläge ausführen. Nicht vergessen: »Zurück an der Innenseite am Gras entlang.«

Abb. 50

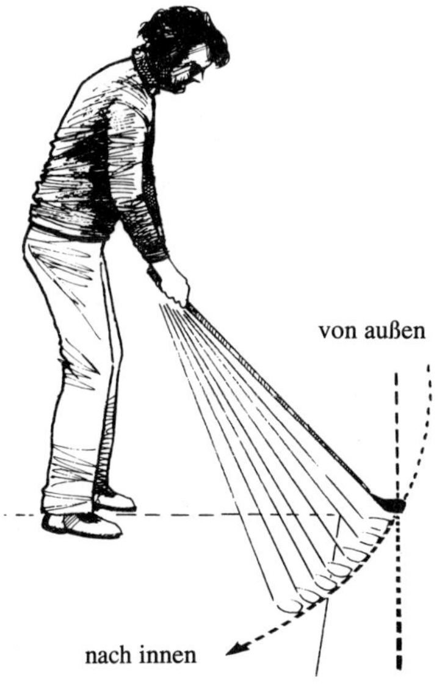

b) Durchschwung: »Jetzt heißt es: Raus«

Beim Durchschwung müssen Sie ein Gefühl dafür bekommen, daß Sie nach rechts vom Zielpunkt *rausschwingen;* obwohl Sie den Ball zum Ziel schlagen wollen, geschieht es viel zu leicht, daß Sie quer vor dem Körper schwingen und den Schwung mit einer Kreisbewegung seitlich beenden. Das ist der häufigste Fehler und kann vernichtende Resultate bringen. Was eigentlich passiert, ist folgendes: Sie schwingen mit Ihren Schultern, und da der Ball auf dem Boden und nicht in Schulterhöhe liegt, ist das ein sinnloses Unterfangen.

Ich werde hier vier wesentliche Punkte in bezug auf den Rück- und Durchschwung behandeln. Hier geht es wiederum um die Dominanz der linken Seite beim Ansprechen und um die Gründe für den notwendigen Arbeitsaufwand der linken Seite beim Schwung. Die Hauptgründe sind:

1) Schwungkraft
2) Schwungebene
3) Schwunggleichmäßigkeit
4) Schwungentwicklung

Abb. 51

1) Schwungkraft

Allgemein ausgedrückt liegt die *Kraft* des Schwunges im Durchschwung, und darauf sollten Sie sich auch konzentrieren. Die meisten Spieler begreifen nicht, daß sie den Ball nicht beim Rückschwung treffen. Viele sind der Meinung, man brauche einen langen Rückschwung, um Schwungkraft zu entwickeln — das stimmt nicht. Wenn Sie zu weit zurückschwingen, fällt alles in sich zusammen, und Sie *fallen* sozusagen in den Ball hinein. Wenn Sie zu schnell und zu weit zurückschwingen, ist das Ergebnis ein sogenannter *Rechtsdreh,* welcher keine Muskelspannung erzeugt.

Der Sinn des Rückschwunges liegt darin, *Kraft* und *Position* zu gewinnen. Um Kraft zu gewinnen, müssen Sie die linke Seite gegen das rechte Knie drücken und die Rückenmuskeln wie eine gespannte Feder *aufspulen.* Wenn Sie den Schläger mit der rechten Hand und dem Arm aufnehmen, dreht sich die ganze rechte Seite, und es entwickelt sich keine Muskelspannung. Genauso könnten Sie versuchen, eine Sprungfeder aufzuspulen, indem Sie sie gegen einen sich bewegenden Gegenstand drücken. Sie verlieren die Spannung und die Kraft (siehe Abb. 51, 52). Sie sollten den Rückschwung immer mit der linken Schulter beginnen. Mit der *linken Schulter* beziehe ich mich auf die linke Körperseite, nicht nur auf die Schulter.

2) Schwungebene

Das rechtsgesteuerte Zurückführen beeinträchtigt die Schwungebene. Stellen Sie sich für einen Moment ein Uhrpendel vor, wie es hin und zurück schwingt. Nehmen wir an, das Pendel würde höher und höher schwingen, bis es zu einem Punkt kommt, wo es nicht weiter nach vorn schwingen, sondern nach hinten fallen würde. Vergessen Sie nicht, Ihr Ziel ist es, ein Objekt nach vorn in Bewegung zu setzen. Was Sie dazu benötigen, ist eine Vorwärts- und Rückwärtsbewegung, keine Auf- und Abbewegung (s. Abb. 53).

3) Schwunggleichmäßigkeit

Am Anfang benötigen Sie einen kompakten Schwung, der im Prinzip ein Armschwung ist, um Gleichmäßigkeit ins Spiel zu bringen; Flugdistanz spielt hier kaum eine Rolle. Zu viele Spieler gehen beim Rückschwung zu weit zurück und sind dann nicht mehr in der Lage, den Ball mit dem Schlägerkopf zu treffen. Wenn Sie eine lange

Abb. 52

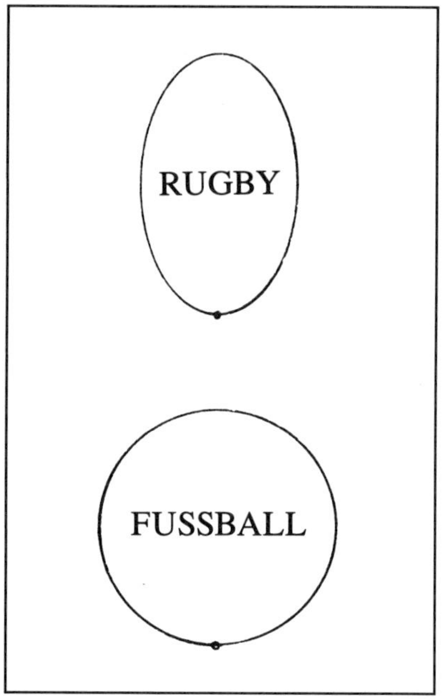

Abb. 53

Autoreise unternehmen, ist das Risiko, die Orientierung zu verlieren, natürlich größer als bei einer kurzen Fahrt. Das Gleiche gilt für Golf.

4) Schwungentwicklung

Allgemein ausgedrückt, denken Sie daran, das *Rückführen* des Schlägerkopfes an der *Innenseite* zu üben, indem Sie den linken Absatz auf dem Boden lassen. Wenn Ihre linke Schulter das Kinn berührt, ist der Zeitpunkt für den Durchschwung erreicht. Sie müssen das Gefühl entwickeln, daß Sie durch den Ball *hindurch* schwingen, und am Ende des Schwunges sind *Ihre Hände hoch oben und der rechte Absatz hat sich vom Boden gelöst.*

Sie sollten den Eindruck haben, daß der Ball einfach in der Bahn der Schwunglinie liegt. Natürlich gibt es einen Grund dafür, daß der rechte Absatz am Ende des Schwunges vom Boden abgehoben sein sollte. Nur so können Sie den Ball richtig treffen. Daß es auch gut aussieht, ist reiner Zufall.

Eine aufrechte, hohe Körperhaltung am Ende des Schwunges deutet auf einen guten Schwung hin. Denken Sie an diese Haltung und erinnern Sie sich, daß alle Topspieler einen guten Schwung haben. Mit einem *häßlichen* Schwung, selbst wenn Sie ihn ziemlich gut ausführen, werden Sie vielleicht *trotzdem* ein gutes Ergebnis erzielen, allerding sicher nicht *aufgrund* des Schwunges.

Abb. 54

Verbessern Sie sich

8. Kapitel

90 Grad, bitteschön

Wie sieht eine Drehung beim Rückschwung aus? Ihre Schultern sind beim Ansprechen parallel zur Ziellinie, und am Ende des Aufschwunges haben Sie eine Drehung von 90 Grad nach rechts gemacht. »Drehen, drehen und wieder drehen« können Sie sich als Motto nehmen. So machte es zum Beispiel Tommy Bolt: Beim Ansprechen drehte er sich einfach auf der Stelle. Außer seinen Schultern schien sich sonst nichts zu bewegen. »Nur eine Bewegung ist beim Rückschwung erlaubt: eine Drehbewegung« (siehe Abb. 55 u. 56).

Abb. 55

Abb. 56

Warum müssen Sie Ihre Schultern drehen?

a) **Position**
Sie müssen den Ball von hinten anschlagen, und das erreichen Sie nur mit einer Drehung. Ohne Drehung werden Sie den Ball mit einem Steilschwung von oben anschlagen.

b) **Kraft**
Bei der Schulterdrehung wird die Rückenmuskulatur *aufgespult* und somit Kraft gewonnen, die beim Durchschwung unentbehrlich ist. Die Schultern gegen das rechte Knie zu drehen, entspricht dem Druck einer Spirale gegen eine Wand.

Diese Bewegungsabläufe geschehen automatisch, vorausgesetzt Sie starten mit einer guten Ansprechposition. Wenn Ihre schwächere linke Seite beim Ansprechen die Führungsrolle übernimmt, wird sie automatisch anfangen sich zu drehen. Die stärkere rechte Seite befindet sich in einer weichen oder entspannten Lage, und somit wird die gesamte linke Seite in Bewegung gesetzt. Mit der gesamten linken Seite meine ich nicht nur die Schultern, sondern ebenfalls die linke Rückenpartie. Sie können es auch folgendermaßen verstehen: linke Seite, linker Arm, linke Hand und linkes Knie bewegen sich als eine Einheit, ein gleichzeitiger Ablauf. Oder Sie können es auch als eine *Verbindung* bezeichnen. Der Schlägerkopf ist mit dem Schaft verbunden, der mit der linken Hand verbunden ist, die linke Hand mit dem Arm, der Arm mit der Schulter und die Schulter mit dem linken Teil des Rückens. Der Schlägerkopf ist mit der linken Seite verbunden und, um diese Verbindung nicht zu unterbrechen, müssen Sie sich drehen.

Wenn Sie Ihr Handgelenk beim Zurückführen drehen, oder Ihre Hände sich aufwärts bewegen und die Schulter zurück bleibt, haben Sie die Verbindung unterbrochen. Wenn Sie nur die kleinen Muskeln beanspruchen; führt das zu einem lockeren Schwung mit geringer Kontrolle; das überträgt die Kraft auf die rechte Seite, was gewöhnlich aus einem Überschwung und Unbeständigkeit beim Schwung resultiert. Ben Hogan war ein klassisches Beispiel dafür. Zu Beginn seiner Karriere hatte er einen furchtbaren Überschwung, und erst im Alter von über dreißig Jahren wurde er ein guter Spieler. Er konnte eine relativ gute Runde mit einem entsetzlichen »Enten-Hook« ruinieren. Beim Überschwung besteht die Tendenz, von oben auf den Ball zu schlagen, da man am Ende des Rückschwunges die Kontrolle verliert. In der Golf-Terminologie nennt man das »zu früh treffen«. Der Schlägerkopf landet vor den Händen am Ball und verursacht einen Hook.

Wenn Ihr Schwung am Ende des Rückschwunges zusammenfällt, wird das gleiche im Treffmoment

Abb. 57

passieren und der Durchschwung verliert sich. Hogan wurde zur Legende, nachdem er das linksseitige Zurückführen entdeckt hatte. Er drehte die gesamte linke Seite als eine Einheit, ohne Inanspruchnahme der rechten Seite. Hogan entwickelte ebenfalls ein Geheimrezept gegen dieses Problem, aber es dauerte noch eine Reihe von Jahren, bevor er es der Golfwelt mitteilte. Natürlich motivierte das jeden Golfer, das Geheimnis aufzudecken. Im Endeffekt wurde das Wort »Pronation« neu in die Golfsprache aufgenommen, was schlichtweg bedeutet, daß Sie während des Treffmoments Ihre linke Hand leicht hohl machen und somit den Schlägerkopf leicht öffnen (um einen Hook zu vermeiden).

Wie Sie die Drehung üben können

Nicht vergessen: Ihr Schwung und das Schlagergebnis hängen davon ab, wie Sie Ihr Ansprechen vorher organisieren. Stellen Sie sich so auf, daß es Ihnen leicht fällt, Ihre Schultern zu drehen. Vergessen Sie ebenfalls nicht, daß Ihre rechte Seite automatisch die Kontrolle übernehmen will. Wenn ich Ihnen einen Schläger gäbe, würden Sie ihn höchstwahrscheinlich mit Ihrer rechten Hand annehmen. Beim Golf müssen Sie alles gegen Ihre tägliche Routine einsetzen. Es ist sehr wichtig, *Ihre schwächere linke Seite zu stärken und Ihrer starken rechten Seite eine untergeordnete Rolle zu geben* (siehe Abbildungen).

»Es ist fast unmöglich, zu nahe am Ball zu stehen.« Eine falsche Position nimmt Ihnen unter anderem die Möglichkeit einer Drehung. Schlechte Position bedeutet: Ihre Knie sind gerade, während Ihr Rücken gebogen ist. Ihr Gewicht wird automatisch auf die Zehen

Abb. 58

verlagert, und Sie stehen zu weit vom Ball entfernt. In dieser Position ist Ihre rechte Seite zu stark, und Sie werden *mit Sicherheit einen abgekippten Rückschwung* ausführen.

Beim abgekippten Rückschwung sackt Ihre linke Schulter ab, und die rechte Schulter geht nach oben. Das ist bekannt als eine Rechtsdrehung, wobei die linke Seite sich nicht gegen das rechte Knie dreht, um die Muskeln anzuspannen, sondern sich die gesamte rechte Seite dreht. Denken Sie an die Spirale gegen die Wand... Bei der Rechtsdrehung haben Sie den Spiraleneffekt, mit dem Unterschied, daß die Wand nach außen gedrückt wird — also keine Anspannung und keine Spannkraft (siehe Abb. 57 u. 58).

Sie können nicht nahe genug am Ball stehen, um diesen Fehler zu vermeiden. Stehen Sie direkt am Ball, aufrechte Haltung, *auf keinen Fall den Rücken nach vorne beugen,* beugen Sie einfach Ihre Knie und die Hüften, der Rücken bleibt gerade. Vergessen Sie den Rat, Ihren Kopf nach unten zu halten, ein irreführender Rat, der normalerweise von den Spielern gegeben wird, die nicht die geringste Ahnung haben, was sie selbst falsch machen. Also, beugen Sie Ihren Kopf nicht nach unten, halten Sie ihn so aufrecht, daß Ihr Gegenüber Ihr ganzes Gesicht sehen kann, aus dem einfachen Grund, daß Sie beim Rückschwung daran gehindert sind, sich frei zu drehen, wenn Ihr Kinn nach unten auf die Brust gerichtet ist. Kinn hoch, so daß Ihre linke Schulter Bewegungsfreiheit hat!

Gehen Sie zu guter Letzt sicher, daß Ihr Körpergewicht auf die Absätze verlagert ist. Durch eine gute Position wird, wie bei allen erfolgreichen Golfern, eine Drehung wesentlich einfacher sein. Eine Drehung gegen den Widerstand

Abb. 59

Hermitage, Dublin

Lahinch, Co. Clare

des rechten Knies, auf der gleichen Ebene wie die Schulterdrehung, ist unerläßlich (siehe Abb. 59 u. 60).

Eine andere Möglichkeit besteht darin, *Ihre Schultern vorher leicht nach rechts zu drehen:* beim Ansprechen des Balles richten Sie Ihren Schlägerkopf auf den Zielpunkt aus und Ihren Körper ganz leicht nach rechts vom Zielpunkt (das bringt Ihre linke Seite in eine sehr gute Position). Der erste Bewegungsablauf des Rückschwunges sollte dann von den großen Rückenmuskeln Ihrer linken Seite ausgehen, während die linke Schulter sich zum Kinn bewegt und die rechte Schulter sich nach hinten dreht. Da gibt es natürlich Variationen, wenn Sie z.B. schlank und rank sind, brauchen Sie Ihre Hüften beim Rückschwung nicht so zu drehen wie eine breite und schwer gebaute Person. Das können Sie am besten selbst entscheiden. Wenn Sie schwerer gebaut sind, müssen Sie darauf achten, daß sich Ihr linkes Knie mit Ihrem linken Oberschenkel bewegt, somit die rechte Hüfte aus dem Weg schafft und Ihnen eine Drehung der linken Schulter erlaubt. Sie blockieren die Schulterdrehung, wenn sich Ihre rechte Hüfte nicht dreht (siehe Abb. 61).

Sehr wichtig: Ihren Armen ist es nicht erlaubt, der Schulterdrehung zu folgen. Wenn Sie es trotzdem machen, wird Ihr Rückschwung sehr flach ausfallen, und der Schläger wird höchstwahrscheinlich am Ende des Rückschwunges stagnieren. Die meisten guten Spieler haben eines gemeinsam beim *Abschwung:* »Trennung«. Ihre Arme bewegen sich beim Abschwung in der Schlagzone von der rechten Schulter weg. Mit anderen Worten, Ihre Hände befinden sich am Ende des Rückschwunges relativ nahe an der rechten Schulter. Beim Abschwung bewegen Sie sich

Abb. 60

schnell von der rechten Schulter weg, d.h. Ihre Arme *trennen* sich von Ihren Schultern. Beim schlechten Golfschwung schwingen sowohl die Arme als auch die Schultern (siehe Abb. 62).

Die rechte Schulter dreht sich beim Abschwung nach außen, und das hat einen Schwung zur Folge, der am Ball vorbeigeht. Es gibt einen Grund dafür, daß die Bewegungsebene Ihrer Arme sich ein wenig von der Ihrer Schultern unterscheiden sollte: wenn Ihre Arme beim Abschwung während der Schulterdrehung ein wenig nach oben gehen, werden Sie sich beim Abschwung automatisch von der Schulter *trennen,* da Sie das schon beim Rückschwung getan haben. Ein weiterer Grund liegt darin, daß Sie den Schaft des Golfschlägers am Ende des Rückschwunges in eine Position bringen müssen, in der der Schlägerkopf auf den Zielpunkt oder ein wenig rechts davon gerichtet ist. Wenn Ihre Arme beim Rückschwung genau dem Bewegungsablauf der Schulter folgen, führt dies, wie bereits erwähnt, zu einem flachen Rückschwung, wobei der Schlägerschaft am Ende des Rückschwunges links am Ziel vorbei zeigt. Das ist die Richtung, in die Sie schwingen werden. Ohne zu sehr in Einzelheiten zu gehen, wenn es darum geht, den Schaft zum Ziel zeigen zu lassen und das *Stagnieren* des Schlägers zu vermeiden, sollten Sie darauf achten, daß sich Ihre Hände am Ende des Rückschwunges unterhalb des Schlägerschaftes befinden, wobei Ihre Handgelenke abgewinkelt sind (siehe Abb. 63 u. 64).

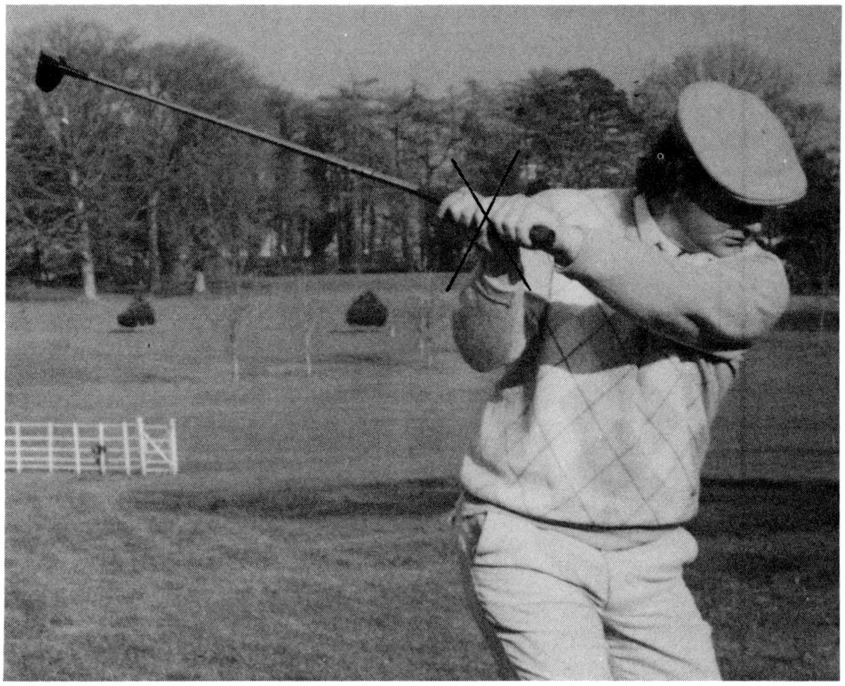

Abb. 61

Abb. 62

Beim Schwung aller guten Spieler wird beim Abschwung der rechte Arm sehr schnell gestreckt.

Beim Schwung eines schlechten Spielers sind es jedoch die Schultern, die sich auf den Ball zubewegen.

Übungsmöglichkeiten

Drehen, Drehen, Drehen

1. Organisation — nachdem Sie sich so vorbereitet haben, daß die schwächere linke Seite in einer starken Position und die stärkere rechte Seite in einer weichen oder entspannten Position ist, öffnen Sie die Finger Ihrer rechten Hand so, daß nur der Daumen und der untere Teil des Zeigefingers am Griff sind. Jetzt kann Ihre linke Seite die alleinige Kontrolle übernehmen —

Ihre rechte Seite ist gar nicht anwesend. Sie *schieben* Ihre linke Seite zurück, während Sie gleichzeitig die Finger der rechten Hand gerade halten. Dadurch hindern Sie Ihre rechte Seite daran, beim Rückschwung aktiv zu sein. Achten Sie darauf, den Schläger am oberen Ende des Rückschwunges gut zu positionieren — in Richtung auf das Ziel, die Hände dabei unterhalb des Schaftes (siehe Abb. 65 u. 66).

2. Eine andere Möglichkeit, die Drehung zu üben (die der Profis), besteht darin, Ihre starke linksseitige Ansprechposition einzunehmen, Ihre Hände nach oben in eine Stellung zu bewegen, in der sie sich direkt gegenüber von Ihrem Kinn befinden und Ihre Arme dabei in einer ausgestreckten Position sind (siehe Abbildung).

Jetzt drehen Sie einfach die Schultern und bringen den Schläger in Stellung. Auf diese Weise unterstützen Sie die Drehung Ihrer Schultern auf gleicher Höhe; die linke und rechte Schulter drehen sich in gleicher Höhe und verhindern so einen »Tilt« (wenn die linke Schulter heruntergedrückt und die rechte Schulter hochgezogen wird). Profis machen das manchmal auf Turnieren, wenn ihr Schwung ein wenig ausfallend ist. Sie nehmen ihre gewohnte Ansprechposition ein, bringen ihre Hände sofort in die richtige Position (siehe Abbildung), drehen dann ihre Schulter und schlagen den Ball. Anders ausgedrückt: drehen Sie sich weg, und schwingen Sie an der Innenseite nach unten. Diese Übung hilft Ihnen sehr, ein Gefühl für die Drehung zu entwickeln (siehe Abb. 67).

3. Es ist möglich, diese Bewegung zu Hause zu üben. Sie müssen

Abb. 63

dort eine Position einnehmen, bei der Sie sich sehen können — im Spiegel oder im Fenster, wenn es deutlich ist. Denken Sie an das Motto: »Sie dürfen nur eine Bewegung während des Rückschwunges machen: die Drehung.« Beobachten Sie Ihre Schultern und deren Drehung in Ihrem Spiegelbild. Sie sollten keine andere Bewegung sehen, als die Drehung der linken Schulter zum Kinn und Ihrer rechten Schulter nach links. Vergewissern Sie sich, daß Sie den Schläger am oberen Ende des Rückschwunges korrekt positioniert haben (siehe Abb. 72). Im Spiegel sollten Sie Ihren Rücken sehen, wie er am Gipfelpunkt des Rückschwunges zum Ziel hin gedreht ist.

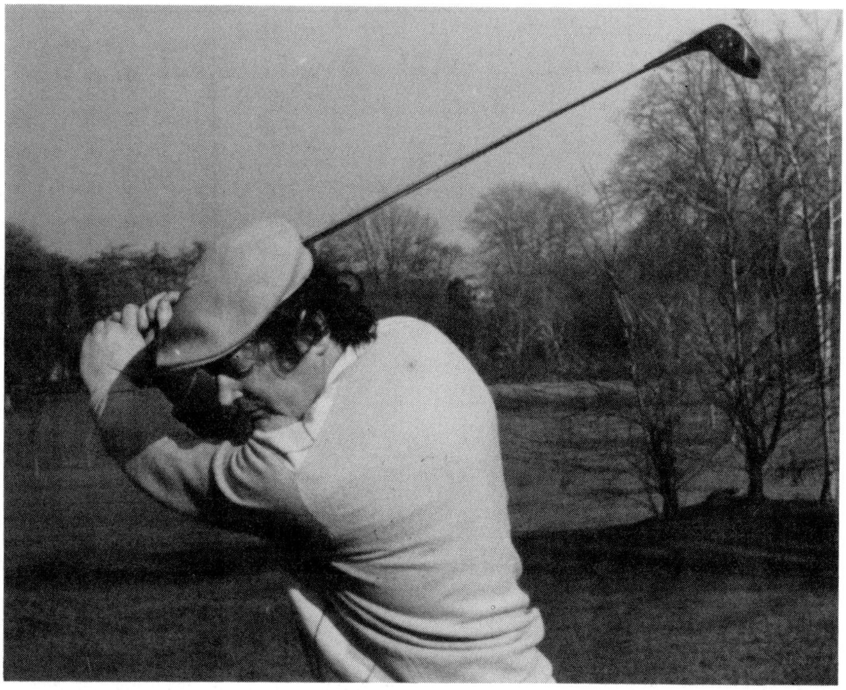

Abb. 64

Abb. 67

Sie können einen Spiegel benutzen, um ein Gefühl für die Drehung zu bekommen.

Abb. 65

Abb. 66

Der Gipfelpunkt des Rückschwunges

9. Kapitel

Vier verschiedene Gesichtspunkte:

1. Schwierigkeiten mit den niedrigen Eisen.
2. Die gleiche Flugdistanz mit den Eisen Nr. 3 und Nr. 7.
3. Hooks bei hohen Eisen und Slices bei niedrigen Eisen.
4. Korrekte Haltung am Gipfelpunkt des Rückschwunges.

Sie müssen den Rückschwung nutzen

Das einzig Wichtige am Gipfelpunkt des Rückschwunges ist, »daß man ihn nutzen kann«.

Sie müssen in der Lage sein, den Schlägerkopf mit maximaler Schwunggeschwindigkeit bei korrekter Zielrichtung an den Ball zu bringen und ebenfalls das Gesicht beim Anschlag zum Zielpunkt zu wenden (siehe Abb. 68,69 u. 70).

Bei einer falschen Ausgangsposition am Ende des Rückschwunges können Sie nichts mehr korrigieren, vor allem, wenn Sie bedenken, daß die Schwunggeschwindigkeit vom oberen Ende des Rückschwunges bis zum Treffpunkt des Balles nur 1/5 Sekunde dauert. Sie haben einfach keine Zeit zur Korrektur während des Abschwunges! Das ist der erste Gesichtspunkt. Ich könnte z.B. einen Top-Turnierspieler in einer solchen Position am Gipfelpunkt eines Rückschwunges aufstellen, daß er immer mehr als 80 Schläge brauchen würde. Leider ist es eine der vielen falschen Positionen, die man jeden Sonntagmorgen am er-

Abb. 68

sten Tee auf allen Golfplätzen beobachten kann.

Welche ist nun die korrekte Position am Gipfelpunkt des Rückschwunges, und wie können Sie sie nutzen?

Die korrekte Position sieht folgendermaßen aus: Der Schaft des Golfschlägers ist auf den Zielpunkt gerichtet, der Schlägerkopf im rechten Winkel dazu, die Hände befinden sich unterhalb des Schaftes, die Handgelenke sind vollständig abgewinkelt, bereit, den Schlägerkopf im Treffmoment durch den Ball zu *ziehen* (siehe Bobby Jones, Abb. 71).

Zielen (1) — Schlägerkopf auf den Zielpunkt richten.

Zielen (2) — Den Schaft des Schlägers am Ende des Rückschwunges auf den Zielpunkt richten.

Viele Top-Golfer haben den Schaft am Ende des Rückschwunges nicht direkt auf den Zielpunkt gerichtet, sondern ein wenig rechts davon. Auf diese Weise gestatten sie sich, den Ball von der *Innenseite* her anzuschlagen, *weg* vom Körper, oder an der Schaftlinie entlang (siehe Abb. 72).

Sehen Sie sich den Golfer auf der Abbildung 73 an: Der Schaft des Schlägers zeigt nicht auf den Zielpunkt, sondern eindeutig weit links davon. Die Frage ist: wohin schwingt er?

Die Antwort lautet: Wohin zeigt der Schaft? Nach links vom Zielpunkt. Also wird er nach links vom Zielpunkt schwingen.

Was passiert? Er wird von außen über den Ball hinweg schwingen. Außerdem wird dieser Schwung in einem ausgesprochen steilen Winkel den Ball attackieren. Alle niedrigen Nummern haben ein flaches Schlägerblatt, ohne allzuviel Loft. Um dem entgegenzuwirken, müssen Sie mit diesen Schlägern den Ball von hinten attackieren. Ein

Abb. 69

steiler Schwung kommt nicht mit den niedrigen Nummern zustande.

1. Sie können sicher sein, daß Ihre Schwierigkeiten mit den niedrigen Nummern und Ihr steiler Schwung am Ende des Rückschwunges daran liegen, daß sich der Schaft des Schlägers in einer außerhalb gelegenen Position befindet, wie es die obige Abbildung illustriert.

In einer außerhalb gelegenen Position ist der Schaft nach links vom Zielpunkt gerichtet und *Sie werden mit Sicherheit nach links vom Zielpunkt schwingen.* Sie werden von außen-nach-innen oder *quer* in einem steilen Winkel auf den Ball herabschwingen. Bei den niedrigen Nummern erreichen Sie mit diesem Schwung wenig, mit den hohen Nummern werden Sie bei diesem Schwung allerdings Erfolg haben, aufgrund des gewinkelten Schlägerblattes. Der »Loft« des Schlägerblattes bei den hohen Nummern wird Ihnen sogar bei einem ausgesprochen steilen Schwung einen gewissen Erfolg garantieren.

2. Dieser Schwung funktioniert so gut mit den hohen Nummern, daß Sie dazu neigen werden, diese für alle Flugdistanzen zu benutzen, und somit manchmal Ihr *Eisen Nr. 7* zu einem *Eisen Nr. 3* machen. Mit den niedrigen Nummern werden Ihre Schläge so schlecht ausfallen, daß Sie im Endeffekt mit dem Eisen Nr. 3 die gleiche Flugdistanz wie mit dem Eisen Nr. 7 erreichen.

Die Gründe, warum Sie

a) mit Ihren niedrigen Eisen nicht richtig schlagen können, und

b) mit Eisen Nr. 7 und Nr. 3 die gleiche Entfernung erreichen, ist: Am Gipfelpunkt des Schwunges zeigt der Schaft nach links vom Zielpunkt und ist in einer außerhalb gelegenen Position; das Ergebnis: Sie schwingen *von oben*

Abb. 70

auf den Ball *herab* und *über ihn hinweg.*

3. Der dritte Punkt: Warum erreiche ich mit meinen hohen Eisen einen Hook und mit meinen niedrigen einen Slice (siehe Abb. 74)?

Dieser Hook, wie Sie ihn sich vorstellen, ist eigentlich gar kein richtiger Hook, sondern wird eher als ein »Pull-Hook« bezeichnet - d.h. der Ball wurde bereits nach links geschlagen und tendiert während seiner Flugbahn noch weiter nach links. Die Abbildung zeigt deutlich, wo das Schlägerblatt auf den Ball trifft, und zwar bei den hohen Nummern wegen des Schlägerblattwinkels direkt am Loft. Die Unterseite des Schlägerblatts trifft auf die Unterseite des Balles, und so entsteht ein »Backspin«. Der Ball bekommt nicht viel »Sidespin« und tendiert dorthin, von wo aus er mit diesen hohen Nummern geschlagen wurde. Mit anderen Worten, der Ball kann nicht denken! Wenn Ihr Schwung mit den hohen Nummern nach links gerichtet ist, so tendiert auch der Ball nach links. Ein guter Indikator für Ihre

Abb. 71

Schwungrichtung oder Schwunglinie ist Ihr Schwung mit Nr. 8, 9 oder den Wedges. Wenn Sie mit diesen Schlägern immer links am Grün vorbeischlagen, können Sie sicher sein, daß das an Ihrer Schwungrichtung liegt. Der Ball, wie gesagt, kann nicht denken; er landet dort, wohin er geschlagen wird.

Andererseits allerdings, wenn Sie den gleichen Schwung bei den niedrigen Nummern mit dem flacheren Schlägerblatt anwenden, trifft das Schlägerblatt den Ball in der Mitte und verursacht so vor allem den Sidespin (nicht den Backspin), so daß der Ball zwar zunächst nach links fliegen, dann aber heimtückisch nach rechts abdriften wird.

So entstehen vollkommen unterschiedliche Ergebnisse. Einmal landet der Ball ein ganz schönes Stück links , das andere Mal *kilometerweit* rechts vom Zielpunkt. Der Schlägerkopf ist für diese unterschiedlichen Ergebnisse verantwortlich. Das Schlägerblatt mit Loft (auch wenn es geöffnet ist) verursacht den Backspin, während das geöffnete Schlägerblatt eher den Sidespin verursacht. Nr. 8 oder 9 geben Ihnen Aufschluß über Ihre Schwungrichtung (nach links gerichtet), und Nr. 3 oder 4 über den Winkel des Schlägerblattes, welches geöffnet ist (nach rechts gerichtet).

Der Schaft zieht am oberen Ende des Durchschwungs nach rechts vom Ziel

Abb. 72

Abb. 73

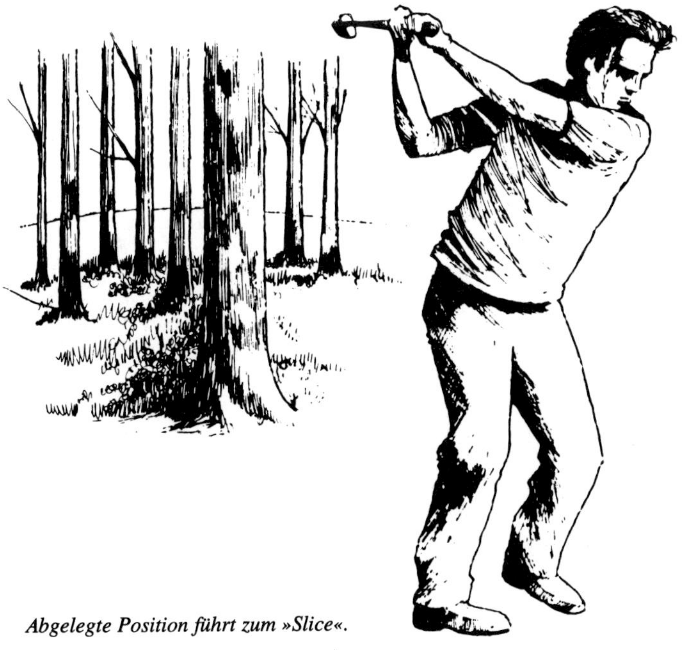

Abgelegte Position führt zum »Slice«.

Bei gleichem Schwung: Schlagen Sie mit den hohen Eisen nach links, mit den niedrigen Schlägern nach rechts

Schlußfolgerung: Die außerhalb gelegene Position des Schaftes am Gipfelpunkt des Rückschwunges ist nach links vom Zielpunkt gerichtet. Mit dem Eisen Nr. 3 werden Sie dann quer über den Ball mit einer offenen Schlägerblattstellung schlagen, verursachen den Sidespin und slicen den Ball. Mit dem Eisen Nr. 8 schwingen Sie quer über den Ball, doch dieses Mal entsteht der Backspin, und der Ball geht direkt nach links.

Vermeiden Sie die Ausfall-Position um jeden Preis!

4. Welche ist die richtige Position, und wie erreichen wir sie ?

Der Schaft des Schlägers zeigt auf den Zielpunkt, das Schlägerblatt im rechten Winkel zur Schlagseite, Ihre Hände sind in einer »Entspannungshaltung« unterhalb des Schaftes, bereit, den Schlägerkopf zu *entlassen*. Sie müssen folgendes beachten:

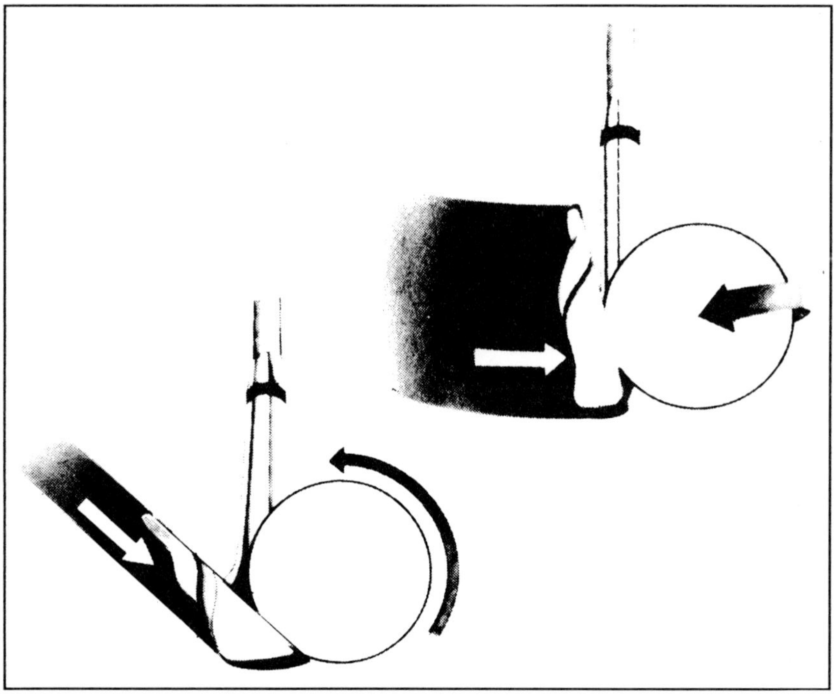

Abb. 74

a) Den *Schlägerkopf* mit dem *Ziel* in eine Linie bringen.
b) Ihre Füße, Hüften und Schultern *parallel* zur *Ziellinie* ausrichten.

Das ist sehr wichtig, um die richtige Position am Ende des Schwunges zu haben.

Eine kleine Abweichung ist gestattet, aber nur ein wenig nach rechts von der Ziellinie.

Der Übungsdrill: »Schultern drehen und Schaft auf den Zielpunkt richten«.

Eine anständige Drehung beim Rückschwung und *eine gute Abwinkelung der Handgelenke* sind wichtig. Damit meine ich folgendes: Ihre Hände sollten den Schaft so umfassen, daß Sie am Gipfelpunkt des Rückschwunges Hautfalten an den Handgelenken sehen können (siehe Abb. 75 u. 76).

Auf diese Weise sind Ihre Hände *aufgehängt, die Handgelenke abgewinkelt oder die Hände entspannt.* Der unsterbliche Bobby Jones war ein sehr gutes Beispiel dafür (siehe Abb. 71). Hier haben Sie die ideale Haltung eines Golfers, der den Ball eine maximale Flugdistanz mit einem Minimum an Aufwand schlagen will.

Übungsmethoden für die abgewinkelte Handgelenksposition

Die Handgelenke zu Beginn des Rückschwunges abwinkeln

Zuerst mechanisch, später geht es dann automatisch. Eine Möglichkeit ist, Ihre Hände beim Rückschwung hüfthoch zu halten, dann *hängen Sie Ihre Handgelenke auf,* indem Sie die rechte Hand hochheben; am Ende des Rückschwunges sollten die Handgelenke gänzlich abgewinkelt sein. Wenn Sie am Gipfelpunkt einen Druck auf dem linken Handgelenk spüren, haben Sie es richtig gemacht (siehe Abb. 77).

Vergessen Sie nicht, wenn Ihre Handgelenke am Ende des Rückschwunges abgewinkelt sind, werden sie sich automatisch beim

Abb. 75

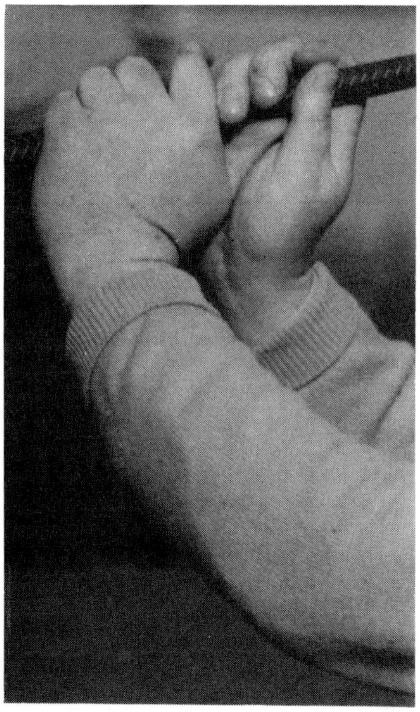

Abb. 76

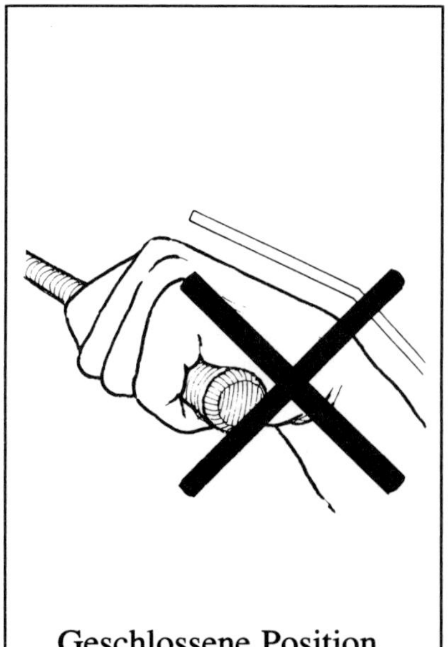

Geschlossene Position

Anschlag *entwinkeln* und somit die Schlägerkopfgeschwindigkeit herbeiführen.

Wenn Ihre Hände allerdings in einer *starren* Position verharren (siehe Abb. 76), d.h. die linke Hand ist am Ende des Rückschwunges geschlossen und wird beim Anschlag ebenfalls geschlossen sein. Das Ergebnis ist ein abgeblockter Schlag mit geringer Flugweite und mangelhafter Kontrolle.

Um mit der linken Hand in *geschlossener* Position zu spielen, müßten Sie die Kraft eines Pferdes haben, um ein nennenswertes Ergebnis zu erzielen.

Eine andere Übungsmethode besteht darin, wiederum Ihre Hände nicht nach oben zu bewegen, sondern in Position zu halten und die Handgelenke *aufzuhängen,* indem Sie den Schlägerkopf nach oben bringen. Diese Übung wird Ihnen ein Gefühl für die Abwinkelung der Handgelenke vermitteln (siehe Abb. 78).

Ich kann nur immer wieder betonen, wie wichtig die Position Ihrer Hände am Ende des Rückschwunges ist. Bei geschlossener Position Ihrer Hände bleiben auch die Handgelenke geschlossen, der Schaft wird ausfallen, die Schlägerblattstellung geschlossen, und das Schwerwiegendste ist: Sie können den Schlägerkopf nicht frei durch den Schlag laufen lassen.

Die andere Methode, eine *weiche Position* zu entwickeln: anstatt den Griff sehr fest mit der linken Hand zu umklammern, lockern Sie Ihren Griff an der linken Hand ein wenig oder, öffnen Sie die Finger beim Rückschwung — der berühmte Piccolo-Griff —, den viele als ein absolutes Desaster ansehen. Hier geht es allerdings darum, daß Sie ein Gefühl für die richtige Position am Ende des Rückschwunges

Abb. 77

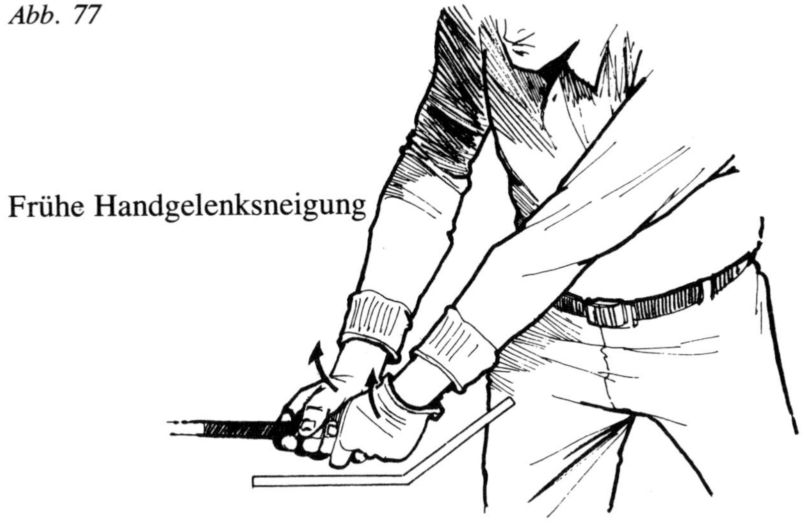

Abb. 78

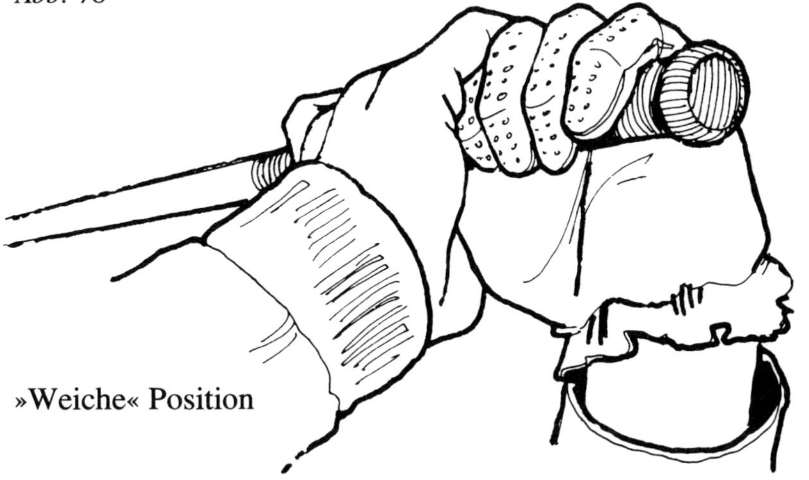

Abb. 79

Die linke Hinterhand ist nach innen abgewinkelt

entwickeln, indem Sie Ihren Griff ein wenig lockern; plötzlich haben Sie eine angenehm entspannte Haltung am Schaft, Sie erreichen eine extreme Handgelenksabwinkelung und sind mit Sicherheit in der Lage, den Schlägerkopf beim Abschwung sehr schnell freigeben zu können. Bei einer geschlossenen Position werden Sie das niemals erreichen. Also üben Sie, den Griff beim Rückschwung ein wenig zu lockern, und Sie werden ein gutes Gefühl für die weiche Position bekommen. Lassen Sie den Schläger leicht in der linken Hand schwingen. Beim Spiel, wenn's ernst wird, werden Sie Ihren Griff automatisch festigen. Keine Sorge bezüglich eines Kontrollverlustes, die meisten Golfer *geben den Schläger nicht zu früh frei, sondern überhaupt nicht.*

Ein anderer Grund für eine mangelnde Handgelenksabwinkelung liegt darin, daß Sie möglicherweise daran gewöhnt sind, auf *engen* Plätzen zu spielen, wo es dauernd links oder rechts Probleme gibt, und wo Sie im Unterbewußtsein fest dazu entschlossen sind, den Ball im Spiel zu halten und ihn zu *steuern.* Anders ausgedrückt, Sie treffen den Ball relativ gut, aber Sie erzeugen nicht genügend Schlägerkopfgeschwindigkeit, um weite Flugdistanzen zu erreichen. Sie können sich darauf verlassen, daß dieses Problem mit der mangelhaften Handgelenksabwinkelung zusammenhängt und somit keine Schlägerkopfgeschwindigkeit erzeugt — diese werden Sie nie ereichen, solange Sie dabei bleiben, den Ball *anzuschieben.*

Das Problem beginnt am Gipfelpunkt des Rückschwunges. Sie lassen den Schläger dort sozusagen einfach *hängen.* Sie winkeln Ihre Handgelenke nicht richtig ab, um so den Schlägerkopf automatisch beim Anschlag des Balles freigeben und somit die Schlägerkopfgeschwindigkeit erzeugen zu können, so daß mit einem Minimum an körperlichem Einsatz eine maximale Flugweite erreicht werden kann (siehe Abb. 79).

Eine weitere Übungsmethode besteht darin, Ihre Hände am Schaft voneinander zu trennen. Fassen Sie den Griff am Schaft so an, daß ein kleiner Abstand zwischen der linken und der rechten Hand besteht, und schwingen Sie den Schläger zurück. Weil Ihre Hände am Schaft voneinander getrennt sind, wird Ihre rechte Hand automatisch nach unten gegen die linke Hand gedrückt und so die gewünschte Handgelenksabwinkelung herbeiführen.

Zusammenfassung

In der korrekten Position am Ende des Rückschwunges zeigt der Schaft des Golfschlägers auf den Zielpunkt, Ihre Hände befinden sich darunter und das Schlägerblatt im rechten Winkel dazu. Sie werden in der Lage sein, den Schlägerkopf auf das Ziel hin freizulassen, und zwar mit korrekter Zielrichtung und maximaler Geschwindigkeit.

Die Ursachen der drei Probleme, die auftauchen können, liegen in der Position am Ende des Schwunges: Die *Ausfall-Position;* die Ausrichtung nach links vom Ziel und das Ungeeignetsein der Schläger mit niedrigen Nummern. Dies bedeutet mit Sicherheit, daß der Ball bei Schlägern mit hohen Nummern nach links abdreht.

Merksatz

1. Den Schlägerkopf beim Ansprechen auf den Zielpunkt richten.
2. Den Schaft des Schlägers am Ende des Schwunges auf den Zielpunkt richten (oder ein wenig rechts davon) (siehe Abb. 72).

Der Durchschwung 10. Kapitel

Die niedrigen Nummern

Welche Rolle spielt der Körper beim Durchschwung?

Der Driver hat ein Schlägerblattloft von 11 Grad (es sei denn, er ist speziell angefertigt). Der Driver ist ein Schläger mit einem flachen Schlägerblatt: Der Ball muß niedrig angespielt werden. Da zum Beispiel der Driver ein Loft von 11 Grad hat, muß der Winkel, mit dem der Schlägerkopf auf den Ball zuschwingt, weniger als 11 Grad zum Boden betragen, oder mit 11 Grad von hinten an den Ball kommen, wenn Sie einen guten Schlag machen wollen. Das ist anders bei einem Sand-Wedge: mit einem Schlägerblattloft von 58 Grad können Sie es sich erlauben, mit einem wesentlich geringeren Winkel an den Ball heranzugehen, oder mit 11 Grad, wenn Sie auf den Ball zuschwingen. Einfach ausgedrückt: *Ein steiler Schwung klappt mit einem Sand-Wedge, allerdings nicht mit dem Driver.*

Abb. 80

Schläger mit flachem Schlägerblatt

(Siehe Abb. 80 u. 81)

Der Beginn des Abschwungs ist ausschlaggebend

Welche Rolle spielt Ihr Körper beim Abschwung? Der Abschwung sollte eine Reaktion auf das Ende des Rückschwunges sein. Ist Ihr Rückschwung korrekt, so gilt das gleiche für den Abschwung. Beginnen Sie den Abschwung mit dem Oberkörper, dreht sich die rechte Schulter nach außen und bringt somit den Schlägerkopf auf die äußere Schwungbahn, was in einen steilen Angriff auf den Ball resultiert — ein von-außen-nach-innen-Schwung (siehe Abb. 82 u. 83).

Treffen Sie den Ball mit Ihrem Hinterteil!

Wie kann man das vermeiden? Ich möchte wiederum betonen, daß der Körper auf den Schwung des Schlägerkopfes mit einer von-innen-nach-außen-Bewegung reagieren sollte, es sollte Ihnen bewußt sein, daß *der hintere Teil Ihres Körpers beim Abschwung mitarbeitet.* Beim ersten Teil des Abschwunges *schieben Sie Ihre Beine nach vorne* und verlagern das Gewicht auf den linken Fuß zurück, während Sie die linke Hüfte für den Durchschwung aus dem Weg schaffen. Dieser nach vorne gerichtete *Stoß* mit den Beinen wird das Schlägerblatt auf der Innenseite entlang nach unten bringen (und den rechten Ellbogen zurück zur Hüfte), da die Beine näher am Boden sind und dadurch einen von-innen-nach-außen-Schwung oder eine niedrige Annäherung an den Ball verursachen.

Wenn Ihre Bälle direkt nach links fliegen, können Sie das als Indikator für eine falsche Fußarbeit sehen. Das passiert oft, wenn Sie nicht besonders fit sind, Übergewicht haben oder Ihre Beine ermüdet sind: möglicherweise sind Sie sich dessen nicht bewußt, daß Sie Ihre Beine beim Abschwung nicht benutzen, und somit Ihr Körpergewicht in den eigentlichen Schlag verlagern. Ein weiterer Effekt

Abb. 81

beim *Vorschub* des Unterkörpers liegt darin, daß Sie Ihre Schwunglinie von einer *schrägen* zu einer *geraden und durchgehenden* Linie abändern: wenn Sie nämlich Ihre untere Hälfte vorwärts bewegen, verändern Sie den Beginn des Abschwungs, da Sie ihn von *außen* nach innen verlagern.

Die linke Hüfte beim Durchschwung aus dem Weg schaffen

Sie müssen Ihre linke Hüfte aus dem Weg schaffen, um Platz für einen freien Bewegungsablauf Ihrer Arme zu bekommen. Wenn nicht, werden Sie *nach* dem Ball schlagen, anstatt durch ihn. Sie werden sich selbst im Weg sein oder Ihren eigenen Durchschwung blockieren, wenn Sie Ihre linke Hüfte nicht aus dem Weg schaffen. *Beginnen* Sie den Abschwung, indem Sie sich vorstellen, Ihr rechtes Knie in den Schlag zu führen und die linke Hüfte so zu drehen, daß die Schnalle Ihres Gürtels im Treffmoment auf den Zielpunkt gerichtet ist.

Dieser Bewegungsablauf bringt den Schlägerkopf auf der inneren Flugbahn zum Ball. Wenn Sie grobknochig oder schwer gebaut sind, ist die Hüftdrehung beim Rückschwung ebenso wichtig, wie auch die linke Hüfte beim Abschwung aus dem Weg zu schaffen. Wenn Sie starke Beine und schwache Hände haben, sollten Sie dementsprechend spielen und sich auf Ihre Beine verlassen, um dem Ball die notwendige Flugkraft mitzugeben. Jack Nicklaus ist ein sehr gutes Beispiel dafür.

Dieser Bewegungsablauf ermöglicht Ihnen auch ein vollständiges Durchziehen. Wenn Sie allerdings Ihr Gewicht auf dem rechten Fuß behalten, ist der Effekt der gleiche, als wenn jemand versucht, Sie zu-

Steiler Winkel von außen auf den Ball

Abb. 82

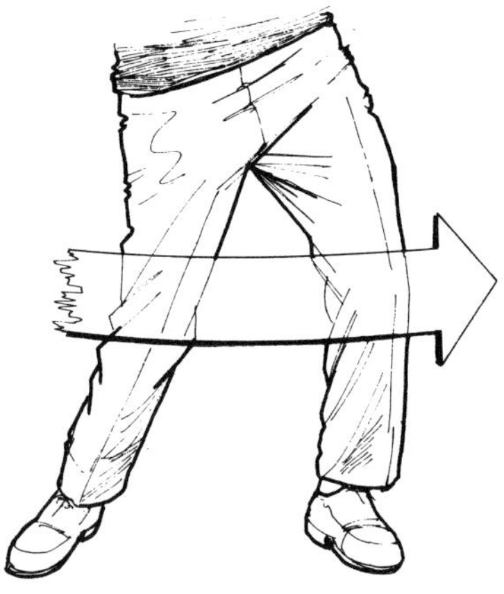

Die Beine nach vorwärts bringen

Abb. 83

Abb. 84

Der rechte Ellbogen ist an die Hüfte gelehnt

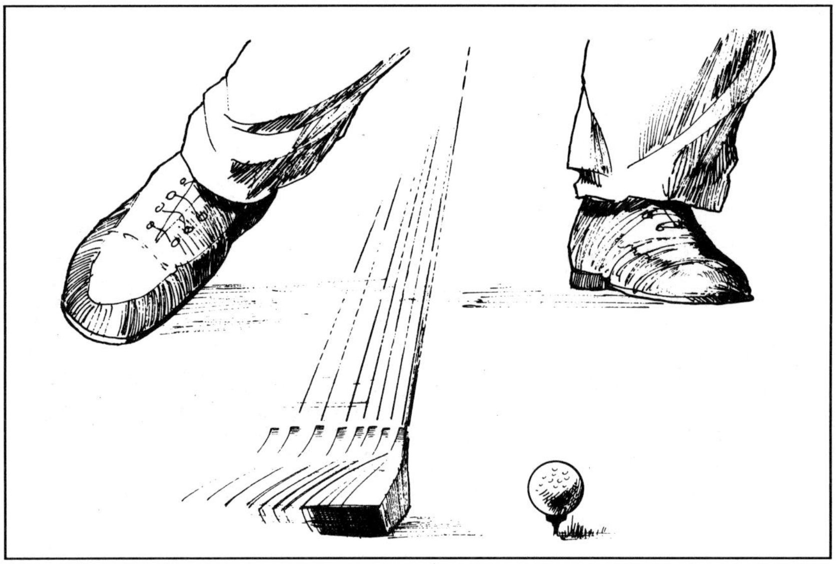

Abb. 85

rückzuhalten, während Sie nach vorne wollen. In diesem Fall hindert Sie Ihr eigenes Körpergewicht daran, durchzuziehen. Am Ende des Schwunges sollten Sie sich in einer Position befinden, in der sich Ihr Gewicht vollkommen nach links verlagert hat und der rechte Fuß die *Zementposition* aufgegeben hat (siehe Abb. 84).

Machen Sie ein Photo von sich in dieser Position, und hängen Sie es über Ihr Bett, damit Sie es nicht vergessen!

Während es ausgesprochen wichtig ist, diesen Bewegungsablauf zu ermöglichen, bin ich gegen eine Überbetonung des Körpers beim Schwung; die Golfer können zu sehr an *Körperpositionen* festhalten und ihr eigentliches Ziel vergessen, nämlich den Schlägerkopf zum Ball zu schwingen. Anders ausgedrückt: der Körper schwingt den Schlägerkopf (niemals sich selbst) zum Ball (siehe Abb. 85).

Abb. 86

Ballybunion, Co. Kerry

Hermitage, Dublin

Ihre Handgelenke sind Ihr Motor

11. Kapitel

Als Golflehrer werde ich oft gefragt, welcher Aspekt des Spiels der wichtigste ist, oder welches Thema ich für einen fünfminütigen Vortrag wählen würde (siehe Abb. 86).

Ich komme immer wieder auf einen wesentlichen Punkt zurück: Zuerst müssen Sie lernen, den Ball zu treffen, und dann, ihn zu kontrollieren. Die meisten der etablierten Turniergolfer haben den ersten Punkt voll im Griff und versuchen, den zweiten Punkt zu verfeinern. Daher basiert ihr Coaching meistens auf dem Kontroll-Konzept. Allerdings wollen die meisten potentiell guten Spieler, die zu mir kommen, zuerst lernen, eine maximale Flugdistanz des Balles ohne große Anstrengung zu erreichen. Die meisten Golfer wollen natürlich ihr Spiel verbessern, und das kann sich manchmal negativ auswirken, denn oft lesen sie alles, was ihnen in die Hände fällt. In Fachmagazinen lesen sie Ratschläge bekannter Profis (Wer will denn schon Golfinstruktionen von Unbekannten lesen?). Der Flugdistanzfaktor findet bei dieser Klasse von Golfern nur geringes Interesse. Sie haben ihren physischen Höhepunkt erreicht und gehören zur Spitzenklasse der Golfprofis.

Folglich besteht hier eine große Kluft zwischen dem Profi und dem potentiell guten Golfer: Der Unterschied ist noch größer zwischen dem Profi und dem Anfänger. Der Profi hat keinerlei Vorstellung, wie wenig der Anfänger über Golf weiß oder was durch seinen Kopf geht, wenn er am ersten Tee steht und sich fragt, ob er den Ball nach rechts, nach links, gen Himmel schickt, ihn gut trifft oder ob es vielleicht sogar ein Superschlag wird. Ein Zitat von Henry Longhurst: »Manchmal frage ich mich, ob mir — ich will nicht sagen uns — von einem Profi wie Jack Nicklaus wirklich geholfen werden kann. Er kann glücklicherweise keinerlei Ahnung haben, wie wir uns fühlen. Wenn Sie ihm ein Kissen in die Hose stecken, sein linkes Auge schwächen, ihm dreiviertel seiner Kraft der Hände und Finger nehmen, ihn keuchen lassen, wenn er die Spielbahnen raufläuft und

Abb. 87

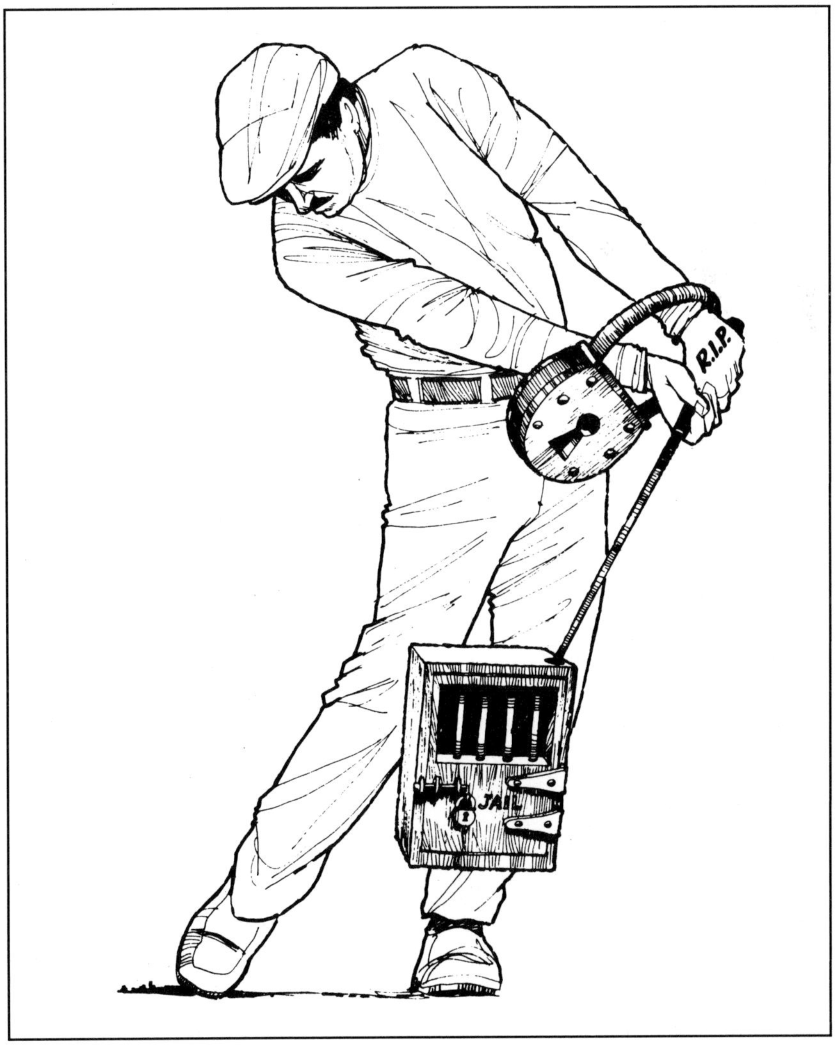

ihm das Blut in den Kopf schießen lassen, wenn der Ball vom Tee fällt und er sich bücken muß, um ihn aufzuheben, dann würde er möglicherweise eine Ahnung davon bekommen.« Es ist nicht einfach für einen Profi zu verstehen, daß jeder Schlag eine *einmalige Situation* ist.

Ich weiß, wir haben alle *aufgeblasene* Ideen in unseren Köpfen bezüglich unseres Spiels, deshalb ist Golf berüchtigt dafür, der Sport zu sein, der am schlechtesten beherrscht wird. Sie entspannen sich in der Clubbar nach einem Vierer mit Ihrem Partner. Dieser beginnt, einige seiner klassischen Schläge ausgiebig zu beschreiben, so daß Sie sich fragen, ob Sie im gleichen Vierer gespielt haben oder ob er über eine andere Person spricht! Tommy Armour, der legendäre schottische Golfer, sagte einmal: »Der Golfexperte macht vielleicht sechs oder acht gute Schläge in einer Runde, der Rest sind gute Fehltreffer.......«

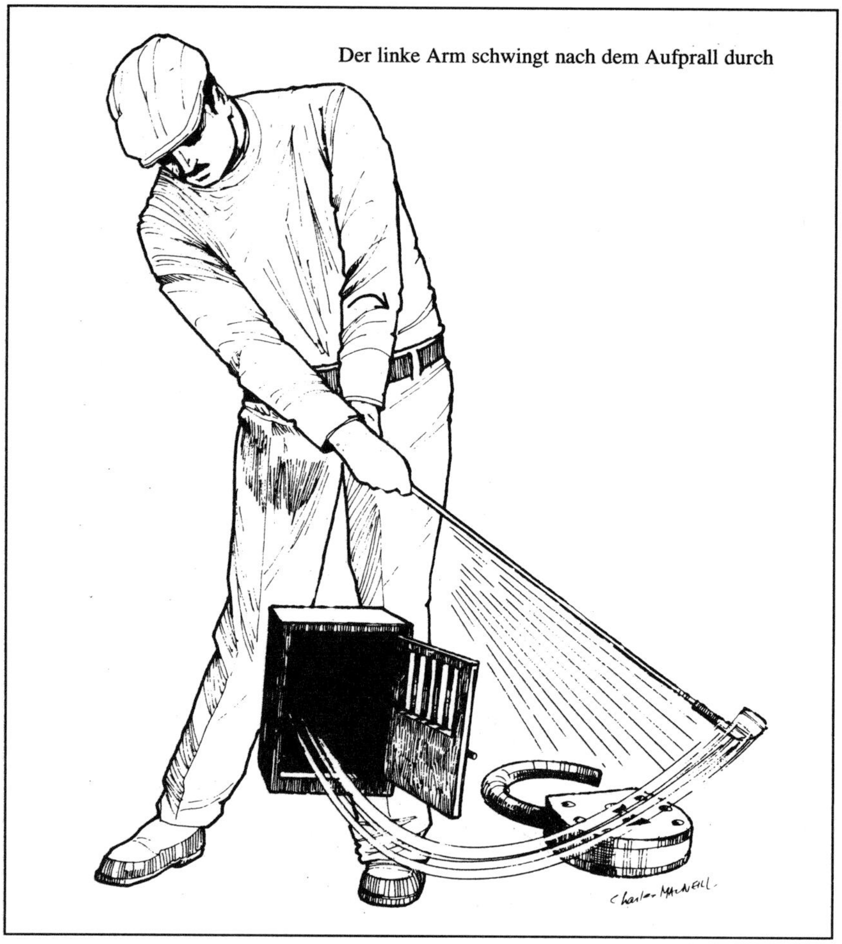

Der linke Arm schwingt nach dem Aufprall durch

Abb. 88

Das Handicap-System ist ein cleverer Deckmantel (können Sie sich an einen Golfer erinnern, der sein Bruttoresultat anstelle seines Nettoresultates angibt?). Das Problem liegt hier in der Altersschwelle beim Golf; die meisten Spieler beginnen nicht eher mit dem Golfsport, bevor sie beinahe 30 Jahre oder älter sind. Der Profi allerdings ist normalerweise Mitte Zwanzig, absolut fit und strebt *Weite* in seinem Schwung mit einer guten *Verlängerung* durch den Ball an, um ihn in der Linie zu halten. Das körperorientierte Training ist schlecht für den potentiell guten Golfer: Es fehlt ihm die körperliche Fitneß, die Kraft, die Flexibilität und die Gewandtheit eines Profis. Oft genug handelt es sich hier um einen erfolgreichen Geschäftsmann, dessen Erfolgsorientiertheit ihm wenig Zeit für physische Fitneß läßt. Mit der gleichen Einstellung geht er an den Golfsport heran und versucht, wie die Top-Profis zu spielen!

Im Endergebnis interpretiert der potentiell gute Golfer seine Fachlektüre vollkommen fehl und befindet sich auf dem für ein erfolgreiches Spiel falschen Weg.

Lassen Sie den Schlägerkopf für sich arbeiten

Das Delegationsprinzip

»Der Motor oder Kraftantreiber Ihres Körpers sind Ihre Handgelenke«. Der potentiell gute Spieler sollte das Gerede um den Körper vergessen und sich dem Rückschwung zuwenden sowie sich auf *die Handgelenke als den Motor seines Körpers* konzentrieren. *Von diesen bezieht er seine Kraft.* Oft genug ist die Theorie, die auf Photographien beruht, irreführend, da sie den Eindruck vermittelt, daß die Handgelenke beim Anschlag nicht bewegt werden oder der Schwung von der linken Seite dirigiert wird (siehe Abb. 87 u. 88).

Das Wichtigste beim Golf ist der Gebrauch der Handgelenke beim Schlag des Balles. Wenn Sie die Handgelenke ignorieren, werden Ihre Arme und der Schlägerkopf mit gleicher Geschwindigkeit durch den Ball schlagen. Das Resultat ist eine geringe Flugdistanz bei gleichzeitigem Kontrollverlust. Die Fähigkeit, »die Peitsche zu schlagen«, »den Stein über das Wasser springen zu lassen« oder den Schlägerkopf mit Ihren Handgelenken »zischen« zu lassen, ist das Allerwichtigste. Plötzlich *fliegt* der Ball ohne jegliche Anstrengung (siehe Abb. 89).

Langsam schwingen, aber den Schlägerkopf freilassen!

Verfallen Sie nicht dem Irrtum, schnelle Hände mit einem schnellen Schwung gleichzusetzen. Sie können z.B. sehr schnell schwingen, während sich der Schlägerkopf wesentlich langsamer bewegt. Ihre Handgelenke sind der Katalysator für die Schwunggeschwindigkeit des Schlägerkopfes. *Das Geheimnis liegt in Ihren Handgelenken.*

Eine Übung zur Empfehlung: Nehmen Sie ein Eisen Nr. 8 und chippen Sie den Ball, indem Sie einen *kurzen Rückschwung* ausführen. Vorsichtig beim Zurückführen des Schlägers, vermeiden Sie das *Rollen* der Handgelenke. Lassen Sie beim Rückschwung alles ruhig, fließend geschehen, nicht zu langsam, mittleres Tempo. Keine Geschwindigkeitssteigerung kurz vor dem Auftreffen auf den Ball; benutzen Sie einfach nur Ihre Handgelenke, um den Ball nach vorne zu treiben. Eine schnelle Drehung der Handgelenke wie beim Auswerfen einer Angelrute ist genau die richtige Bewegung.

Legen Sie nicht zu viel Wert auf Flugweite, sondern konzentrieren Sie sich auf den Schlägerkopf. Denken Sie *schlägerkopfmäßig*. Entwickeln Sie ein Gefühl für die Kraft des Schlägerkopfes.

Wenn Sie das mit *einem* Schläger schaffen, dann klappt es auch mit allen anderen problemlos. Üben Sie mit den einfachen Schlägern, und Sie haben ein Problem weniger, nämlich den Ball mit einem schwierigen Schläger zu treffen. Jetzt können Sie sich darauf konzentrieren, »den Schlägerkopf aus Ihren Handgelenken heraus freizulassen«. Vergessen Sie nicht das Motto: »Langsam schwingen, aber den Schlägerkopf frei durch den Schlag laufen lassen.«

Wiederholen Sie diesen Schwung, wenn Sie den Ball schlagen

Abb. 89

Übungsmethoden zum Freilassen des Schlägerkopfes

1. Eine Möglichkeit besteht darin, den Golfschläger am Schlägerkopf anzufassen. Versuchen Sie, während des Schwunges ein peitschendes Geräusch mit dem Schaft zu erzeugen. Wenn der Schaft mit gleicher Geschwindigkeit wie Ihre Arme schwingt, werden Sie kein peitschendes Geräusch hören.

Geben Sie dem Schlägerkopf aus Ihrem rechten Handgelenk einen Impuls

2. Üben Sie den Schwung mit dem Schlägerkopf in dichtem Gras, danach den normalen Schwung, dann wieder im Gras. Der Golfer mit der besten Handbeweglichkeit ist ohne Zweifel Severiano Ballesteros. Es war ihm interessanterweise als junger Mann nicht gestattet, auf den Spielbahnen zu üben. Er mußte auf ungepflegten Rasenflächen üben und entwickelte dadurch eine hervorragende Kontrolle der Hände. Auf der Spielbahn sollten Sie sich vorstellen, daß Sie auf einem dichtbewachsenen Terrain spielen, und versuchen, den Ball aus dem Schaft heraus zu *peitschen*.

3. Befestigen Sie einen Stein am Ende einer Leine und üben Sie den Schwung. Sie sollten das gleiche Gefühl für den Schlägerkopf entwickeln wie für den Stein (siehe Abb. 89 u. 90).

4. Eine vierte Methode besteht darin, sich vorzustellen, einen Nagel in ein Stück Holz zu schlagen. Sie würden sicherlich nicht Ihr gesamtes Körpergewicht in den Schwung legen, sondern den Hammer aus dem Gelenk heraus auf den Nagel schlagen. Ein noch besseres Beispiel ist das Holzhacken mit einer Axt. Sie müssen die Schneide der Axt die Arbeit machen lassen, genau wie es der Schlägerkopf beim Golf tun sollte. Denken Sie an diese Bewegungsabläufe, wenn Sie den Schlägerkopf zum Ball schwingen.

5. Eine fünfte Übungsmethode ist folgende: Stellen Sie sich Ihre Hände als einen Mittelpunkt vor. Bleiben Sie bei der Vorstellung, daß sich nicht die Hände seitlich bewegen, sondern nur die Handgelenke und der Schlägerkopf. Genau wie beim Ziehen an einem elastischen Band: Sie lassen es los, Ihr Körper bleibt dabei unverändert. Das ist *Trennung. Lösen Sie den Schlägerkopf vom Körperschwung.* Den Schlägerkopf *freilassen* bedeutet, ihn während des Schwunges von Ihrem Körperschwung zu trennen. Oder anders ausgedrückt: Ihr Körper bewegt sich nicht durch die Schlagzone, sondern ausschließlich der Schlägerkopf. Erinnern Sie sich an den *blockierten Schwung:* keine Abwinkelung der Handgelenke, der Körper bewegt sich in die Schlagzone hinein, der Schlägerkopf bleibt dabei zurück. Sie müssen sich darüber klar werden, daß der Schlägerkopf den Ball trifft und nicht Ihr Körper. Vergewissern Sie sich bezüglich des Schlägerkopfes beim Abschwung. Versuchen Sie es mit diesem Drill: Nehmen Sie ein elastisches Band, dehnen Sie es zwischen Ihren Händen, und lassen Sie es mit Ihrer rechten Hand los; es wird sofort in die Richtung der linken Hand schnellen. Dehnen Sie es wieder und lassen Sie es nochmals los, während Sie die rechte Hand mitführen: Die Geschwindigkeit ist erheblich reduziert. Das gleiche gilt beim Golf für den Schlägerkopf (siehe Abb. 91).

Ein Übungsvorschlag: Während Sie sitzen, legen Sie Ihre Arme über die Knie und bringen die rechte Hand schnellstmöglich über die linke, ohne dabei Ihren Arm zu bewegen. Diese Position hindert Sie daran, Ihre Arme zu bewegen. Leider passiert es jedoch meistens, daß der Golfer seinen Schwung beschleunigt, wenn er darauf aufmerksam gemacht wird, die Handgelenke im Treffmoment zu benutzen. Bis Sie verstanden haben, daß ein schneller Schlägerkopf herzlich wenig mit einem schnellen Schwung zu tun hat, wird Ihnen die Bedeutung der Handgelenke für den Schwung nicht klar sein.

Abb. 90

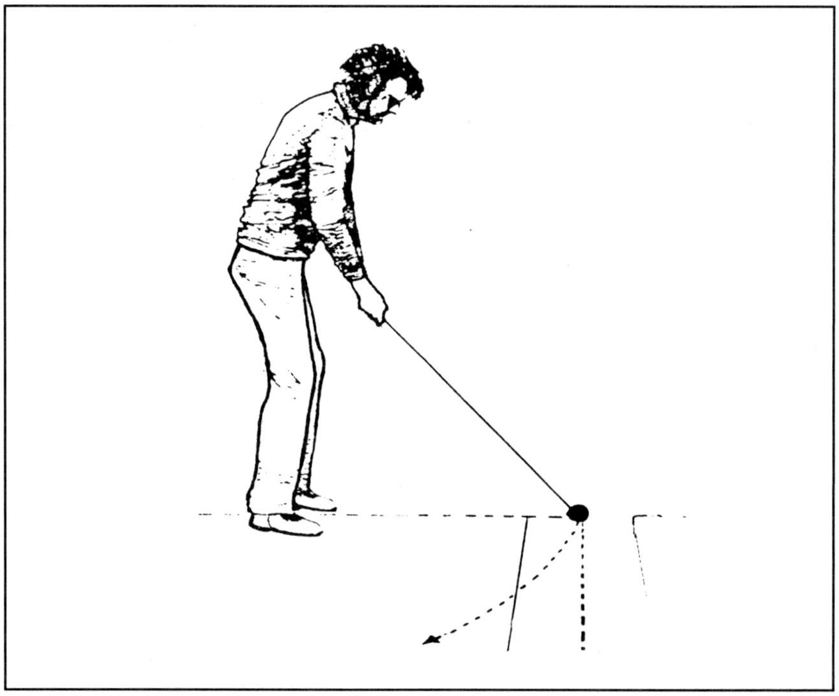

Abb. 91

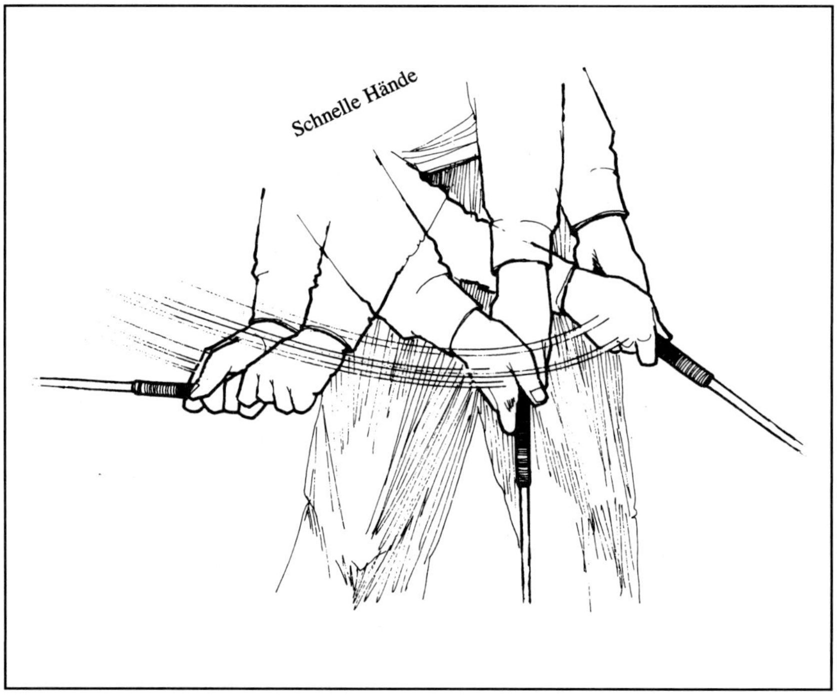

Auf den Schwung kommt es an

12. Kapitel

Das Spiel geht los

Wie Sie lernen, das Spiel zu spielen

Der Golfplatz bietet Ihnen eine neue und schwierige Herausforderung. Ihre Ansprechposition in einer statischen Haltung zu organisieren, ist nicht allzu schwierig. Der Schwung ohne Ball verlangt nicht allzuviel von Ihnen. Mit einem Eimer voller Bälle zu üben ist nicht schlecht; wenn Sie fehltreffen, haben Sie viele Gelegenheiten, das wiedergutzumachen. Auf dem Golfplatz sieht das allerdings anders aus: Zunächst einmal müssen Sie, anders als beim Tennis, die *Trägheit* des Golfballes überwinden. Sie haben nur einen Versuch. Wenn Sie nicht richtig treffen, entwickeln Sie möglicherweise die Tendenz, beim zweiten Versuch mit übermenschlichen Anstrengungen Ihren Fehler wettzumachen. Hier wird es wieder offensichtlich, wie wichtig es ist, die Grundlagen des Golfspiels zu verstehen, die Drills zu lernen und das Gelernte zu wiederholen. Entwickeln Sie eine eigene Routine, um auf die letztendliche Herausforderung vorbereitet zu sein: eine Runde Golf zu spielen, nur eine Chance zu haben und viele verpaßte Gelegenheiten (»hätte ich doch nur«).

In diesem Kapitel spreche ich von meiner Ambition, den Anfänger zu einem potentiell guten Golfer zu machen, von der Übungsphase bis zur Spielphase auf dem Golfplatz. Zunächst das Wesentliche: das Verständnis für die Golfwerkzeuge, die Sie benutzen, die Schläger, die Winkel der Schlägerblätter, die offene Schlägerblattstellung = Slice, die geschlossene Schlägerblattstellung = Hook.....

Danach kommt die Arbeit, die Sie auszuführen haben. *Vorbereitung* ist ausgesprochen wichtig, wie auch bei jedem Job. Beim Golf scheinen viele Leute zu glauben, daß dieses Prinzip hier nicht gilt. Sie glauben, daß Sie ein von Gott auserwähltes Genie sind, das mit genialen Fähigkeiten ausgestattet ist und diese nun der Golfwelt als ein Severiano Ballesteros präsentiert, ohne überhaupt zu üben. Andere betrachten das Golfspiel als nettes Hobby, wollen eigentlich nichts lernen, oder sie wollen zumindest nicht korrigiert werden.

Vergleichen Sie einen normalen Job damit, den Ball zu treffen. Ich sage Ihnen: »Hier ist Ihre Aufgabe: Sie haben höchstens zwei Sekunden Zeit, diese Aufgabe auszuführen, und Sie können nicht sehen, was Sie machen.« Jetzt wird Ihnen sofort klar, daß Organisation unerläßlich ist, egal wie der Job aussieht. In Ihrem Alltagsleben würde das Geheimrezept in Hausarbeit, Anweisungen, Hintergrundinformationen und verschiedenen Bestandteilen zu suchen sein. Sollten hier irgendwelche Probleme auftauchen, hätten Sie während der Vorbereitung Zeit genug, eine Buchung zu stornieren, zu korrigieren, einen Termin zu ändern, usw. Beim Golf fehlt Ihnen diese Zeit; innerhalb von zwei Sekunden können Sie nichts mehr abändern oder korrigieren. Deshalb müssen Sie sich Ihrer Vorbereitung hundertprozentig sicher sein.

Ob Sie nun lernen, ein Auto zu fahren, ein Flugzeug zu fliegen oder sich wie die Astronauten, die ins Weltall fliegen, vorbereiten: Sie müssen die reale Situation simulieren. Perfektion bezüglich der Vorbereitung und Ihrer Technik ist erforderlich, bevor Sie auf den Platz gehen und den Ball über die Spielbahn schlagen.

Leider bringen die meisten Golfer nicht genug Geduld zum Üben auf und spielen Golf, ohne die notwendigen Wissensgrundlagen über ihre Schläger, ihr Ansprechen und den Schwung zu haben. Es ist unvermeidlich, daß sie, ohne es zu wissen, ihre Fehler durch Übung noch verschlimmern.

Sie müssen lernen, sich zuerst vorzubereiten, Ihr eigenes System, Routine und eine anständige Schwungform zu entwickeln, bevor Sie sich der realen Golfwelt stellen.

Alle erfolgreichen Geschäftsunternehmen arbeiten mit einem System: Banken, Transportunternehmen, Versicherungsgesellschaften usw. Das Problem ist, das entsprechende System zu finden. Ich habe ein System für Golfer entwickelt, das ich sehr oft erfolgreich eingesetzt habe. Es erleichtert den Anfängern den Lernprozeß oder bereichert Ihr eigenes Spiel.

Das Golfspiel mit Hilfe des PZASA-Systems

Das System

P = Präparation

Das Wissen über die Golfgeräte und ihre Verwendbarkeit. Sie benötigen auch Kenntnisse bezüglich der verschiedenen Schläge z.B. des Slice als einen von-außen-nach-innen-Schwung mit einem zur Schwungrichtung offenen Schlägerblatt. Ausgesprochen wichtig ist,daß *Ihre eigene Organisation vor dem Schwung der ausschlaggebende Faktor für die Qualität Ihres Schwunges* ist (wenn Sie Ihren Schwung ändern wollen, müssen Sie Ihre Aufstellung zum Ball ändern).

Zunächst müssen Sie sich in der Übungsphase (simulierte Situation) *so zum Ball aufstellen, daß die Hölzer und niedrigen Eisen in einem flachen Winkel auf den Ball treffen.* Sie müssen deshalb die schwächere linke Seite in eine starke Position bringen, um dem Rückschwung den notwendigen Radius zu geben.

Z = Ziel

Nach der Ansprechposition ist dies der wichtigste Teil des Golfspiels. Ein Schwung dauert nicht länger als zwei Sekunden, und wenn Sie *den Schlägerkopf auf den Zielpunkt richten,* wird er wahrscheinlich richtig treffen. Sie werden es schwierig genug finden, es anders zu machen. Wenn Sie andererseits falsch zielen, werden Sie versuchen, die Zielrichtung im Schwung zu korrigieren, machen aber zwei Fehler: (1) schlechtes Zielen; (2) schlechter Schwung. Das alles können Sie vermeiden, wenn Sie den Schlägerkopf auf den Zielpunkt richten; eine Kettenreaktion wird die Folge sein, wobei alles in Richtung Ziel synchronisiert ist, und Sie haben die Freiheit, in die Richtung zu schwingen, in die Sie zielen.

A = Aufstellung

Nachdem Sie sich auf den Zielpunkt hin ausgerichtet haben, können Sie sich jetzt mit dem zweiten A des PZASA-Systems befassen, d.h. ihre Füße, Hüften und Schultern müssen sich links vom Ziel oder parallel zur Ziellinie befinden.

Wenn Ihnen das gelingt, wird ein guter Schwung die automatische Konsequenz sein. Ziehen Sie den Vorteil aus der Vorarbeit, die Sie bereits geleistet haben. In der statischen Aufstellungsphase können Sie das relativ einfach erreichen. Peter Thompson, ein großartiger australischer Golfer, der fünfmal die British Open gewonnen hat, sagte einmal: »Jeder Golfer sollte wie ein Meistergolfer aussehen, wenn er am Ball steht.«

S = Schwung

Nehmen wir zum Beispiel die Hölzer. Sie wissen jetzt genau über Ihre Golfgeräte Bescheid, kennen ihre Grenzen, haben den Schlägerkopf auf den Zielpunkt gerichtet und Ihre Körperhaltung entsprechend den Bedingungen des Schlägers ausgerichtet; jetzt müssen Sie sich nur noch dazu ermutigen, den Schwung richtig auszuführen, indem Sie Ihre linke Seite abdrehen und einen *von-innen-nach-außen-Schwung* entwickeln. Ich sehe es als einen großen Vorteil an, daß die ersten vier meiner Unterrichtsstunden für Golfer in der Halle stattfinden. Das beugt dem Impuls vor, den Ball ohne entsprechende Vorbereitung sofort zu schlagen. Hier hat ein Golfer die Möglichkeit, mit der Sache vertraut zu werden und sich wie ein Golfer zum Ball aufzustellen und eine gute Schwungform zu entwickeln, bevor er hinausgeht, um zu spielen.

A = Aufmerksamkeit

Das bedeutet für Sie, ein richtiges *Gefühl* für das Spiel zu entwickeln und wie ein erfahrener Golfer zu spielen.

Da wir unseren Schwung nicht selbst sehen können, wissen wir natürlich nicht, wie er aussieht. Wir können unsere Fehler nicht entdecken und haben keine Ahnung, ob wir sie wirklich korrigieren. Wir müssen uns auf andere Bereiche verlassen, um das Spiel zu beherrschen. Es ist weder Logik, noch unser Bewußtsein, sondern die Entwicklung eines Gefühls für den Schlägerkopf und seine Bedeutung, zu wissen, daß er es ist, der den Ball bewegt, und sich darüber klar zu werden, was mit dem Schlägerkopf während des Schwunges und während des Treffmomentes geschieht.

In unserer modernen Gesellschaft sind wir daran gewöhnt, mit Informationen gefüttert und unbemerkt Gehirnwäschen unterzogen zu werden. Deshalb lege ich hier so viel Wert auf die Notwendigkeit, unsere Vorstellungskraft und auch ganz besonders unsere Sinne zu entwickeln.

Wir müssen lernen, ein Gefühl für Schläger und Ball zu bekommen.
Das heißt allerdings nicht, daß Sie nun experimentieren und verschiedene Theorien mit dem Schwung ausprobieren sollen. Wir müssen uns dessen bewußt sein, daß der Schwung ein Aspekt des Golfspiels ist, über den wir relativ wenig Kontrolle erreichen können. Kontrolle über den Schwung hängt von unserer Ansprechposition und der Vorbereitungsphase ab. Wenn Sie Ihren Schlag abändern wollen, so geschieht das nur durch eine veränderte Haltung und ein deutliches Gefühl für Ihre Hände während des Schwunges, insbesondere dort, wo Sie den Ball treffen.

Nachdem wir nun mit dem simulierten Schwung vertraut sind, konfrontieren wir den potentiell guten Golfer (PGG) mit der tatsächlichen Situation. Ich möchte hier wieder die Notwendigkeit des progressiven Lernens betonen: d.h. wir beginnen mit den einfachen Schlägern und versuchen dann die schwierigeren.

Ich würde Ihnen vorschlagen, mit dem Eisen Nr. 8 zu beginnen: Sie eliminieren das Problem, mit einem schwierigen Schläger den Ball treffen zu müssen, und können sich somit darauf konzentrieren, eine solide und verläßliche Technik zu entwickeln.

Es besteht offensichtlich eine Tendenz, mit dem Driver zu spielen, wenn eine entsprechende Flugdistanz angestrebt wird. Warum nur? Selbst wenn ich einem Golfer eine Mütze über die Augen ziehen würde, würde der Driver nach wie vor eine magnetische Anziehungskraft ausüben. Sie spielen hier mit dem schwierigsten Schläger, der besonders schwer zu schwingen ist, um eine maximale Flugdistanz zu erreichen. Es entsteht ein Kampf zwischen dem Golfer und seinem Ball. Die Schläge werden wie aus einem Maschinengewehr gefeuert. Der Golfer lernt nichts, er verläßt erschöpft und frustriert den Platz. Sie brauchen nicht wie ein sturer Esel am Golf zu arbeiten, Geduld und Geschick sind das Rezept zum Erfolg.

Nehmen Sie das Eisen Nr. 8 an Stelle des Drivers. Dieser Schläger ist hervorragend geeignet, etwas aus Ihrem Spiel zu machen. Ganz einfach: Was Sie vorher ohne Ball geübt haben, machen Sie jetzt mit dem Ball. Wenn Sie nun den richtigen Schwung *drin haben,* gehen Sie zu den schwierigeren Schlägern, wie Nr. 7, 6, 5 und 4, über.

Beginnen Sie die Übungsstunden immer mit einem einfachen Schläger.

Es ist zu erwarten, daß Ihr Schwung in sich zusammenfällt, wenn die Flugbahn des Balles flach ist, während Sie jedoch tatsächlich als erster Mensch versuchen, ihn auf den Mond zu schießen. Hier kommt es nun auf Ihre Aufmerksamkeit, Ihr Gefühl für den Schlägerkopf und auf die Erkenntnis an, daß der Schlägerkopf den Ball bewegt und nicht Ihr Körper; lassen Sie den Schläger die Arbeit für Sie erledigen.

Zusammenfassung

Es ist ausgesprochen wichtig, einen fließenden Schwung mit einem guten, gleichmäßigen Tempo zu entwickeln, anstatt von Position zu Position zu schwingen. *Darum ist es auch so wichtig, den mechanischen Ablauf des Schwunges zu kennen, ohne jedoch mechanisch zu schwingen.*

Sie sollten sich an die folgende Sequenz halten:
a) Perfekte Ansprechposition
b) Lernen zu zielen
c) Entwicklung einer guten Schwungform!

Entwickeln Sie eine gute stetige Form Ihres Schwunges mit dem Schläger, ohne Ball, dann mit den einfacheren Schlägern unter Einbezug des Balles. Zu guter Letzt versuchen Sie es mit dem Driver. In dieser Phase des Golfspiels sollten Sie *nicht* mehr mit Ihrem Schwung beschäftigt sein, sondern damit, wohin Sie den Ball schlagen wollen. Stellen Sie sich den Schlag, den Sie ausführen möchten, genau vor. Ihre intensive Vorarbeit wird dann Früchte tragen.

Auf dem Golfplatz

13. Kapitel

1. Wie man Erfahrung gewinnt
2. Wie man auf Erfahrung aufbaut
3. Wie man mit den leichten Schlägern Erfahrung gewinnt
4. Wie man ein erfahrener Golfer wird

Der versierte Spieler kann einem Anfänger seine Erfahrung nicht vermitteln. Es dauerte wahrscheinlich Jahre, bis er sie selbst erlangt hatte. Der erfahrene Spieler weiß, wie er abschneiden wird, er hat ein bestimmtes Gefühl für das Spiel und kann sich frei ausdrücken. Der Neuling ist von all dem ausgeschlossen.

Das Spiel selbst stellt sich mit seinen Traditionen gegen den Anfänger. Die Leute, die in den frühesten Zeiten Golf spielten, gehörten zu den oberen Schichten. Bedenken Sie, daß ein Gutta-Percha-Ball 1848 vier Shilling und Sixpence oder zweiundzwanzig Pence kostete. Man hatte jede Menge Zeit und war niemandem eine Erklärung schuldig; das erklärt vielleicht, weshalb das Spiel so lange dauert — man hatte es nicht eilig. In der heutigen Welt hat der Anfänger nicht viel Zeit für sich. Meistens versucht er, beim Spielen zu üben. Sein Motto sollte heißen: Spiele nicht, um zu üben, sondern übe, um zu spielen.

Wer benötigt ein Handicap?

Den zweiten wichtigen Einfluß auf das Spiel hatte die britische Armee, die das Spiel in die Kolonien brachte. Die Betonung lag auf Regeln, Bestimmungen, Standards und so weiter. *Wenn der Anfänger heute einem Club beitritt, bekommt er fast augenblicklich ein Handicap und wird in einen Benimmkodex eingeführt.* Dieses Handicap setzt gewisse Erwartungen in ihn. Mit einem Handicap von achtzehn wird zum Beispiel von dem Golfer erwartet, daß er achtzehn über Par spielt. Wenn er seine Erwartungen übertrifft und gut spielt, ist er »auf einer Strähne«, er wird als »Bandit« bezeichnet, sein Handicap wird reduziert und neue Standards werden für ihn gesetzt. Wenn er andererseits schlechter spielt als sein Handicap wird er als »Hacker« bezeichnet und wird von den anderen Mitgliedern gemieden, bis er besser spielt. Er wird immer mehr in das System der Standards, Wettkämpfe und in das Handicap-System, das damit verbunden ist, eingebunden. Das Resultat ist, daß er große Sorgen hat, die Erwartungen, die andere in ihn gesetzt haben, sowie auch seine eigenen zu erfüllen, so daß seine Ängste ihn an der Leistung hindern. Anders ausgedrückt: Der Großteil seiner Energie ist so sehr mit dem beschäftigt, was alles schief gehen könnte und was andere denken werden, daß er wenig Zeit für sich selbst hat. Wenn Sie zum Beispiel eine Latte von 60 cm x 3 m auf den Boden legen und jemanden bitten, darauf zu gehen, ist das kein Problem. Legen Sie nun aber dieselbe Latte von einem Hochhaus zum anderen und bitten dieselbe Person, darauf zu gehen, dann wird er oder

Abb. 92

sie aus Angst zu scheitern oder zu stürzen, unfähig sein, einen Fuß vor den anderen zu setzen. In einer Wettkampfsituation hindert oftmals die Angst vor dem Scheitern den Golfer an der Leistungserbringung.

Wenn er diese Barriere durchbrechen will, muß er das ganze Wettkampf- und Handicap-System herausfordern. Er muß sich bewußt werden, daß das Geheimnis zu leben, darin besteht, daß man aufhört zu konkurrieren und an die Erwartungen, die andere in einen gesetzt haben, zu denken. Erst wenn man erkennt, daß die Mehrheit in sich selbst gefangen ist und sich wirklich nicht viel um einen kümmert — es sei denn, man stört ihr Vergnügen — hat man sich aus diesem Netz befreit.

Mit anderen Worten: Hören Sie auf, die Erwartungen anderer erfüllen zu wollen oder auch Ihre eigenen Erwartungen. Vergessen Sie die weltlichen Aspekte des Spiels, die Preise, das Lob, die Dinge, derer wir uns bewußt sind. Sagen Sie sich: Die sind nicht für mich; ich bin hier, um Golf zu spielen. Es ist eine Dummheit zu sagen, man *müsse* im Golf konkurrieren. Im täglichen Leben müssen Sie Ihre Familie zum Konkurrieren ermutigen, wenn sie so werden soll wie Sie! Ist es da nicht vernünftig, daß Sie im Klub nicht zu konkurrieren brauchen? Erholen Sie sich, spielen Sie, um Spaß zu haben! Wenn Sie jemand nach Ihrem Handicap fragt, sollten Sie sagen: »Ich habe keines, ich spiele einfach.« Dann gibt es keine Erwartungen, keine Standards für Sie oder andere. Sie haben Ihr Spiel vom Wolkenkratzer herunter auf den Boden geholt, und damit verschwindet die Angst vor dem Scheitern. Jetzt brauchen Sie nur den Weg beizubehalten, nur den Ball zu schlagen, und *Sie werden die Energie*

Abb. 94

Abb. 93

Bewegen Sie den Schlägerkopf ohne Kraftanstrengung

haben, ein Gefühl für das Spiel zu entwickeln sowie die Freude, das auszudrücken.

Wie man durch den Gebrauch des PZASA-Systems Erfahrungen gewinnt

P Wie entwickeln Sie Erfahrung? Zuerst müssen Sie (wie ich schon oft gesagt habe) die Grundsätze verstehen; zum Beispiel verursacht ein offenes Schlägerblatt einen Slice und ein geschlossenes einen Hook...... Zu lernen, daß die Art Ihrer Organisation vor dem Schwingen die Art festlegt, mit der Sie schwingen. Wenn Sie den Schlag ändern wollen, ändern Sie Ihren Stand zum Schlag. Sie können Ihren Schwung nicht sehen, und darum ist es sehr schwierig, ihn zu entwickeln, da Sie nicht wissen, *was* Sie entwickeln! Es gibt aber zwei Möglichkeiten, wie Sie sich helfen können: Sie können erstens Ihren Schwung auf Video sehen, und dann wissen Sie, wie Sie ihn ausführen. Wenn es zum Beispiel ein aufrechter Schwung ist, flachen Sie ihn ab usw. Die meisten Leute geben zu, daß sie den Fehler im Schwung eines anderen sehen können, aber sie wissen nicht, was sie selbst falsch machen. Wenn Sie aber Ihren Schwung auf Video sehen, betrachten Sie den Schwung eines anderen! Die zweite Möglichkeit ist die Nachahmung: Beobachten Sie einen guten Spieler und lernen Sie von ihm.

Was der erfahrene Spieler dem Anfänger aber vor allem voraus hat, ist ein Gefühl für das Spiel. Es ist das Wissen, wo sich der Schlägerkopf während des Schwunges und vor allem im Treffmoment befindet. Versuchen Sie, *schlägerkopfmäßig* zu denken, versuchen Sie zu fühlen, wo er während Ihres Schwunges ist, vor allem wenn Sie den Ball schlagen (siehe Abb. 92).

Abb. 95

Abb. 96

Gefühl ist ein Erwachen, ein Bewußtsein über den Schlägerkopf

Die Möglichkeit, *Gefühl* zu erleben, ist — nachdem man Erwartungen, Resultate usw. verdrängt hat — zu erkennen, daß es der *Metallklumpen* am Ende des Schaftes ist, den Sie schwingen und der den Ball bewegt. Vergessen Sie all das Gerede, die Stellungen, die Theorie, bekommen Sie ein Gefühl für das Schwingen des Schlägerkopfes und die Fähigkeit, ihn an den Ball gehen zu lassen. Ein erfahrener Spieler aus Lahinch wurde einmal von einem amerikanischen Touristen gefragt, wie es käme, daß er mit dem Ball nach Belieben einen Draw oder einen Hook spielen könne. Der Besucher erwartete eine sehr technische Antwort, bekam aber nur zu hören: »Um ehrlich zu sein, ich denke einfach *hookmäßig.*« Denken Sie einfach *schlägerkopfmäßig,* und Sie werden ein Gefühl für ihn entwickeln; lernen Sie, den Ball mit dem Kopf des Schlägers zu schlagen, und Sie werden dasselbe Niveau erreichen wie der versierte Spieler (siehe Abb. 93).

Abb. 97

Wie man Erfahrungen gewinnt

P Sie müssen die Hände erziehen, den Schlägerkopf zu fühlen. Um das zu tun, müssen Sie den Schlägerkopf mit Ihren Händen führen oder den Ball mit ihm bewegen und dabei Ihre Hände auf verschiedene Arten gebrauchen. *Nehmen Sie ein Eisen Nr. 9 oder einen Wedge und üben Sie, den Ball zu chippen,* vergessen Sie dabei aber nicht, daß die Art, wie Sie sich vorher organisieren, Ihren Schwung und den Schlag, den Sie machen werden, bestimmt. Wenn Sie den Schlag ändern wollen, ändern Sie Ihre Ansprechposition. Es kommt noch etwas mehr dazu und zwar, *daß Sie sich bewußt sind, was mit Ihren Händen geschieht, wenn Sie den Ball schlagen.* Nehmen Sie zum Beispiel den »Cut-Up Chip«, bei dem Ihre Hände die Schlägerblattstellung öffnen, wenn Sie den Ball schlagen. Der Schlag wird mit einem steilen von-außen-nach-innen-Schwung mit offener Schlägerblattstellung gespielt; er bekommt mit der Unterseite des Balles Kontakt und läßt so einen starken Rückwärtsdrall entstehen.

Abb. 98

Wie man den Cut-Up Chip erlebt

»Der Cut-Up«
Wie man sich dafür vorbereitet

Z Richten Sie das Schlägerblatt auf das Ziel.
A1 Lockern Sie den Griff, denn das kommt einem offenen Schlägerblatt gleich. Stehen Sie offen; das wird zu einer steilen Außen-nach-innen-Attacke führen.
S Schwingen Sie der Linie Ihres Körpers entlang (von außen nach innen), halten Sie dabei das Schlägerblatt offen oder himmelwärts gerichtet, was einen Spin entstehen läßt.
A2 Seien Sie sich des Gefühls bewußt, den Schlägerkopf unter den Ball gleiten zu lassen, »um dem Ball die Beine wegzuschlagen« oder das Schlägerblatt mit Ihren Händen offen zu halten, wenn Sie den Ball schlagen (siehe Abb. 94, 95, 96 u. 97).

Wie man den Chip- und den Run-Schlag erlebt

P Der Chip- und der Run-Schlag sind ein Draw oder Hook »en miniature«. Bei diesem Schlag halten Sie das Schlägerblatt mit Ihren Händen geschlossen. Die Technik besteht darin, daß man beim Schlagen des Balles die rechte Hand über die linke dreht. Der Schlag wird ausgeführt, indem man einen niedrigen Innen-nach-außen-Schwung verwendet, bei dem Ihre Hände das Schlägerblatt geschlossen durch die Schlagzone bringen und dem Ball wenig oder gar keinen Backspin geben. Zu diesem Zweck müssen wir uns zuerst organisieren.

Z Richten Sie das Schlägerblatt auf die Flagge.

A1 Ihr Griff soll ein wenig fester sein. Stehen Sie leicht geschlossen oder von-innen-nach-außen, das erzeugt einen niedrigen Annäherungswinkel an den Ball.

S Schwingen Sie an der Linie Ihres Körpers entlang.

A2 Führen Sie Ihre rechte Hand bewußt *durch* den Ball, indem Sie sie über die linke drehen und somit das Schlägerblatt schließen (siehe Abb. 98, 99, 100 u. 101).

Wie man den »Low-Punch-Schlag« erlebt

P Der Low-Punch-Chip-Schlag (niedriger, gegen den Wind gespielter Schlag) ist ein Vetter des Draw. Der einzige Unterschied ist, daß Sie, statt Ihre Hände zu überdrehen, *Ihre linke Hand länger in Richtung Ziel halten oder Ihre Hände frontal zur Schlagzone halten.*

Zuerst müssen Sie sich dafür vorbereiten

Z Richten Sie den Schläger auf das Ziel.

A1 Plazieren Sie die Hände vor den Ball oder spielen Sie den Ball einfach zum rechten Fuß in den Stand zurück. Das schließt die Stellung von Schultern, Füßen und Hüften und ermöglicht eine niedrige Annährung an den Ball. *Verlagern Sie Ihr Gewicht* nach vorne *auf den linken Fuß,* damit Sie Ihre Hände leichter frontal zur Schlagzone halten können.

S Schwingen Sie gerade zurück (siehe Abb. 102 u. 103).

Abb. 99

A2 Machen Sie es sich bewußt, daß Sie Ihre Hände vorne behalten, wenn Sie den Ball schlagen. Sie erhalten einen flach fliegenden Ball mit geringer Bewegung. Dies ist ein guter Dreiviertelschlag gegen den Wind. Sie müssen aber zwei Schlägerstufen weiter sein, um ihn spielen zu können.

Abb. 100

Wie man wie ein erfahrener Golfer spielt

Auch hier gelten die gleichen Regeln für das *Lange Spiel* wie für das *Kurze Spiel*. Sie müssen eine gute Kenntnis der Grundlagen haben und verstehen, daß Ihr Schwung durch Ihre Organisation bestimmt wird und deshalb auch der daraus resultierende Schlag. Wenn Sie den Schlag ändern wollen, müssen Sie nur die Art, wie Sie den Schläger halten und die Art, wie Sie zum Ball stehen, ändern. Zum Beispiel bestimmt die Griffhaltung Ihrer Hände, wie die Schlägerblattstellung im Treffmoment sein wird, und die Art, wie Sie stehen, bestimmt Ihre Schwunglinie. Der Schlag ist das Ergebnis der Richtung Ihrer Schwunglinie und davon, wie die Schlägerblattstellung im Treffmoment ist, offen, gerade oder geschlossen (siehe Abb. 104).

Wie man einen Schlag auf das Ziel erlebt

Im Mittelpunkt von all dem muß die Erkenntnis stehen, daß sich das ganze Spiel um den Schlägerkopf dreht, die Notwendigkeit, den Schlägerkopf auf das Ziel zu richten — und wenn Sie das tun, werden sich die Details ergeben. Sie werden sehen, daß Sie eine gute Chance haben, der Linie Ihres Körpers entlang zu schwingen und den Schlägerkopf im Treffmoment auf das Ziel zu richten, wenn Ihr Schlägerkopf auf das Ziel zeigt und

Ihre Körperlinie im Treffmoment parallel zur Ziellinie ist.

Zusammenfassend gilt: Präparation ist das Verstehen und das Organisieren.

Richten Sie den Schlägerkopf auf das Ziel.

Stehen Sie parallel zur Ziellinie, da diese der Schwunglinie entspricht. Halten Sie den Schläger so, daß das Schlägerblatt im Treffmoment auf das Ziel gerichtet ist.

Wenn Sie **Z** und **A1** in Richtung Ziel synchronisieren können, haben Sie viel gelernt!

Abb. 101

Lassen Sie uns jetzt einen Schlag auf das Ziel ausführen
(siehe Abb. 105)

P Präparation bedeutet, die Wichtigkeit des Schlägerkopfes zu verstehen, sowie die Notwendigkeit, ihn auf das Ziel zu richten, denn wenn der Ball in Richtung Ziel fliegen soll, muß sich der Schlägerkopf im Treffmoment zum Ziel gerichtet bewegen.

1 **Z** Ziel. Der Routine folgend, richten Sie den Schlägerkopf auf das Ziel.

2 **A** Ansprechen. Mit einer Griffhaltung, bei der das Schlägerblatt gerade oder auf das Ziel gerichtet ist.

Der schwächeren linken Seite den Vorzug geben, während die starke rechte Seite eine unterstützende Rolle hat.

Schlägerblatt, Hüften und Schultern sind parallel zur »Ziellinie« positioniert.

Alles ist jetzt auf das Ziel hin synchronisiert. Jetzt müssen Sie nur noch *abdrücken.*

S Schwingen Sie an der Linie Ihres Körpers entlang, so bewußt, daß Sie die linke Seite zurückbewegen, und lassen Sie den Schlägerkopf frei durch den Ball laufen.

A ist die Aufmerksamkeit auf den Schlägerkopf, das Wissen, wo er sich während Ihres Schwunges und vor allem im Treffmoment befindet. Es ist ein Schutz gegen *nutzloses* Theoretisieren, denn das Bewußtsein dessen, was der Schlägerkopf tut, führt zum Entwickeln eines Verhältnisses zum Schlägerkopf, von dem aus Sie das Spiel entwickeln werden.

Erfahren wir den Draw
(siehe Abb. 106)

P Präparation — ein Draw ergibt sich aus einem »Innen-nach- außen«-Schwung mit einer leicht zur Schwunglinie geschlossenen Schlägerblattstellung.

1 Richten Sie den Schlägerkopf auf das Ziel.
Vergewissern Sie sich, daß Ihre linke Hand den Griff so hält, daß der Schlägerkopf im Treffmoment leicht geschlossen ist.

2 Richten Sie Ihren Körper aus — Füße, Hüfte, Schultern in eine Innen-nach-außen-Richtung zeigend — oder stehen Sie »innen-nach-außen«.

Schwingen Sie an der Körperlinie entlang und seien Sie sich bewußt, daß Sie sich am Anfang der Rückführung des Schlägers wegdrehen und daß der Schlägerkopf zurückkommt, wobei nun die rechte Hand aktiv wird.

Ein Draw ergibt sich aus einem »Innen-nach-außen«-Schwung mit einem Schlägerblatt, das leicht zur Schwunglinie geschlossen ist. Wenn Sie alles so vorbereitet haben, daß der Schlägerkopf auf das Ziel gerichtet und Ihr Körper leicht nach rechts vom Ziel ausgerichtet ist, dann befindet sich Ihr Schlägerkopf leicht links von der Ziellinie, und Sie haben so den Winkel für den Draw gesetzt, d.h. den Schlägerkopf leicht zur Schwunglinie geschlossen.

Zusammenfassend gilt: Wenn Sie ein routinierteres Spiel spielen

Abb. 102

Tralee, Co. Kerry

Tralee, Co. Kerry

wollen, müssen Sie alle Erwartungen und Ängste aus Ihrem Gedächtnis vertreiben, und Sie müssen die Spielgeräte verstehen, die Sie verwenden werden, wie sie funktionieren sowie ihre Grenzen kennen. Spielen Sie mit dem Wissen, daß die Art, wie Sie spielen, bestimmt ist von der Art, wie Sie sich organisieren, und seien Sie sich vor allem dessen bewußt, was Ihr Schlägerkopf während Ihres Schwunges macht. Entwickeln Sie ein *Gefühl* für ihn und *formen* Sie eine Beziehung zu ihm.

Abb. 103

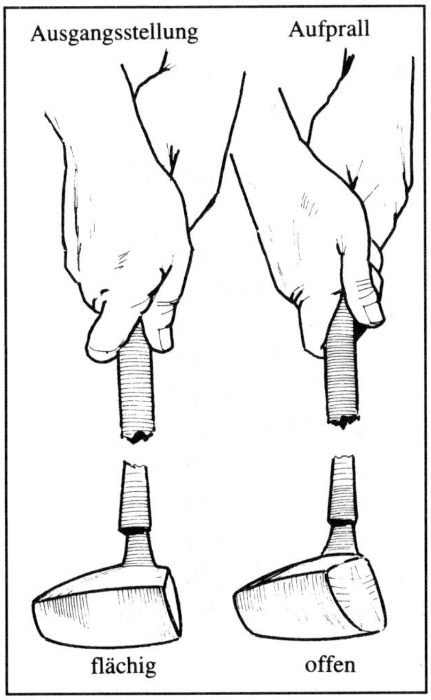

Abb. 104

Abb. 105

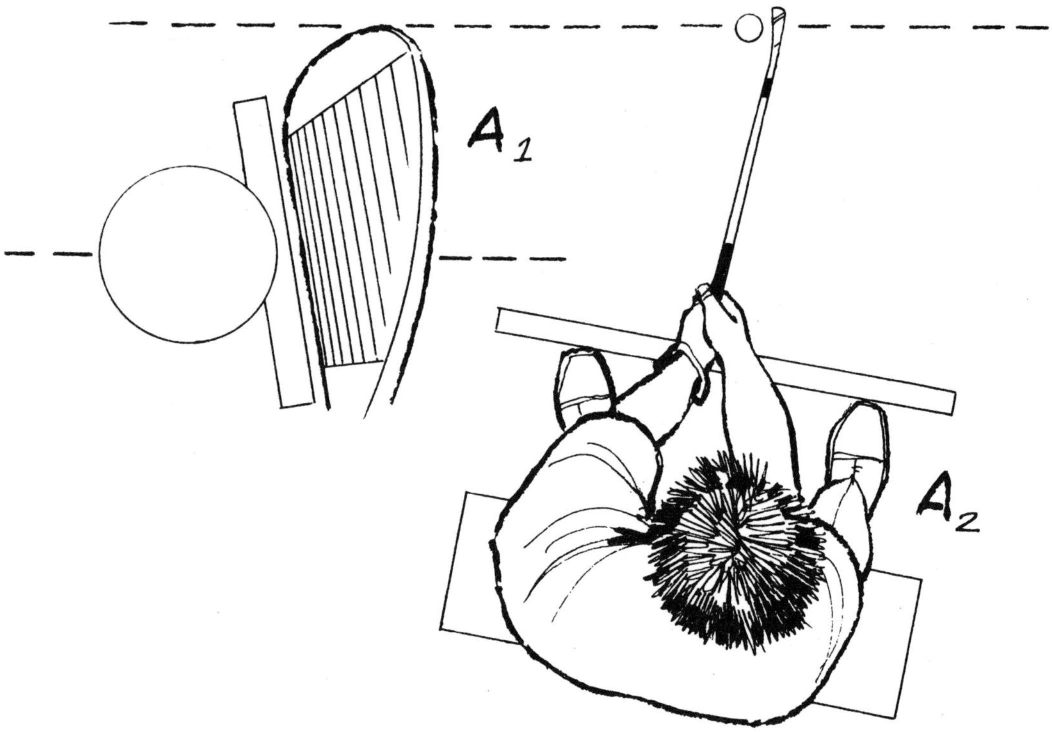

Abb. 106

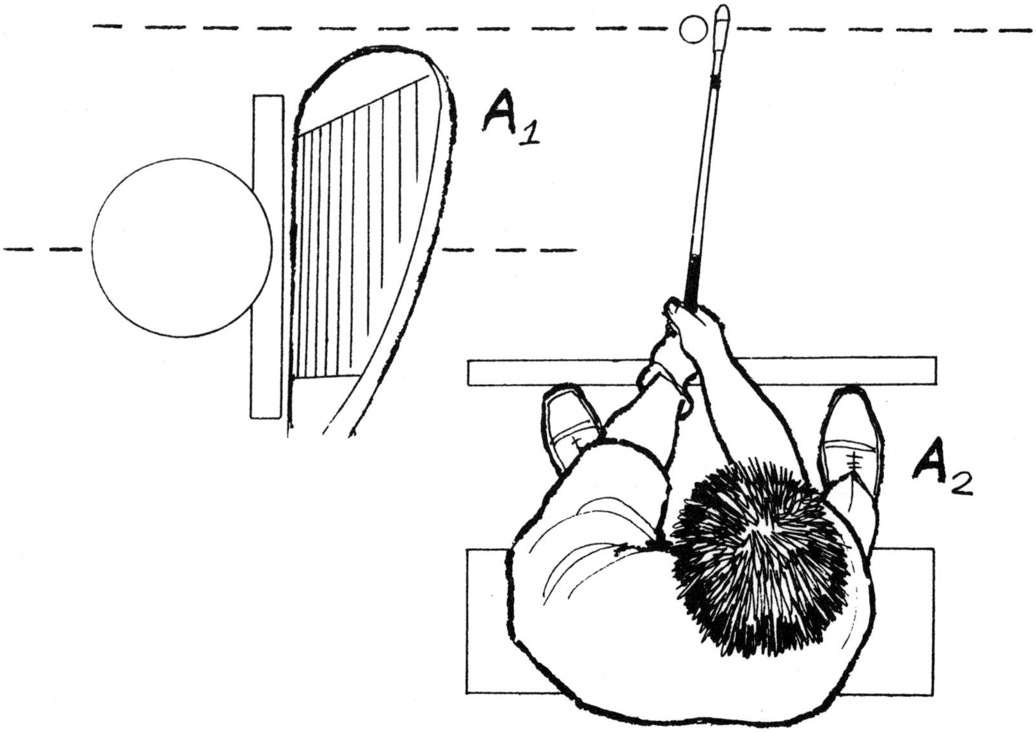

Wenn's funktioniert, verwenden Sie's!

14. Kapitel

»In mir steckt ein guter Golfer, der darauf wartet, herauszukommen.«

Wir alle verlassen uns auf grundlegende Prinzipien eines Systems, egal was wir tun. Das Geheimnis liegt natürlich darin, ein System zu haben, das funktioniert. Nehmen Sie zum Beispiel die McDonald-Hamburgerkette als ein System, das funktionierte und immer wiederholt wurde. Mit dem Golfspiel ist es genauso. Doch obwohl wir uns auf ein erprobtes System verlassen, ist die Ausführung individuell verschieden. Wenn wir einmal unser Spiel etabliert und damit Erfolg haben, sollten wir unsere Art, uns auszudrücken, nicht ändern.

Versierte Spieler, sogar die besten Top-Profis, überraschen mich oft mit ihrem Entschluß, die Art, mit der sie den Ball schlagen, zu ändern, auf ihrer Suche nach Vollkommenheit. Was sie damit sicher erreichen, ist Unvollkommenheit!

Obwohl wir bei dem Spiel von grundlegenden Prinzipien abhängig sind, sollten wir nie vergessen, daß wir einzigartig sind in unserer körperlichen und geistigen Konstitution. Daher sollten persönliche Eigenarten wie Kronjuwelen gehütet werden.

Die Idee bezüglich einer Änderung kommt zum Beispiel fast immer von einer rationalen Beurteilung: »Wäre er nicht ein wahrhaftig guter Spieler, wenn er keinen so starken Linkshandgriff hätte?« Er spielt vielleicht sehr gut mit einem starken Linkshandgriff. Wenn er dumm genug ist, darauf zu hören, ist eines sicher, nämlich ein Formverlust, von dem er sich vielleicht jahrelang nicht oder überhaupt nie erholen wird. Es gibt zahlreiche Beispiele dafür. Hal Sutton hatte 1985 ein schlechtes Jahr. Der Grund war, daß er seinen Griff schwächte, wodurch sich seine Form verschlechterte. Er wurde ein Einjahreswunder genannt. Er hatte jedoch das Glück, mit dem wahrscheinlich besten Spieler der Welt, Bernhard Langer, 1985 in einem Ryder Cup Match gepaart zu werden. Bernhard besiegte ihn vernichtend, aber Hal fiel Bernhards Griff auf: ein sehr starker Linkshandgriff. Er entschloß sich, zu seinem alten Griff zurückzukehren, obwohl dieser nicht den Lehrbüchern entsprach, und erreichte so wieder seine alte Form. Das Erfolgsgeheimnis ist: zuerst Selbstfindung, und dann individueller Ausdruck. Betonen Sie Ihre Besonderheiten.

Es ist auch sinnvoll zu fragen »Warum ändern?«

Wenn Sie etwas haben, das funktioniert, tut es das aufgrund vorheriger Erfahrung. Sie haben Ihre Arbeit zur Erfüllung gebracht, und Sie sollten Ihrer Vergangenheit trauen. Ihre Vergangenheit weiß mehr von Ihnen als sonst jemand.

Ihr Körper hat, durch endlose Stunden des Trainings und des Spiels, eine Art gefunden, sich körperlich und geistig auszudrükken. Sie sollten dies weiterhin tun.

Wenn Sie ein höheres Niveau erreichen, stehen Sie unter dem Druck, Vollkommenheit anzustreben, etwas zu ändern, das wie ein Fehler in Ihrem Ansprechen oder Schwung aussieht, aber dabei könnten Sie alles verlieren.

Wir haben unsere eigene Art, etwas zu tun, und haben unsere eigene Art, den Ball zu schlagen. Wir haben auch ein bestimmtes Temperament; es mag vorsichtig sein wie das von Ben Hogan oder verwegen wie das von Severiano Ballesteros.

Vielleicht sind Sie innerlich aggressiv, und dann ist dies Ihr Stil; also gehen Sie darauflos. Schauen Sie dem legendären Arnold Palmer zu. Er war ein Angriffsspieler. In den späten 60er und frühen 70er Jahren durchlief er ein Formtief. Also begann er zu überlegen, ob eventuell seine Spielweise falsch sei. Er entschloß sich, etwas daran zu ändern, sich Ben Hogan, einen vorsichtigen Spieler, als Vorbild zu nehmen. Hatte er zuvor ein Tief, so mußte er bald feststellen, daß er noch nicht ganz unten angelangt war, und er präsentierte sich auf dem Turnier wie ein Anfänger. Seine Form kam erst wieder, als er zu seinem alten Stil, d.h. auf alles loszugehen, zurückfand.

Es passiert oft, daß etwas in Mode kommt und als die richtige Methode gilt. Ich erinnere mich da an einen bedeutenden Kinderpsychologen, der darüber schrieb, wie Eltern ihre Kinder erziehen sollten: sie sollten ihnen freie Hand gewähren. Wenn Kinder vom Zerschlagen eines Fensters etwas lernen können, so soll man sie das eben tun lassen! Eine ganze Generation war davon betroffen, Millionen von Menschen (und eine Menge Glas).

Er heiratete erst spät im Leben, und sein zweites Buch ist eine Entschuldigung für sein erstes.

Worauf ich hinaus will, ist, daß Sie nie wie ein Schaf allem folgen sollten. Vertrauen Sie sich selbst, Ihrem eigenen Verstand und Ihrer physischen Art, etwas zu tun. Ein gutes Beispiel dafür war die erste Schwunganalyse mittels einer Kamera. Den Experten wurde klar, daß sich alle Topspieler in einer sogenannten Spätschlagstellung befanden, bevor sie den Ball schlugen. Dies, so sagten sie, erzeuge die Kraft. Mit anderen Worten: Ihre Hände hatten beinahe den Ball erreicht, während der Kopf des Schlägers noch hinten auf Hüfthöhe war. Die Kraft kam durch das Freilassen des Schlägerkopfes, wobei die Hände sich nur um Zentimeter vorwärts bewegten, der Schlägerkopf jedoch um einige Fuß und er die Hände mit einem Peitschenschnureffekt in der Schlagzone einholte. Dies war das Geheimnis, der *Spätschlag*. Das Resultat der Fotos war irreführend. Das einzige, was der potentiell gute Spieler mit Erfolg tat, war, am Ende seines Rückschwunges daran zu denken, daß, egal was er auch immer zu tun hätte, er den Schläger nicht schwingen oder den Schlägerkopf nicht auf den Ball freilassen dürfe. Er mußte den Spätschlag wählen. Bedenken Sie aber, daß ein Fünftel einer Sekunde vom Rückschwung bis zum Treffmoment vergeht. Wenn Sie den Spätschlag versuchen, erreichen Sie nur einen blockierten Schlag. Es wird heute akzeptiert, daß der Spätschlag eine Täuschung ist, eine Kamera-Illusion. Doch viele Leser waren jahrelang davon beeinflußt und sind es bis zu einem gewissen Grad noch immer (siehe Abb. 107).

Eine andere Mode in den frühen 70er Jahren war der »Fade« (Gegenteil vom Draw). Das Motto hieß: »Mit einem Fade kann man reden, aber ein Hook hört nicht zu.« Jack Nicklaus spielte ihn, und er war der beste Spieler damals und wahrscheinlich der beste aller Zeiten. Wenn man erfolgreich sein wollte, mußte man ihn anwenden, vor allem vom Tee ab, um dem »Klub« beizutreten. Viele gute Spieler, die eigentlich den Ball mit einen Draw schlugen, wurden davon beeinflußt und wechselten zum

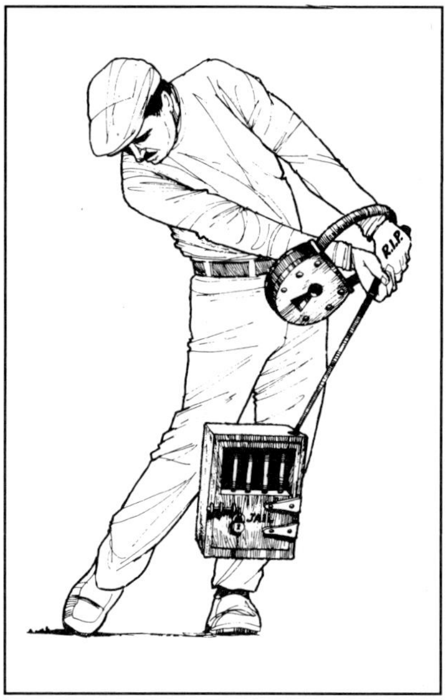

Abb. 107

Fade. Das Ergebnis war, daß ihr Spiel schlechter wurde. Manchmal hatten diese Spieler einen kurzen Schlag oder waren klein von Statur, und ihre Körper verlangten von ihnen, um konkurrieren zu können, müßten sie einen »Distanz-Draw« spielen. Ein Beispiel dafür war Bernard Gallagher, der deswegen viele magere Jahre hatte. Er war ein »Draw-Spieler«, der versuchte, den Fade zu spielen, und mußte so die Konsequenzen hinnehmen (siehe Abb. 108).

Zur gleichen Zeit wurde der aufrechte Schwung als der richtige proklamiert. Dazu müßten Sie bärenstark sein und den ganzen Tag Zeit zum Üben haben. Doch weil er von einigen führenden Spielern proklamiert wurde, wurden viele beeinflußt und versuchten, ihn auszuführen.

Wenn Sie auf dem Übungsgrün sind und gute Schläge ausführen, sollten Sie nichts ändern. Noch eine andere Art, Originalität zu zerstören, ist, wie es oft passiert, daß ein Top-Amateur zum Berufsspieler wird und versucht, die Methoden eines Berufsspielers zu lernen. Er entschließt sich vielleicht, den

Der Fade-Schlag bringt keine Entfernung

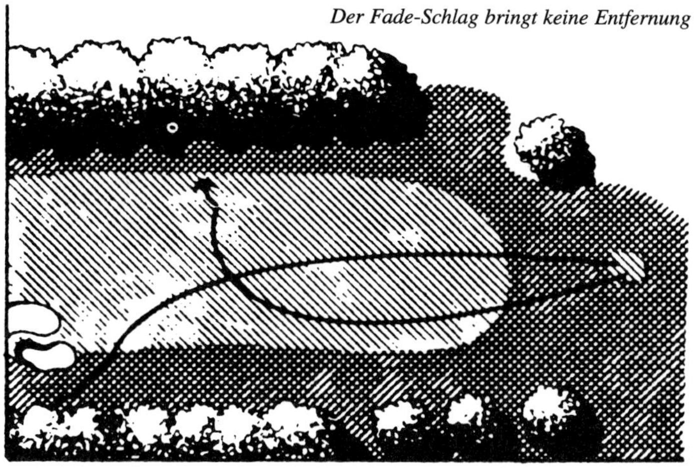

Abb. 108

Winter mit einem berühmten Profi zu verbringen, der sehr wahrscheinlich seine eigenen Ideen bezüglich des Golfschwunges hat und sie vielleicht sogar dem aufstrebenden Berufsspieler aufdrängen will. Wenn zum Beispiel der lehrende Experte die Meinung vertritt, daß das Spiel mit den Händen zu spielen sei und der Schüler ein junger, beweglicher, athletischer Spieler ist, der das Spiel mit einem Körperschwung spielt, könnte er verdorben werden. Ich habe gute Amateure mit einem schönen, langfließenden Schwung gesehen, die den Winter mit Üben verbrachten und mit einem kurzen, ruckartigen und unvollständigen Schwung zurückkamen. Vergessen Sie nicht, daß ein guter Lehrer Ihre starken Seiten entwickeln wird, Sie aber nicht nach seiner eigenen Vorstellung, wie ein guter Golfer sein sollte, zurechtbiegen sollte.

Entwickeln Sie Ihren eigenen Stil und kopieren keine anderen Spieler

Es ist wie bei einem Maler. Viele berühmte Maler vervollkommneten ihren persönlichen Stil. Sie müssen dasselbe tun; bearbeiten Sie das, was Sie erreicht haben, bis zum vollen Potential (siehe Abb. 109).

Das beste Beispiel hierfür ist der große, südafrikanische Golfer Bobby Locke, der den Ball auf seine eigene Art schlug. Er konnte alle Schläge spielen, aber er blieb bei dem, den er perfektioniert hatte. Das war der Hook. Er konnte innen sehr nah am Ball stehen und Hooks schlagen. Sogar seine Putts waren Hooks (Ein Putt ist ein Miniaturschlag). Auf amerikanischen Golfplätzen war er ein Ausgestoßener. Alle Methoden, das Spiel zu spielen, und des Lehrens waren »square to square« (Fußspitzen parallel und Schlägerblatt senkrecht zur Ziellinie) und teilweise das Zurückführen des Schlägers. Und doch war da dieser Kerl, der allem den Rücken kehrte, der massive Hooks schlug und der damit auch gewann.

Eines Tages, als er in der Garderobe saß, bemerkten einige seiner Gegner, die seinen Stil und seine liderliche Gewohnheit, seine Hände in die Taschen zu stecken, leid waren, in Hörweite: »Ist es ein Jammer mit Lockes Linkshandgriff?« Er antwortete: »Macht Euch keine Sorgen, ich kann die Schecks auch mit meiner rechten Hand nehmen.« Seine erfolgbringende Methode änderte er nicht.

Wie man es verhindert, nutzlose Abwege zu gehen

Schauen wir uns zuerst den Anfänger an und sehen, was schief gehen kann. Viele, die mit dem Golfspiel beginnen, haben in den ersten Tagen bemerkenswerte Erfolge. Es gibt Leute, die bisher ein anderes Ballspiel spielten und geübte *Ballschläger* sind und sich zum Golf hingezogen fühlen wie ein Fisch zum Wasser. Sie schlagen den Ball eine *Landmeile* weit, ohne eigentlich zu wissen, wie sie das gemacht haben. Dann entschließen sie sich, richtig zu lernen, und verlieren sich im Theoriespiel. Der Anfänger muß seine Stärken kennen und entwickeln, indem er einen Lehrer sucht, der das entwickelt, was da ist und nicht etwas, was nicht da ist. Vermeiden Sie vor allem das Theoretisieren, Ergründen und Experimentieren. Hören Sie nicht auf jeden, der Ratschläge erteilt. Sonst gehen Sie von einem Berufsspieler zum anderen in der Hoffnung, etwas gesagt zu bekommen, das eine Revolution in Ihr Spiel bringt. Ich erinnere mich an einen Clubspieler, der bemerkte: »Ich will spielen, aber ich will

Abb. 109

Für »tiefe« Schläger ganz unbrauchbar

nicht lernen«, was bedeutete, daß er keine Überfülle an Anweisungen haben wollte. Sie müssen nur an das denken, was Sie haben, und wählerisch sein in dem, was Sie wollen. Wenn der Fall entsteht, daß Sie mit Ihrer Leistung nicht zufrieden sind, müssen Sie herausfinden, wo Ihr Problem liegt und es korrigieren. Entdecken Sie sich selbst und entwickeln Sie Ihre starken Seiten. Ihr Motto soll heißen: »In mir ist ein guter Golfer, der darauf wartet herauszukommen«, und suchen Sie sich einen Lehrer, der etwas aufdeckt, das Sie bereits haben und nicht versucht, Ihnen etwas zu geben, das er hat.

Sie haben vielleicht etwas, das außerhalb der klassischen Norm liegt, aber damit stehen Sie nicht allein. Sogar Jack Nicklaus und Bernhard Langer, deren Golftalent ehrfurchtgebietend ist, haben ihre persönlichen Eigenheiten: Jacks *fliegender Ellenbogen* und Bernhards Linkshandgriff.

Während es wichtig ist, daß man das Vertrauen hat, etwas beizubehalten, das funktioniert, ist es ebenso wichtig zu ändern, was nicht funktioniert. Die meisten Verbesserungen oder Änderungen können mit Hilfe des PZASA-Systems gemacht werden. Doch es gibt einige Elemente, die außerhalb des natürlichen Kontrollbereichs liegen. Wenn Sie ein Problem haben, das außerhalb Ihrer Kontrolle liegt, müssen Sie zugeben, daß Sie es haben und daß die normalen Korrekturmaßnahmen einfach nicht helfen. Sonst ist das wie bei einem Alkoholiker, der nicht zugeben will, daß er ein Problem hat. Bernhard Langer zum Beispiel hatte echte Probleme mit den kurzen Putts. Mit Technik hatte das nichts zu tun; es war *psychologisch* bedingt. Er hatte den Mut zuzugeben, daß er nichts dagegen unternehmen konnte, also mußte er eine drastische Änderung in seinem Annäherungsschlag vornehmen, eine Änderung, die der Welt zeigen würde, daß er dieses Problem hatte.

Er machte den ungewohnten Schritt, daß er die linke Hand unter die rechte verlagerte, und es funktionierte. Es gibt viele, die ähnliche Probleme haben aber nicht zugeben, daß sie wirklich ein Problem haben, das außerhalb ihrer Kontrolle liegt, und sie fahren fort, herumzubasteln — Putter wechseln, imaginäre Änderungen im Schlag — doch das Problem ist immer noch da. Dieses Problem, kurze Putts zu verpassen, obwohl sie vielleicht beim Üben gar kein Problem sehen, hat die Karriere vieler großer Golfer beendet.

Ich erinnere mich an einen Priester, der den Ball wunderbar schlug und zu mir kam mit einem Problem: Er spielte den Putt mit einem »Yip«. Die Attacke war so schlecht, daß ich meinen Augen nicht trauen konnte und glaubte, er mache Witze. Ich fragte ihn: »Haben Sie versucht, es selbst zu korrigieren?« Ich hoffte, auf der Stelle würde eine Art Wunder geschehen. Er antwortete: »Ich übe immer zuhause auf dem Teppich.« Ich dachte mir: »Sie üben wohl den Yip!« Dies war ein Fall, der außerhalb seiner Kontrolle lag und normale Ursachen- und Wirkungs-Kurven waren nutzlos. Ich erklärte ihm, es gäbe nichts anderes, als die Methode völlig zu ändern. »Sie werden linkshändig putten müssen.« Ich ging hin, holte einen neuen Linkshandputter und gab ihn ihm. Seinen alten Putter ließ ich in meinem Geschäft. Er versuchte einige Putts mit dem neuen Schläger und tatsächlich, das Rucken blieb aus. Er führte wenigstens einen anständigen Schlag damit aus. Ich ließ ihn auf dem Grün zurück und dachte, mein Name würde weit und breit bekannt wegen meiner Kur für das Unkurierbare, da er ein bekannter Golfer in der Gegend war.

Das Übungsgrün liegt neben dem 9. Grün, und eines Tages erteilte ich dort Unterricht, als ich in der Ferne den Priester die 9. in Richtung Grün hinunterkommen sah. Er bemerkte nicht, daß ich ihn beobachtete. Nach seinem zweiten Schlag auf dem Grün schickte er sich an, eine Weile in seiner Golf-Tasche herumzusuchen. Schließlich schlenderte er mit einem Putter auf das Grün. Ich war nicht sicher, welcher es war, also mußte ich abwarten, und siehe da, er war tatsächlich zu seiner alten »Yip«-Spielweise zurückgekehrt und verwendete seinen alten Putter, den er während meiner Abwesenheit aus dem Geschäft stibitzt hatte. Sein Putt war so schlecht wie eh und je, doch er war nicht bereit, zuzugeben, daß er ein Problem hatte, das außerhalb seiner Kontrolle lag und wollte nicht ungewohnt spielen, um Ergebnisse zu erzielen.

In einem anderen Spiel, das Sie sicherlich kennen, nämlich Snooker, gab es einen Spieler, der schlecht sah; und das wurde noch verschlimmert durch die Tatsache, daß seine Augen, wenn er sich bückte, um zu spielen, über die Brille hinweg auf die Kugel schauten. Er akzeptierte, daß er ein echtes Problem hatte, und ließ sich eine Brille anfertigen, die etwa dreimal so groß war wie eine normale. Er sah komisch aus, aber wenn er sich bückte, um einen Schlag auszuführen, schauten seine Augen *durch* die Brille. Und obwohl er seltsam aussah, gewann er schließlich die Weltmeisterschaft im darauffolgenden Jahr.

Wenn Sie ein echtes Problem haben, seien Sie bereit, es zuzugeben, und versuchen Sie einen anderen Annäherungsschlag.

Wenn Sie »Chip-Yips« spielen, seien Sie bereit, mit der linken Hand unter der rechten zu spielen oder spielen Sie sogar linkshändig; nur so werden Sie es ausmerzen.

Das Merkmal eines echten Meisters ist, den Mut zu haben, zuzugeben, daß er ein Problem hat und, wenn nötig, ein wenig ungewöhnlich auszusehen, um es zu korrigieren.

Unglücklicherweise werden einige Golfer mit einem bestimmten Problem in Verbindung gebracht. Ihr Ruf wird damit verbunden, und es geschieht oft, daß es auf merkwürdige Art zu einer Versicherung für den Spieler wird. Er wird ansonsten als ein guter Golfer bezeichnet, nur gibt es da dieses kleine Problem. Mit der Zeit wird der Spieler mit dem Problem fest verknüpft, welches er haßt, und er entwickelt eine Besessenheit, zu versuchen, es zu korrigieren. Man könnte fragen, wen er eigentlich blufft.

Vielleicht ist er glücklich, in seiner Spielweise gefangen zu sein. Golfer kommen zu mir und sagen : »Ich habe ein gutes Kurzes Spiel«; dann denke ich sofort, daß sie ein schlechtes Langes Spiel haben. Wenn ich ihr Langes Spiel verbessere, neigt ihr Kurzes Spiel zur Verschlechterung, teils wegen der Technik aber oft auch, weil der Spieler ein ihn zufriedenstellendes Punkteergebnis erzielt hat. Würde er wesentlich bessere Resultate als früher erzielen und immer gewinnen, stünde er unter einem zu starken Druck, sowohl geistig als auch körperlich, mehr als der Golfer verkraften könnte. Deshalb dieses Sicherheitsventil; er hat immer noch den Ruf aber nicht die Erkenntnis »ist es nicht schade, daß er nicht chippen kann?«

Wenn Sie etwas haben, das funktioniert, lohnt es sich, mit zielbewußter Bestimmtheit dabei zu bleiben; andererseits, wenn Sie ein echtes Problem haben, seien Sie bereit, es zuzugeben, und *umgehen Sie es, indem Sie eine völlig andere Art von Schlag spielen.*

Das kurze Spiel

15. Kapitel

Es war bei 145 Yard am 8. Loch im Jahre 1868, als Tom Morris das erste beurkundete Loch mit einem Schlag erzielte; und von einem Amerikaner, Bob Metere, sagt man, daß er 1965 mit dem weitesten Schlag, der je registriert wurde, ins Loch traf und zwar in ein Loch einer leicht abwärts geneigten Bahn von 447 Yards Länge.

Hinsichtlich des Wettkampf-Spiels ist eine der vielen Faszinationen die Art und Weise, wie ein Teilnehmer sich aus einer scheinbar ausweglosen Situation durch einige präzise Schläge auf dem Grün herauswinden kann. Es wird Ihnen aufgefallen sein, daß bei Profiturnieren die Zuschauer auf den Galerien ihren enthusiastischen Applaus dem Spieler zukommen lassen, der den Ball pitchen oder dicht an das Loch chippen kann.

Tatsache ist, daß viele Spieler vor diesem Schlag erblassen, doch meines Erachtens ist er nicht besonders schwierig. *Der Schlüssel zum Erfolg ist die Fähigkeit, mit dem Ball viel Loft über eine kurze Distanz zu erreichen* (siehe Abb. 111).

Erreichen Sie Höhe bei Ihren Chips?

Wenn Ihre Ansprechposition korrekt ist, sollte dieser Schlag zur Routine werden. Wenn Sie andererseits Schwierigkeiten auf diesem Gebiet haben, oder mit dem Kurzen Spiel allgemein, dann wird es Zeit, daß Sie sich Ihre *Griffhaltung* genau ansehen.

In früheren Kapiteln diskutierten wir den korrekten Griff. Wir erklärten die Konsequenzen, die sich ergeben, wenn man die rechte Hand in einem Hook-Griff hält und so immer einen Hook produziert, einfach weil der Schlägerkopf im Treffmoment immer geschlossen sein wird. Sie sollten nicht vergessen, daß die Hooks auf alle Schläge anwendbar sind, sowohl auf genaue, schwierige Schläge wie auch auf den Drive (siehe Abb. 110).

Eine andere Konsequenz eines geschlossenen Schlägerkopfes ist die Unfähigkeit, genügend Loft für den Ball zu bekommen. Das kann auch in verpatzten Schlägen resultieren, da der Annäherungswinkel zu flach ist, und so bewirkt, daß der Schläger vor dem Ball in den Boden trifft.

Jetzt wollen wir die Ansprechposition für den Chip betrachten. So wie die linke Seite der Schlüssel zum Langen Spiel, ist die rechte Hand äußerst wichtig für das Kurze Spiel. Im Kurzen Spiel geht es um Feinfühligkeit und Gefühl — quasi der sanfte Anschlag, den ein Pianist beherrscht. Ihr Rechtshandgriff muß durch die Finger gebildet werden.

Die Ansprechposition

Es ist wichtig sicherzustellen, daß der Linkshandgriff durch die Finger gebildet wird, bei offener Fußstellung, nach links gerichtet und dabei viel Platz lassend, damit sich die Hände frei durch die Anschlagzone bewegen können. Plazieren Sie dann das Schlägerblatt hinter den Ball und richten Sie es auf das Ziel.

Die linke Hand entspannt, spielen Sie dann den Schlag mit den Fingern der rechten Hand, und aufgrund der offenen Fußstellung haben Sie genug Raum, der Linie entlang zu schwingen, die Sie fühlen, leicht von *außen* und nach *innen.* Wegen des schwachen Griffes: Die rechte Hand gut über dem Schläger postieren, so daß sich der Schläger automatisch im Treffmoment öffnen und so die nötige Höhe geben kann (siehe Abb. 111).

Der Sand-Schlag — Der Bunker

Das Wort »Bunker« wurde zuerst von Sir Walter Scott gebraucht, um niedrige Mulden zu beschreiben, in denen Schafe Schutz fanden, und wurde später auf Golfplätzen gebraucht, wo ähnliche Mulden den rollenden Ball stoppten. Mit der Zeit wurde der Bunker tiefer und verlor aufgrund wiederholter Befreiungsschläge seinen Grasmantel, vor allem als die Eisenschläger beliebt wurden. Diese sandigen Mulden wurden als heutige Bunker auf allen Golfplätzen errichtet.

Der Sand-Wedge (Bunker-Schläger)

Auf seinem Weg zum Sieg in den British Open in Hoylake im Grand-Slam-Jahr 1930 verwendete Bobby

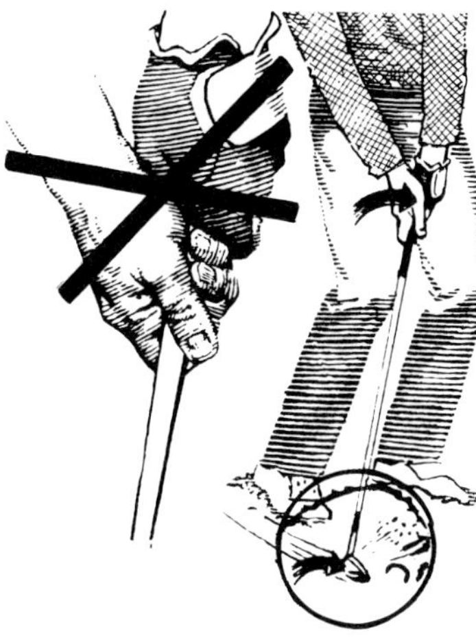

Dieser Griff »verschließt« die Schlagseite beim Aufprall

Abb. 110

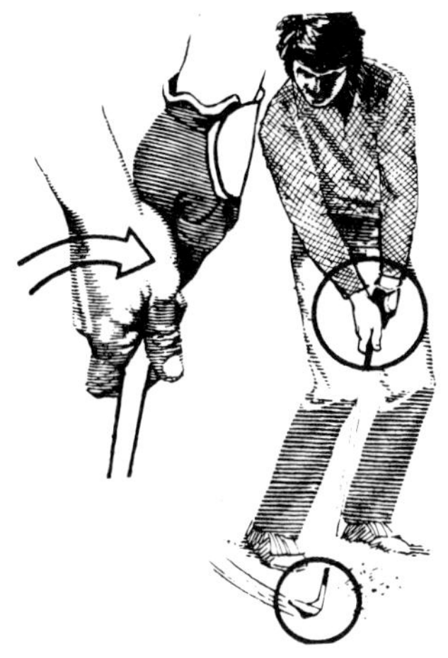

Korrekter Griff

Abb. 111

Jones einen Schläger, der speziell für Sandschläge entwickelt worden war.

Er hatte einen konvexen Schlägerkopf, und die britische Golfkörperschaft »Royal and Ancient« erklärte ihn später für illegal. Es wurde behauptet, der Spieler könne den Ball bei ein- und demselben Schwung wegen des großen konvexen Schlägerblatts zweimal schlagen. Gene Sarazen behauptet, daß er 1933, während einer Flugstunde, den Steuerknüppel nach hinten zog, und sah, wie sich dadurch die Schwanzklappen senkten, während sich die Nase des Flugzeuges hob. Er verband dies sofort mit dem Prinzip des Sandspiels.

Wenn die Hinterkante der Schlägerkopfsohle niedriger wäre als die Vorderkante, würde der Schläger wirkungsvoller durch den Sand schneiden und einen *Explosionsschlag* zulassen, ohne zu graben wie ein konventioneller Golfschläger. So wurde der Sand-Wedge geboren. 41 Jahre später lochte Gene Sarazen seinen Anschlag bei 126 Yard, dem 8. Loch, ein — bekannt als »Postage Stamp« auf dem Troon-Golfplatz anläßlich der Open 1973.

Der Bunker-Schlag

Beim Bunkerspiel ist es wichtig, zu erkennen, daß der Sand mit seiner losen Struktur anders reagiert als Erde. Das Hauptproblem bei einem Bunkerschlag entsteht, wenn das Schlägerblatt geschlossen ist und so den Sand vor sich ansammelt, was einen verpatzten Schlag ergibt. Vergessen Sie nicht, der Sand-Wedge war nie für einen Gebrauch als Bulldozer bestimmt.

Beim Sandschlag gilt die gleiche Technik wie beim Kurzen Spiel. Sie richten Ihre Füße und Schultern nach links vom Ziel aus, nur den Schlägerkopf richten Sie direkt aufs Ziel. Um das zu tun, muß der Schlägerkopf *offen gelassen* werden. Sie sollten mit dem Schlägerkopf etwa fünf Zentimeter hinter dem Ball zielen. Der Schwung muß *außen-nach-innen* verlaufen oder quer durch den Ball gehen, wobei das Schlägerblatt immer offen oder himmelwärts gerichtet bleibt. Versuchen Sie das Gefühl zu bekommen, daß der Schlägerkopf unter den Ball gleitet, statt gegen ihn. Stellen Sie sich vor, ein Insekt würde den Ball hochheben, und Sie wollten ihm die Beine unter dem Leib wegschlagen (dem armen Tier!).

Es besteht eine große Versuchung bei den Handicap-Spielern, nach dem Ergebnis eines Schlages zu schauen, bevor der Schlag beendet ist. Bei den Bunkerschlägen kann die Notwendigkeit, den Kopf während der gesamten Aufgabe still zu halten, nicht oft genug betont werden. »Auf den Punkt schauen, wo der Ball war« sollte Ihr Motto sein.

Schließlich verlangt das Herausschlagen eines Balles aus dem Sand bedeutend mehr Kraft als der unerfahrene Spieler vermutet. Anfänger bedenken oft nur die relativ kurze Entfernung, die der Ball von einem Bunker am Grün zurücklegen muß.

Wegen der hohen Resistenz des Golfsandes ist jedoch ein voller Schlag absolut notwendig. Der »Explosions-Schlag« (ein Schlag aus dem Sandbunker) sollte mit dem gleichen Tempo gespielt werden, das notwendig ist, um einen Ball aus schwerem, rauhem und unebenem Gelände zu holen.

Die Entfernung, die der Ball beim Herauskommen aus dem Bunker zurücklegen wird, wird nicht durch einen unterschiedlichen Schwung bestimmt, sondern durch den Punkt, wo der Schläger hinter dem Ball mit dem Sand in Kontakt kommt. Die Struktur und somit die Resistenz des Sandes können durch das Hineinfinden der Füße in die endgültige Stellung beurteilt werden.

Zusammenfassung

Welchen Schlag Sie auch auf dem Grün ausführen, wenden Sie das System an. Es lohnt sich immer, sich daran zu erinnern, daß Sie Genauigkeit anstreben, nicht Flugweite. Sie wenden keinen vollen Golfschwung an, sondern einen kurzen Rückschwung mit einem Durchschwung aus dem Handgelenk. Es ist klar, daß Sie, wenn Sie einen langen Rückschwung ausführen, der Ball jedoch nur eine kurze Distanz zurücklegen soll, dazu neigen, im unteren Sektor des Schwunges langsamer zu werden. Viel besser ist es jedoch, einen kurzen, kompakten Rückschwung auszuführen, wobei der Schlägerkopf im unteren Sektor des Schwunges beschleunigt wird. Es ist eher ein Schnipsen als ein Schlag. Wenn Sie auf dem Grün mit steifen Handgelenken spielen, werden Sie kein *Gefühl* entwickeln können. Alle guten Golfspieler spielen das Kurze Spiel aus dem Handgelenk.

P Positionieren Sie sich so, daß sich der Ball direkt zwischen Ihnen und dem Ziel befindet.

Z Halten Sie den Schläger so in der rechten Hand, daß er sich dem Ball gerade von hinten nähert; richten Sie den Schlägerkopf auf das Ziel.

A Richten Sie Ihre Füße links vom Ziel aus, damit ist die linke Seite aus dem Weg und erlaubt den Armen durchzuschwingen. Verlagern Sie Ihr Körpergewicht auf den linken Fuß und positionieren Sie den Ball gleichzeitig nach hinten in den Stand (es sei denn, Sie wollen einen Schlag in die Luft ausführen, dann spielen Sie den Ball vom vorderen Fuß).

S Schwingen Sie den Schläger der Linie Ihrer Füße entlang.

A Achten Sie darauf, daß der Schlägerkopf im unteren Sektor des Schwunges auf das Ziel gerichtet ist (ich ermuntere immer zu einem kurzen Rückschwung mit beschleunigtem Schlägerkopf für den Chip); achten Sie ebenfalls darauf, den Schlägerkopf aus Ihren Handgelenken heraus schwingen zu lassen.

Das Putten

16. Kapitel

»Ping, Ping, Pung, Ping.«

Im Gegensatz zu den amerikanischen Spielern scheinen die europäischen die Wichtigkeit des Puttens nicht zu erkennen. Man hört sie oft darüber klagen, daß Sie aus zwei oder drei Fuß den Putt verschlagen. Ein Freund von mir war beim Curtis-Cup auf dem vom Wind gepeitschten Golfplatz Royal Lytham. Er registrierte mit Interesse, daß die britischen und irischen Damen bei schlechtem Wetter mit langen Eisen, Drivers usw. auf dem Übungsgrün spielten. Die Amerikanerinnen hingegen nutzten den Schutz des Klubhauses, um ihr Kurzes Spiel zu üben, um das *Gefühl* für das Grün zu bekommen. Es war eine Ironie, denn wenn die Europäerinnen nicht fähig gewesen wären, den Ball vom Tee zum Grün zu schlagen, wären sie gar nicht erst ausgewählt worden. Konstant gutes Putten kann nur durch konstantes Üben erreicht werden. Es ist der Teil des Spieles, bei dem Sie in der Lage sein müßten, zu Jack Nicklaus zu sagen: »Kommen Sie, ich kann es mit Ihnen auf dem Grün aufnehmen.«

Wie das Loch entstand

Im holländischen Spiel, dem »Kolf«, spielte man den Ball auf einen Stock im Boden zu. Es scheint merkwürdig, daß in jenen vergangenen Zeiten Vergehen und Vandalismus für die Erfindung des Loches verantwortlich waren. Der Stock wurde immer wieder von unsichtbaren Händen entfernt, und nach einer Weile, als die Kolfspieler es leid waren, den Stock zu ersetzen, spielten sie einfach den Ball in das Loch, welches der Stock hinterlassen hatte. Viele Spieler wünschen heute, daß der Stock, der damals benutzt wurde, dicker gewesen wäre.

Wie wichtig das Putten ist, wird einem sofort klar, wenn man bedenkt, daß die Hälfte aller Schläge, die ein Par von 72 ergeben, für zwei Putts auf dem Grün bestimmt sind. Es ist also angemessen, daß man von Anfang an eine positive Einstellung zum Üben hat. Lee Trevinos Worte sollten jedem Golfer gegenwärtig sein: »Man muß fühlen, daß man ein guter Putter ist, um auch einer zu sein.«

Abb. 112

Ich glaube, die Herausforderung kann unter drei Haupttiteln angegangen werden: 1. Ansprechposition, 2. Routine, 3. »Einloch-Einstellung« (siehe Abb. 112).

Set-up

Alle Topspieler haben eine gute Körperhaltung, und in diesem Zusammenhang ist es wichtig, festzuhalten, daß je schlechter das Putten ist, die Tendenz, sich zu ducken, zunimmt. Scheuen Sie sich nicht, in Ihrer vollen Größe dazustehen; es wird Ihnen eine bessere Sicht für die Linie des Putts zum Loch ermöglichen.

Je weiter der Spieler vom Ball entfernt steht, desto größer wird der Bogen der Schläge. Das wird in einem Minimum an Hand- und Schulterbewegung resultieren und somit den Fehlerspielraum reduzieren.

Das Körpergewicht sollte fest auf dem linken Fuß gelagert sein. Wenn das Gewicht auf dem rechten Fuß lastet, besteht die Tendenz, bei den Putts auszuscheiden, während es der korrekte Annäherungsschlag einem erlaubt, durch den Ball zu schlagen und dabei den Putterkopf nach dem Treffmoment weiter gegen das Loch gehen zu lassen. Alle guten Putter sind sich darin einig.

Wenn man den Schlag ausführt, ist es wichtig, daß man seine Augen direkt auf den Ball gerichtet hat. Wenn man sich außerhalb der geraden Ausrichtung befindet, ist es unumgänglich, daß die Linie zum Loch verzogen sein wird. Eine einfache Methode, Ihre Sichtlinie (beim Üben) zu testen, ist, einen Ball aus Augenhöhe fallen zu lassen. Wenn er den Spiel-Ball nicht trifft, befinden Sie sich außerhalb der Linie.

Die Wahl des Putters und der Griff sind individuell. Wählen Sie einen Putter, der Ihnen bequem erscheint. Vergessen Sie nicht, wenn das Gefühl nicht richtig ist, wird es nicht richtig funktionieren. Die meisten Leute wenden den umgekehrten »over-lap-grip« (Überlappungsgriff) an, bei dem der Zeigefinger der linken Hand auf der rechten Hand ruhen kann. Putts sollten im allgemeinen mit der rechten Hand geschlagen werden und es dabei dem Spieler ermöglichen, den Putter nach dem Treffmoment gegen das Loch zu bewegen und so den Ball in der Linie zu halten.

Routine

Entscheiden Sie sich für eine Routine und bleiben Sie dabei. Vergessen Sie nicht, daß Wiederholung die einzige Möglichkeit ist, sicherzustellen, daß der Schlag auch unter Druck funktioniert. Ein Beispiel für Routine ist die Angewohnheit von Jimmy Connors, dem berühmten Tennisspieler, den Ball viermal springen zu lassen, bevor er ihn aufschlägt.

Einstellung

»Die Kämpfe des Lebens gewinnt nicht immer der stärkste oder schnellste Mann, am Schluß ist es der Mann, der glaubt, daß er es kann.« Dieses Zitat gilt für alle Bereiche des Golfspiels, vor allem aber für das Putten. Leider verdammen sich viele Golfspieler zu schlechten Puttern.

Wenn ein Spieler sagt: »Ich bin ein schlechter Putter« oder »Wenn ich doch nur putten könnte« usw., wird er die Kunst nie beherrschen. Probleme beim Putten begründen sich in einer negativen Einstellung.

Haben Sie keine Angst, einen Putt zu verpassen

Bedenken Sie die geistige Haltung eines Mannes, der gebeten wird, über eine Latte zu gehen, die auf dem Boden liegt. Kein Problem. Wenn die Latte aber zwischen zwei Wolkenkratzer gelegt wird (einem vollen Schlag entsprechend), gewinnt sein bewußter Verstand die Oberhand, und die Angst zu stürzen wird so dominierend, daß er die Herausforderung nicht annehmen kann.

Anders ausgedrückt: Die Angst zu stürzen, hat in dieser Situation dominiert und nicht die einfache Übung des Gehens. Das Putten stellt ein ähnliches Problem. Wenn sich ein Spieler zu intensiv mit den Begründungen beschäftigt, weshalb er einen bestimmten Putt versenken muß — erinnern Sie sich an Doug Sanders Drei-Fuß-Schlag bei der Offenen Meisterschaft 1970 in St. Andrews-, werden seine Erfolgschancen erheblich reduziert.

Glauben Sie, daß es sich Jack Nicklaus oder Tom Watson leisten können, an andere Dinge zu denken, wenn sie mit einem Vier-Fuß-Putt für den Haupttitel konfrontiert werden? Natürlich nicht. Tatsache ist, daß sie ihren Verstand so trainiert haben, daß er sich auf die unmittelbare Aufgabe, den Ball in das Loch zu spielen, konzentriert und auf nichts anderes.

Die beste Möglichkeit, das zu erreichen, ist, positiv zu denken. Der Ball geht in das Loch — er kann es nicht verpassen. Stellen Sie es sich bildlich vor, wie Sie den Ball aus dem Cup holen, nachdem der Putt hineingegangen ist.

Harry Bradshaw schließlich, einer der großen Putter, faßte seine Einstellung kurz und bündig zusammen, als er sagte: »Ich sehe nur das Loch.«

Üben Sie Ihr Putten

Üben Sie Ihr Putten, da es schätzungsweise 43 % des Spiels ausmacht. Physische Stärke brauchen Sie nicht, um ein guter Putter zu werden. Das Putten können Sie überall üben. Entwickeln Sie eine Routine und halten Sie sich daran. Suchen Sie einen Putter aus, der zu Ihnen paßt. Denken Sie nicht so sehr an die Methode, sondern mehr an das Resultat. Mit anderen Worten: Denken Sie nicht an die Technik, wie Sie den Ball schlagen werden, sondern trauen Sie Ihrem Körper zu, das für Sie zu tun. Es gibt nur Sie, den Ball und das Loch. Es lohnt auch, sich daran zu erinnern, daß ein Putt ein Miniatur-Golfschlag ist. Bobby Locke, der als einer der größten Golfer aller Zeiten angesehen wird, verwendete die gleiche Routine für das Driven wie für das Putten. Er hörte das Geräusch. Als er gebeten wurde, das zu erklären, erwiderte er: »Ich höre auf den Ton, den der Ball auf dem Putterkopf erzeugt — Ping, Ping, Pung, Ping.« Wenn Sie den Putt so gut wie jeden anderen Schlag spielen, wird der Ball dorthin gehen, wohin Sie ihn haben wollen. Wenn der Ball einen hohlen Ton erzeugt, (Pung), wurde er nicht gut getroffen. Locke war der lauteste Putter auf dem Golfplatz.

Da der Putt ein Miniaturgolfschlag ist, ist es auch genauso wichtig, daß der Schlägerkopf in der Schlagzone zum Ball freigelassen wird; der Putterkopf muß auf den Ball losgelassen werden. Viele Putts werden dadurch verpaßt, daß sie nach links *gezogen* oder nach rechts *geschoben* werden; in allen Fällen entsteht das Problem, daß der Körper sich auf ihn zu bewegt hat. Das Geheimnis ist, den Putterkopf freizulassen (nicht den Körper), und nicht mit ihm zu gehen, d.h. Ihrem Körper und vor allem Ihrem Kopf nicht zu erlauben, sich vorwärts zu bewegen. Gebrauchen Sie Ihren Kopf, aber bewegen Sie ihn nicht! Denken Sie an das Experiment mit dem Gummiband — das Strecken und Gehenlassen des Gummibandes, ohne dabei selbst mitzugehen. Das Loslassen wird durch das Gebrauchen der rechten Hand erreicht.

Wenn Sie schließlich ein Problem mit sehr kurzen Putts, einem leichten »Yip« haben, dann wenden Sie den Hurling- oder Langer-Griff an. Plazieren Sie Ihre linke Hand unter die rechte, da dies Ihre linksseitige Kontrolle unterstützt. Ihre linke Hand tendiert dahin, sich weiterhin nach außen auf das Loch zuzubewegen, wenn Sie den Ball schlagen, und Sie so daran zu hindern, sich auf ihn zuzubewegen.

Übungsmethoden

1. Eine Übungsmöglichkeit ist, eine Zigarettenschachtel vor das Loch zu legen und zu putten, um sie zu treffen. Das ist ziemlich einfach, und Ihre Erfolgsrate wird relativ hoch sein. Der nächste Schritt ist, die Schachtel wegzunehmen und auf das Loch zu putten. Da das Loch und die Zigarettenschachtel dieselbe Breite haben, sollten Sie, wenn Sie die Schachtel treffen können, auch mit dem Loch keine Mühe haben.

2. Beginnen Sie damit, die kurzen Putts zu üben, und verlängern Sie den Putt dann langsam. Hier ist die Routine: Nehmen Sie einen 6 inch Putt; wenn Sie diesen einlochen können, gehen Sie auf 12 inch, dann auf 2 Fuß und so weiter. Putten Sie bis zu der Distanz, bei der Sie verfehlen; beginnen Sie dann wieder bei 6 inch und arbeiten Sie sich durch.

3. Eine Methode, »Gefühl« zu entwickeln, ist, mit geschlossenen Augen zu üben, und wenn Sie den Ball geschlagen haben, müssen Sie sagen, wo er landete. Ob er links, rechts, zu kurz, zu lang oder sogar im Loch war. Das hilft Ihnen, ein Gefühl für den Kopf des Putters zu entwickeln, und wird Ihnen helfen, sich bewußt zu machen, ob Sie das Schlägerblatt des Putters öffnen oder schließen, wenn Sie den Ball schlagen. Instinktiv wird es Ihnen daher helfen, beim Schlagen des Balles den Putter zum Loch hin schwingen zu lassen.

Alcan Golf at Portmarnock

Strategisches Verhalten auf dem Golfplatz

17. Kapitel

Eine Runde Golf spielen

Bevor wir die Strategie untersuchen, mit der wir einen Golfplatz erfolgreich bewältigen, müssen wir uns die wichtigen Einflüsse auf die Gestaltung und deren Entwicklung vergegenwärtigen.

Der wichtigste Einfluß auf die Gestaltung von Golfplätzen kam von St. Andrews. Die St. Andrews-Anlage wurde führend, dann zur Norm und schließlich von den früheren Gestaltern übernommen (siehe Abb. 113).

Bis ins Jahr 1764 wurden in St. Andrews insgesamt 12 Löcher gespielt; elf wurden auf dem Hinweg und elf auf dem Rückweg gespielt. Tees und Grüns, wie wir sie kennen, gab es nicht. Man spielte auf das Loch, dann zwei Schlägerlängen von diesem Loch entfernt auf das nächste. Später beschloß man, aus den ersten vier Löchern zwei zu machen, und da auf dem Hin- und Rückweg dieselben Grüns gebraucht wurden, *wurde die Runde auf 18 reduziert; das ergab dann schließlich die Standardrunde.* Erst im Jahr 1832 wurden achtzehn separate Löcher eingeschnitten, und heute gibt es insgesamt 11 Grüns, sieben davon werden doppelt und vier als Einzelgrün bespielt.

Der Platz wird von dem Management eines St. Andrews Treuhandmanagementkommitees geleitet, in welchem die Royal Ancient und die lokale Behörde zu gleichen Teilen vertreten sind. Zuvor war der Platz Eigentum der Stadtbevölkerung von St. Andrews, welche bis 1946 auch unentgeltlich Golf spielen konnte.

Der Einfluß von St. Andrews ist auch in anderen Gebieten sichtbar. Die Mehrheit unserer älteren Golfplätze folgt dem St. Andrews-Muster und verläuft im Gegenuhrzeigersinn, wobei die Abgrenzungen auf der rechten Seite sind. Royal Dublin in Irland ist ein gutes Beispiel hierfür. Es ist auch kein Zufall, daß der Slice ein typisches Merkmal des irischen Spiels ist, eben wegen dieses Faktors. Es ist eine instinktive Reaktion, von der Abgrenzung wegzuzielen, eine *offene Ansprechsposition* zu haben, was einen Schwung von außen nach innen begünstigt und unweigerlich zu einem Slice führt. Allerdings bewirkt das betonte »den-Ball - von - Schwierigkeiten - wegschlagen« nur, daß die Lage des Golfspielers erschwert wird.

Warum die führenden Berufsspieler von Dünenplätzen besonders angezogen werden, kommt daher, weil diese eine völlig natürliche Herausforderung darstellen. Lee Trevino sagte es kurz und bündig mit den Worten: »Sie gingen einfach auf ein Feld und sagten, laß uns Golf spielen.« Die Konturen des Landes werden erhalten und zum Teil verschönert, und bilden so eine Herausforderung, die in völligem Einklang mit dem ursprünglichen Konzept des Spieles steht. Bis zu einem gewissen Grad

Abb. 113

St. Andrews — Die Heimat des Golfs

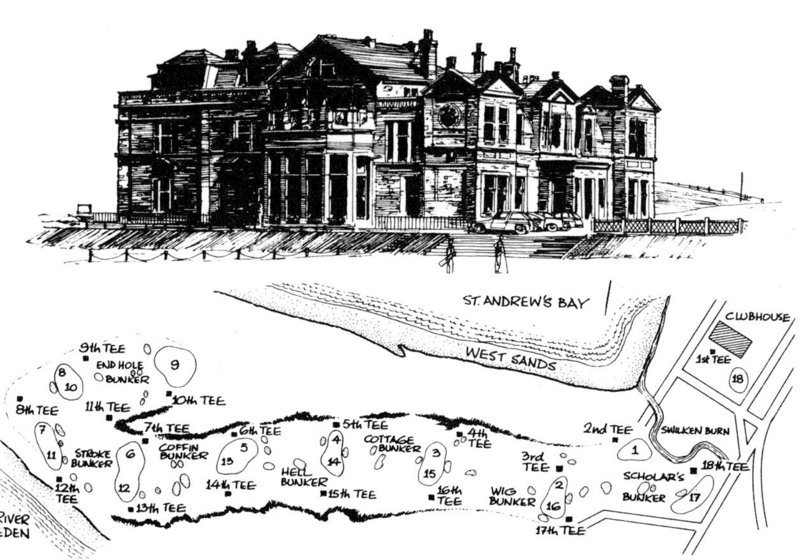

kann das auch von Plätzen im Landesinnern gesagt werden; nichtssagendes Land erfordert natürlich Änderungen, die das Terrain verschönern und damit auch die Herausforderung steigern.

Auf den älteren Plätzen gibt es *blinde* Löcher (ein Loch, wo man einen Schlag ausführen muß, ohne das Ziel sehen zu können); der »Dell« und der Klondyke im Golf Club Lahinch sind gute Beispiele dafür. Die Oberfläche dieser an der See gelegenen Plätze ist uneben (Johnny Miller bemerkte, es scheine ihm, es gäbe Fußabdrücke eines Elefanten auf den Fairways in Muirfield), was oft zu einem unglücklichen Hochspringen des Balles führt.

Andererseits wurden viele der amerikanisch angelegten Plätze mit vielen künstlich angelegten Eigenschaften konstruiert.

Traditionsbewußte Spieler wie Peter Thompson sind gegen diese Art von Gestaltung, vor allem, wenn sie große, künstliche Wasserhindernisse enthält. Thompson war in der Lage, genaue Pitch-and-Run-Schläge zu spielen, wobei er die natürlichen Bodenverhältnisse nutzte, was ihm zum Sieg bei fünf British Open verhalf.

Die russische Verbindung

Die amerikanischen Anlagen fordern die Spieler dazu auf, den Ball zum Flaggenstock zu tragen. Dies wird manchmal als Zielscheibengolf bezeichnet. Die Amerikaner finden, es sollte ein gerechtes Spiel sein, und verbannen das Glück aus dem Spiel. Sie sind natürlich auch völlig gegen den Blindschlag. Arnold Palmer zeigte den deutlichen Meinungsunterschied der führenden Spieler zu diesem Aspekt der Platzgestaltung, als er während seines Besuches des neuen Platzes in Tralee sagte: »Ich habe nichts gegen Blindschläge, vorausgesetzt, sie sind nicht in meiner Anlage.«

Der Wortführer der modernen Golfplatzarchitekten ist Robert Trent Jones, dessen Plätze man überall auf der Welt findet, sogar in Moskau. Ein interessanter Aspekt von Jones »Rußlanderfahrung« ist, daß nur eine Bahn des geplanten Platzes gebaut worden ist. Die Idee für das Unternehmen war Teil eines Versuches in den 50er Jahren, die Ost-West-Spannungen zu lockern. Die Russen beschlossen, einen Golfplatz zu bauen, den der große Liebhaber des Spiels, Dwight Eisenhower, eines Tages genießen würde. Dann kam jedoch der Kalte Krieg dazwischen und das Projekt, das kaum begonnen hatte, wurde kurzerhand abgebrochen.

Trent Jones, welcher den zweiten 18er Platz in Ballybunion gestaltete, ist wahrscheinlich bestens bekannt für seine ausgezeichnete Arbeit an der Costa Del Sol in Spanien. Hervorragende Plätze von ihm sind Andalucia, Mijas und der alte und neue Sotogrande.

Der interessanteste Aspekt von Jones Anlagen ist der, daß er dem angehenden Golfspieler einen äußerst lohnenden Einblick in das Golfplatzmanagement geben kann. So bietet er dem Spieler zum Beispiel praktisch immer zwei Routen für jedes Grün an: Er hat die Wahl zwischen einem einfachen Drive mit einem schwierigen Annäherungsschlag oder einem gewagten Drive, welcher bei perfekter Stellung mit einem Schlag zum Flaggenstock belohnt wird. Diese Anlageeigenschaft findet man auch auf vielen irischen Plätzen.

Den Platz bespielen

Eine Runde Golf spielen ist wie eine Reise machen. Der Golfspieler geht mit erneutem Optimismus an jedes Spiel heran. Jedesmal, wenn er am ersten Tee steht, erlebt er eine Wiedergeburt. Jeder Spieler hat die Ambition, in den frühen Stadien die magische Hundertergrenze zu brechen. Es ist interessant, festzuhalten, daß sie zum ersten Mal im Jahr 1767 von James Durham gebrochen wurde, der den Solver Club in St. Andrews mit einem Resultat von 94 gewann, und dieses Resultat sollte 86 Jahre lang ungeschlagen bleiben. In kleinerem Rahmen war es Allan Roberts, der als erster die 80 auf dem alten Platz von St. Andrews brach, und er wird von einigen als der Spieler bewundert, welcher den Eisenschlag zum Grün einführte; diese Schläge waren zuvor mit einem »Baffy«, einem älteren Holzschläger mit schmalem Blatt gespielt worden. Al Geiberger war der erste, der in einer Wettkampfrunde auf dem U.S. Circuit 1972 die 60 brach.

Es wird oft gesagt, daß die Fähigkeit eines Spielers, schlecht zu spielen und doch gute Resultate zu erzielen, der Maßstab für seine Qualität sei. Dies ist ein klassisches Beispiel, wo ein einzelner innerhalb seiner Grenzen operiert. Ein Schlüsselfaktor in diesem Zusammenhang ist ein gutes Kurzes Spiel, welches dem Spieler ermöglicht, durch einen perfekt geschlagenen Chip oder Putt die Mittelmäßigkeit seiner Drives oder Annäherungsschläge wiedergutzumachen.

Am Ende ist es immer das Resultat, das zählt. Es kann oft vorkommen, daß Sie den Ball vom Tee zum Grün schlagen, und dann schlecht putten, und wenn Sie das nächste Mal auf dem Platz sind, spielen Sie vielleicht schlecht, putten aber gut.

Wenn ein potentiell guter Spieler wegen einer Unterrichtsstunde zu mir kommt und sagt, er habe ein gutes Kurzes Spiel, dann setze ich voraus, daß sein Langes Spiel schlecht ist, da er mit seinem Kurzen Spiel Punkte erzielte und jetzt mit einem zusätzlichen guten Langen Spiel gewinnen will.

Um aber gute Resultate erzielen zu können, müssen Sie geistig stark sein. Es ist einfach, einen Putt mit eins über Par oder Par einzulochen, aber schwierig, den gleichen Putt mit einem Birdie einzulochen.

Potentiell gute Spieler führen sich oft selbst in die Irre. Sie sind besessen von ihrem Putt-Durchschnitt. Sie lesen über die großen amerikanischen Putter — Trevino, Crenshaw, Watson —, deren Resultate nur mit regelmäßig getroffenen Grüns erzielt werden können. Der Spieler mit hohem Handicap mag denken, daß sein Durchschnitt von 32 Putts pro Runde gut ist. Das sind vier weniger als die akzeptablen zwei pro Loch — aber wie viele Grüns hat er verpaßt? Und wie viele Chips hat er vom Rand des Grüns mit zwei Schlägen ausgeführt? *Ehrlichkeit ist lebensnotwendig für den Spieler.* Er muß bereit sein, nach einem guten Resultat sein Spiel zu analysieren und die hervorgetretenen Schwächen zu akzeptieren. Wenn er gut puttete und ein mittelmäßiges Resultat erzielte, muß sein Langes Spiel fragwürdig gewesen sein, und das gleiche gilt umgekehrt: wenn sein Langes Spiel präzise war und nur einen annehmbaren Ertrag brachte, hatte der Spieler offensichtlich Probleme auf dem Grün.

Potentiell gute Spieler neigen auch dazu, nur ihre guten Schläge zu üben, wenn doch genau das Gegenteil der Fall sein sollte. Der beste Rat, der je gegeben wurde, ist wahrscheinlich der des großen Amerikaners Sam Snead. Er sagte: »Ich konzentriere mich im allgemeinen auf die Schläger — auf den, mit dem ich anfange und auf den, mit dem ich aufhöre.« Dies ist ein eindeutiger Verweis auf den Driver und den Putter, die beiden produktivsten Schläger in einem erfolgreichen Golfspiel. Es ist sehr schwierig, eine gute Kombination des Langen Spiels und des Kurzen Spiels zu erreichen.

Die Spieler suchen manchmal einen Ausweg; unbewußt wollen sie dem Druck des Gewinnens ausweichen und entwickeln ein Ablaßventil. Das kann alles mögliche sein. Ich sehe oft, daß potentiell gute Spieler nach einer Ausrede suchen, wenn sie keine Resultate erzielen. Es mag das *Kleingeld* in der Tasche sein, die Farbe des Pullovers, das Blenden der Sonne auf dem Putter und so weiter (diese außerordentliche Hypersensibilität auf dem Golfplatz wird einem in Erinnerung gerufen durch die Geschichte des Fleischers von Lahinch, einem fanatischen Golfspieler, welcher bemerkte: »Es war ein so schöner Tag, die Sonne schmolz den Teer, und man konnte beinahe die Bienen husten hören.«).

Sie sollten nicht nach einer Ausrede suchen, wenn Sie nicht punkten, und lassen Sie sich nie stören durch ein Geräusch oder das, was Ihr Spielpartner macht. In Wahrheit suchen Sie nur einen Ausweg. Erinnern Sie sich daran, daß es nur ein *Zeitvertreib* ist, eine Verlängerung Ihrer Jugend, und wenn schreckliche Serien vorkommen wie ein Putt, der sich von der Lochkante wegdreht, und schlechte Lügen, so erinnern Sie sich immer an die berühmte Bemerkung von Nicklaus: »Niemand hat je gesagt, daß Golf ein faires Spiel ist.« Sie sind dort, weil Sie Freude daran haben und, wenn Sie bei einer Runde neue Freundschaften schließen, ist es umso besser. Walter Hagen sagte: »Vergessen Sie nicht, auf der Runde an den Blumen zu riechen«, und wenn Sie zusätzlich noch gut spielen, so sehen Sie das als Bonus an.

Der Golfplatz

Das *Startloch* ist unterschiedlich; im allgemeinen ist es aber nicht zu schwierig und auch nicht zu einfach und berücksichtigt die Tatsache, daß der Spieler Zeit haben muß, um warm zu werden. Die wirklich schwierigen Löcher trifft man später in der Runde, zum Beispiel zwischen dem 13. und dem 17. Loch im Rosses-Point-Golfclub, wenn der Spieler mittendrin und bereit für diese Löcher ist.

Bei jedem Loch ermöglicht der Gestalter dem Spieler einen verhältnismäßig leichten Drive mit einem schwierigen zweiten Schlag oder umgekehrt einen schwierigen Drive, gefolgt von einem einfacheren Schlag. Der Clontarf-Golfclub ist ein interessantes Beispiel eines irischen Golfplatzes, auf dem der Drive schwierig und der Annäherungsschlag einfacher ist.

Bei jedem Loch gibt es Hindernisse. In vielen Fällen sind die Hindernisse so angelegt, daß sie Sie irreführen. Diese versuchen, Sie in eine falsche Linie zum Loch zu bringen, wenn die korrekte Linie dafür direkt über dem Hindernis liegt; wenn Sie das erfolgreich bewältigen, werden Sie mit einem einfacheren zweiten Schlag belohnt.

Man muß akzeptieren, daß es für jedes Loch eine Spielmöglichkeit gibt, und daß der Drive von bestimmten Stellen zu schlagen ist. Versuchen Sie herauszufinden, wie die Löcher auf Ihrem Golfplatz zu spielen sind und wohin Sie den Drive zielen sollten, damit Sie sich zu einem einfachen zweiten Schlag verhelfen können.

Es gibt Par 5- und lange Par 4-Grüns, welche für einen Schlag mit den langen Eisen oder den Höl-

Virginia, Co. Cavan

Tralee, Co. Kerry

zern geeignet sind. Diese sind meistens von länglicher Form. Auf den längeren Par 5 können die Grüns kleiner sein und so einen dritten Schlag möglicherweise mit einem kurzen Eisenschläger oder einem Wedge erlauben. Es kann auch vorkommen, daß diese Schläge mit langen Eisen oder Holzschlägern bewältigt werden müssen.

Es gibt auch Par 3- und kurze Par 4-Grüns. Das kurze Par 4 bietet Ihnen eventuell einen einfachen Drive mit einem zweiten Schlag, der auf ein kleines Grün gespielt werden muß, mit einem nahe hinter einem Bunker gelegenen Flaggenstock. Das neunte Loch auf Cypress-Point, wo die Bing-Crosby-Pro-Am ausgetragen wird, ist ein Beispiel dafür. Christy O'Connor spielte das Loch, indem er einen Drive in den Bunker und einen Pitch auf das Grün spielte. Es gelang ihm jedes Mal ein Birdie.

Das kurze Par 3 bietet Ihnen ein kleines Ziel, welches, wenn Sie es verpassen, einen sehr schwierigen Pitch erfordert. Die »Postage Stamp« in Troon ist ein sehr gutes Beispiel dafür.

Wenn Sie auf das Grün spielen, ist es wichtig, daß Sie die Position des Flaggenstocks kennen. Diese kann man prüfen, indem man beobachtet, wo Bahnen parallel laufen, d.h. wenn das 4. Loch gegenüber dem 7. liegt, können Sie das 7. prüfen, während Sie auf das 4. putten. Sie sollten auch auf andere Hinweise achten, wenn zum Beispiel der Flaggenstock am ersten Loch nach vorne versetzt ist, dann hat er wahrscheinlich auf der ganzen Runde dieselbe Position.

Es stimmt schon, daß es immer eine sichere Seite gibt, ein Grün zu verpassen, und wenn Sie nicht ganz sicher sind, daß Sie den Flaggenstock treffen können, sollten Sie auf diese Seite zielen, da diese Ihnen einen weniger schwierigen

Bernhard Langer

Pitch erlaubt. Das Grün auf der falschen Seite zu verpassen, erweist sich gern als kostspielig, was Recoveries betrifft.

Das berühmte Straßenloch in St. Andrews ist ein gutes Beispiel dafür, da es den Spieler ermutigt, links vom Tee und vom Grün zu spielen, denn die Ausgrenze liegt auf der rechten Seite. Die Meisterschaftsspieler betrachten den zweiten Schlag oft als einen Eisen-»Chaser«, der gerade kurz vor dem Grün ankommt und einen relativ direkten Pitch oder einen langen Putt erfordert. Andererseits könnte sich der Spieler auf »Flaggenstockhöhe« links vom Grün befinden, diesem sehr nahe sein und doch ohne Hoffnung auf einen Pitch und Putt, ohne Unheil zu verursachen, wegen der im Wege liegenden Bunker und der Bodenwellen auf dem Grün (siehe Abb. 114).

In vielen Fällen *verwendet der Golfer für den zweiten Schlag einen für die gegebene Entfernung zu schwachen Schläger, mit dem Resultat, daß der Schlag mit zuviel Kraft gespielt wird.* Die Spieler sollten unbedingt verhindern, sich vom »Kraft-Syndrom« in Besitz nehmen zu lassen; damit meine ich das Vergleichen der Notizen nach einer Runde, um zu sehen, wer welchen Eisenschläger für den Annäherungsschlag eines kurzen Loches oder eines Par 4 verwendete. Ich höre oft einen Spieler sagen: »Ich schlug einen Drive mit einem Eisen Nr. 9« mit der Betonung auf »Eisen Nr. 9«. Sie sollten die Tatsache beachten, daß, da es sich um einen 130 Yard Pitch handelt, es nicht unbedingt ein Eisen Nr. 8 sein muß oder überhaupt ein Wedge von 100 Yards. Sie müssen nicht unbedingt den perfekten

Schlag mit dem perfekten Schläger spielen. Der 130 Yard-Schlag kann gut und gern mit einem Eisen Nr.6 unten am Schaft gespielt werden. Die Berufsspieler spielen so, und falls Sie einen solchen Schlag in Ihrem Arsenal haben, ist er immer nützlich in einer Wettkampfsituation, da Sie damit Ihren Gegner überlisten und dazu bringen können, zuviele oder zuwenige Schläger zu gebrauchen.

Verwenden Sie immer den Schläger, mit dem Sie vertraut sind, und spielen Sie den Schlag, von dem Sie glauben, daß er Sie dem Flaggenstock am nächsten bringt.

Ein offensichtliches Beispiel ist ein 90 Yard-Pitch, der gegen einen starken Wind gespielt wird, ein Schlag, der mit einem Eisen Nr. 8 oder 9 *unten am Schaft* gespielt werden sollte, so daß der Ball unten gehalten wird und der Wind seinen Flug nicht störend beeinflussen kann.

Sie streben nicht nach Flugdistanz, sondern nach Genauigkeit.

Wenn Sie mit dem 70 Yard-Schlag auf das Grün konfrontiert werden, ist es wichtig zu wissen, daß Sie keine Flugdistanz, sondern Genauigkeit anstreben, und der Schwung, den Sie anwenden, sollte darauf abgestimmt sein. Ich sehe oft einen potentiell guten Spieler einen *drive-typischen* Rückschwung für einen kurzen Pitch und einen sich verlangsamenden Durchschwung verwenden. Dies ist seine Art zu versuchen, eine übertriebene Schlägerkopfgeschwindigkeit zu reduzieren. Das Resultat des Schlages ist in den meisten Fällen verheerend, da ein verpatzter Schlag dabei herauskommt. Ein kurzer, kompakter Rückschwung, der einen beschleunigenden Durchschwung fördert, ist in diesem Falle angebracht.

Sie sollten auch die Position, von der aus Sie putten möchten, beim Spielen dieses Schlages vor Augen haben. Wenn das Grün zum Beispiel zu Ihnen hin geneigt ist, sollte Ihr Annäherungsschlag kurz vor dem Flaggenstock landen, was Ihnen einen Aufwärtsputt erlaubt; wenn Sie ihn zu weit schlagen, bleibt Ihnen ein schwieriger Abwärtsputt. Sie sollten sich folgende gute Gewohnheit aneignen: Wenn sich das Loch oberhalb befindet und Ihnen kein Hindernis im Weg liegt, putten Sie; wenn Sie aber einen Abwärtsschlag machen müssen, chippen Sie. Die Absicht ist, daß der Ball, wenn Sie ihn abwärts chippen, nicht zu weit vom Flaggenstock wegrollen sollte, oder wenn Sie ihn aufwärts putten, er auch nicht weit über den Flaggenstock hinausgeht. Also abwärts chippen, aufwärts putten!

Wenn Sie bei einem Grün nicht sicher sind, um welche Neigung es sich handelt, prüfen Sie immer die umgebende Neigung, da das *Gefälle* immer dem natürlichen Terrain folgt.

Sie sollten auch beobachten, wie Ihr Partner puttet und sich die Linie merken, verwenden Sie dessen Putt als Richtschnur für Ihren eigenen, vorausgesetzt, daß Sie nicht zuerst putten müssen.

Die Tendenz der Amateurspieler, zu kurz zu putten, ist oft belegt worden. Weniger betont wird jedoch die Reaktion des Spielers, wenn der Putt zu stark gespielt wurde. Er wird mit Sicherheit ärgerlich davongehen; stattdessen sollte er sich die Linie merken, in der der Ball an dem Loch vorbeiging, und sich so das Putten erleichtern.

Wie erzielt man Punkte bei windigen Verhältnissen?

1. Beobachten Sie Bäume, Fahne und Flaggenstock, werfen Sie einen Büschel Gras in die Luft oder lernen Sie von den Schlägen anderer Spieler (siehe Abb. 115).

2. Gegen den Wind:
Verwenden Sie einen Schläger mit weniger Loft als gewöhnlich. Richten Sie den Schlägerkopf auf das Ziel. Bringen Sie Ihren Körper vor dem Ball in Position. Verlagern Sie Ihr Gewicht auf den vorderen Fuß. Führen Sie den Schlag mit der linken Hand im Treffmoment des Balles. Versuchen Sie, den Ball am Flaggenstock vorbeizuspielen (siehe Abb. 116).

Abb. 114

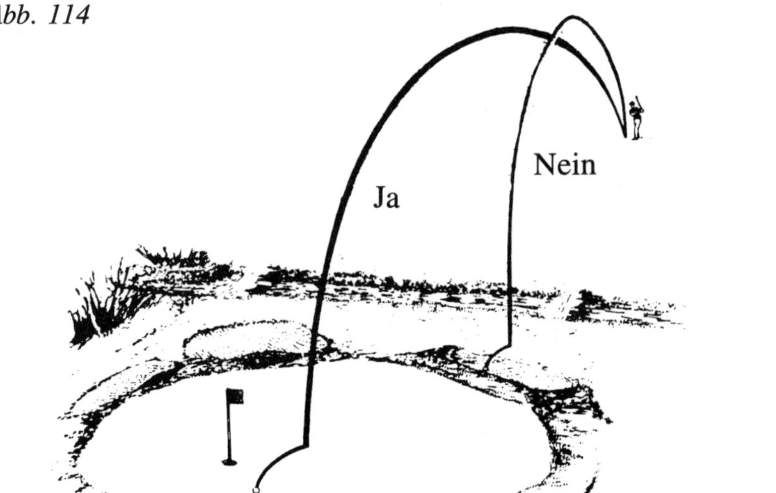

3. Mit dem Wind:

Verwenden Sie einen Schläger mit mehr Loft als gewöhnlich. Plazieren Sie den Ball auf ein höheres (im Falle eines Drives). Richten Sie den Schlägerkopf auf das Ziel. Spielen Sie den Ball gut vorwärts in Fußstellung. Halten Sie das Gewicht auf Ihren rechten Fuß zurück verlagert. Schlagen Sie den Ball mit dem Schlägerkopf in einen Aufschwung (siehe Abb. 117).

4. Den Wind kreuzen:

Nehmen Sie einen Schläger mit weniger Loft als gewöhnlich. Lassen Sie den Wind auf den Flug des Balles einwirken. Richten Sie den Schlägerkopf auf das Ziel.

Wenn der Wind gegen Sie gerichtet ist, versuchen Sie, den Ball unten und aus dem Wind zu halten, und wenn der Wind zu Ihnen steht, versuchen Sie, ihn zu Ihrem Vorteil zu nutzen. Wenden Sie im Wind einen Schwung mehr aus dem Handgelenk an, mit früher Handgelenksdrehung und Freilassen des Schlägerkopfes. Versuchen Sie nicht, auf den Grüns einen Putt zu erzwingen, sondern schlagen Sie den Ball nur leicht aus dem Handgelenk heraus an.

Machen Sie sich Byron Nelsons Motto zueigen: »Mach den Wind zu deinem Freund.« Nehmen Sie einen breiteren Stand ein als gewöhnlich, um sich zu verankern. Versuchen Sie, weniger zu schwingen und mehr zu schlagen; wählen Sie einen Schwung mehr aus dem Handgelenk und schlagen Sie den Ball beim Putten auf den Grüns *oben* an, anstatt Ihren gewohnten Putt zu spielen.

Wenn Sie bei windigen Verhältnissen den Wind zu Ihrem Vorteil nutzen können, profitieren Sie enorm. So ist es zum Beispiel ein normaler Impuls, wenn Sie gegen einen starken Wind spielen, diesen anzugreifen und heftig gegen den Ball zu schwingen. Die gegenteilige Methode ist jedoch die richtige. Sie werden mehr Wirkung erzielen, wenn Sie schwächer gegen den Wind schwingen und stärker mit dem Wind. Studieren wir doch einmal die Aerodynamik: ein Flugzeug startet immer gegen den Wind, weil es dann weniger Kraft braucht, um in die Luft zu kommen, als wenn es mit dem Wind starten würde. Beim Abheben wird eine größere Beschleunigung benötigt. Es ist wichtig zu wissen, daß man den Ball schwächer gegen den Wind und stärker mit dem Wind schlagen sollte.

Beim Mit-dem-Wind-Spielen gibt ein 3er Holz mehr Höhe vom Tee weg und erzielt eine gleichweite Flugstrecke wie ein Driver und sollte deshalb in Betracht gezogen werden. Beim Gegen-den-Wind-Spielen sollte man versuchen, den Ball tief zu halten. Versuchen Sie, den Ball vom Tee zu *fegen* und lassen Sie das Tee im Boden. Ein Abwärtsschlag auf den Ball sollte auf alle Fälle vermieden werden, da sonst der Schlägerkopf zuviel Kontakt mit dem unteren Teil des Balls bekommt, was zu übertriebenem Backspin und einem *Kletterschlag* führt. Hier kommt mir die Geschichte meines guten Freundes Tom Murphy in den Sinn, der im *Garten* des Royal-Dublin-Golf-Club übte. Er schlug die Drives hart in den Wind neben Christy O'Connor, welcher mit einem 3er Holz übte. Toms Drives neigten dazu, gegen Ende ihrer Flugbahn etwas anzusteigen, während Christys Schläge den Wind schnitten und an Flugdistanz gewannen. Das Resultat überraschte Tom, und er fragte den Meister nach dem Geheimnis, worauf Christy antwortete: »Ich schlage gegen die obere Hälfte des Balles.«

Bevor Sie einen Ball gegen den Wind schlagen, verankern Sie sich im Boden durch eine breite Stellung und legen Sie den Ball hoch auf; durch diesen Winkel ist eine tiefere Attacke auf den Ball leichter. Ihr Motto für den Drive sollte heißen:

»Hoch auflegen, um tief schlagen zu können.«

Wenn Sie mit einem Eisen gegen den Wind spielen, plazieren Sie den Ball immer hinten im Stand gegen den rechten Fuß, da Sie dadurch eine niedrigere Trefferlinie auf den Ball haben können.

Schwierigkeiten

Falls Sie in Schwierigkeiten geraten, sollte Ihre goldene Regel heißen: »Zurück zum Fairway.« Bob Toski, der große amerikanische Lehrer, äußerte sich zum taktisch besten Schlag, den er je im Golf sah, einem von Jack Nicklaus, der den Ball zurück spielte, um ihn dann so wieder ins Spiel zu bringen. Akzeptieren Sie die Tatsache, daß Sie einen Schlag zurückfallen und spielen Sie weiter.

Es ist interessant festzustellen, daß sich Arnie Palmer absichtlich im Training in Schwierigkeiten spielte, so daß er sich dann im Wettkampf daraus herausspielen konnte.

Zum Schluß noch ein Blick auf unterschiedliche Platzanlagen und wie sie die Strategie beeinflussen sowie auf die Tendenzen im Golfplatzmanagement.

Auf dem Augusta National, wo die U.S. Masters gespielt werden, gibt es kein Rauh, und die Fairways sind breit. Aber es gibt dort viele Bäume. Die Absicht, die hinter dieser Art Anlage steckt, ist, daß es den Spielern Freude machen soll, aber andererseits wird man für einen schlechten Schlag bestraft. Man muß sich mit den Bäumen arrangieren; *Sie müssen in der Lage sein, Ihren Ball zu finden und das Spiel nicht aufzuhalten.* (Die meisten Stadtplätze sind so gestaltet und sind für eine große Anzahl Spieler geeignet.) Der Augusta National verläuft im Gegenuhrzeigersinn und begünstigt so den Spieler, der dem Ball einen Draw von rechts nach links gibt, und da die Schwierigkeit meistens am Anfang der Grüns auftritt, wird der Angriffsspieler belohnt. Severiano Ballesteros liebt diesen Golfplatz, da er den Ball mit einem Draw spielt, so daß er die »Dog Legs« (abbiegende Fairways) Par 5 entlangläuft, und er ist ein mutiger Angriffsspieler.

Lee Trevino hat auf Augusta nie gut abgeschnitten, da er den Ball von links nach rechts mit einem Fade spielt, und dieser Schlag für diesen Platz nicht geeignet ist.

Im Gegensatz dazu werden die U.S. Open immer auf einem Platz gespielt, auf dem die Fairways eng sind und das Rauh hoch ist. Severiano Ballesteros hat noch nie eine U.S. Open gewonnen, Lee Trevino jedoch zwei. Die Begründung liegt in Lee Trevinos Fähigkeit, den Ball im Spiel zu halten. Sein »Fade« ist ein viel sicherer Schlag, da er höher fliegt und sanft landet. Sein Motto lautet: »Mit einem Fade kann man reden, aber ein Hook hört nicht zu.«

Tendenzen im Golfplatzmanagement

In den 50er Jahren wurde der sogenannte »Sicherheits«-Schlag zum ersten Mal von Ben Hogan ausgeführt und später von Jack Nicklaus angenommen; in den 60er und 70er Jahren war er sehr beliebt. Arnold Palmer lieferte er etwas Erleichterung in den frühen 60er Jahren. Ben Hogan verbrachte den Großteil seiner Karriere damit, den gefürchteten Hook zu bekämpfen und Wege zu finden, ihm entgegenzuwirken. Seine berühmte Entdeckung »Pronation im Treffmoment«, die in einem sicheren Fade resultierte, war das Ergebnis. Sein Buch wird manchmal als ein »Anti-Hook-Buch« bezeichnet. Jack Nicklaus übernahm den »Power-Fade«, wie er später genannt wurde, der auch auf engeren Plätzen gespielt werden konnte, und er wurde sehr beliebt. Das Problem ist jedoch, daß die Spieler sehr viel Kraft brauchen, um ihn anwenden zu können. Die Spieler fanden heraus, daß ihr normaler Schlag ein »Draw« war, und erzielten mit diesem sichereren Schlag auch keine besseren Resultate. Bernard Gallagher versuchte einige Jahre lang, den Fade anzuwenden, bevor er wieder zu seiner normalen, leicht geschlossenen Ansprechposition und einem natürlichen Draw zurückkehrte. Die Flugdistanz des Balles und ebenfalls seine Form besserten sich wieder. Interessant ist, daß sowohl Jack Nicklaus wie auch Lee Trevino diesen Schlag jetzt öfter anwenden.

Das wahre Geheimnis für gute Zählergebnisse ist, einen Schlag zu entwickeln, der sich wiederholt, was auch immer das für einer sein mag. Das verlangt Zielstrebigkeit. Bobby Locke spielte alles mit einem Draw von rechts nach links. Er verwendete diese Form bei all seinen Schlägen, sogar beim Putten. Er konnte den Ball bei Schau-

Abb. 115, 116, 117

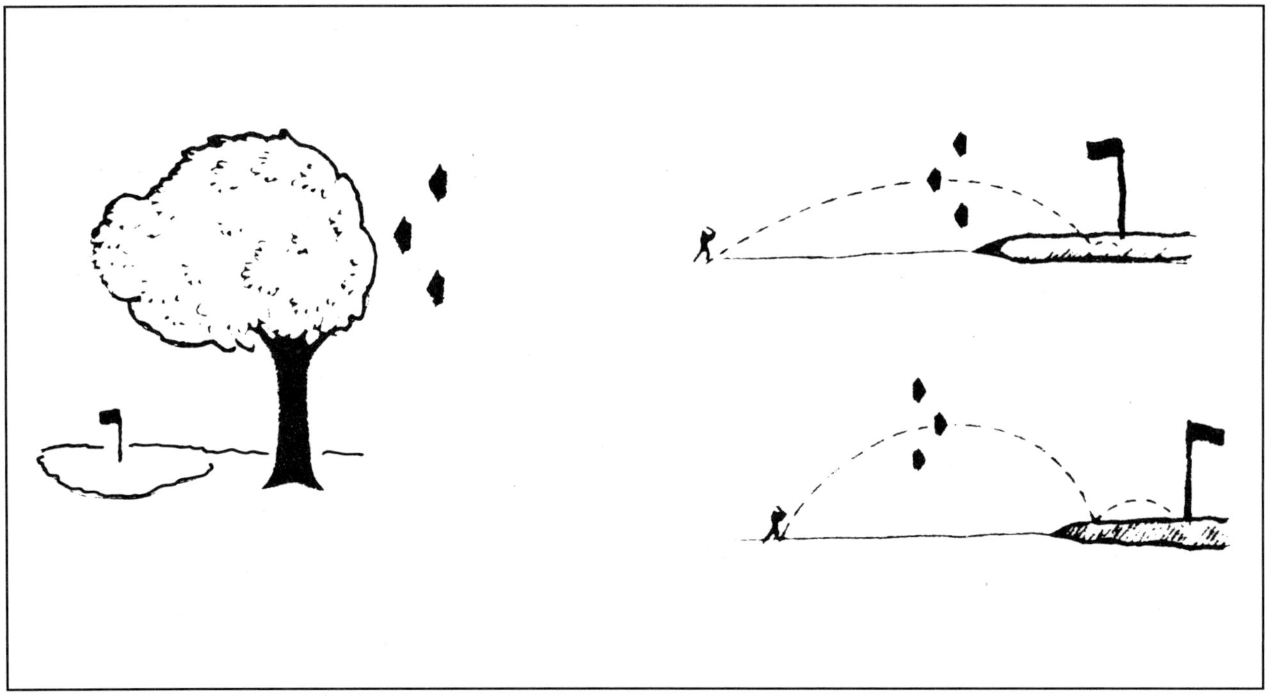

wettkämpfen mit einem Slice oder einem Draw schlagen, doch bei Turnieren verwendete er immer den Schlag, den er wiederholen konnte.

Man kann nicht oft genug betonen, wie wichtig es ist, eine Routine auf dem Golfplatz zu entwickeln, indem man übt, immer mit gleicher Ansprechposition an den Ball heranzugehen. Man könnte sogar sagen, daß man, wenn man eine Runde spielt, nur an das Ansprechen denken muß, und der Rest gelingt dann von selbst. Die zweite Phase ist, daß man einen Schwung entwickelt, der sich wiederholt, und dann besteht alle Wahrscheinlichkeit, daß die Schläge auch gleichmäßig sein werden. Alle Topspieler haben eine Routine, und damit ist es viel einfacher für sie, den Schlag zu wiederholen und sich zu konzentrieren.

Und zum Schluß noch Peter Thompsons Meinung dazu: »Muskelkraft ist nicht besonders vorteilhaft im Golf. Kontrolle und Richtung machen sich besser bezahlt. Planen Sie Ihre Runde, bevor Sie abschlagen. Planen Sie jedes Loch, und bleiben Sie bei diesem Plan. Golf ist mindestens zu 50 % ein intellektuelles Spiel, und wenn wir das einmal erkannt haben, wirkt sich uns der Verstand auch körperlich aus; man kann fast sagen, daß Golf ausschließlich eine intellektuelle Leistung ist.«

Wie man sich auf dem Golfplatz mit sich selbst arrangiert

Golf ist ein Spiel, das viele Fertigkeiten verlangt, aber ich glaube, daß es vor allem zwei miteinander verbundene Fertigkeiten sind, die bei jeder Diskussion über Ihre mögliche Bestleistung betont werden müssen. Die erste Fertigkeit bezieht sich auf die physische Veranlagung des einzelnen und seine Fähigkeit, den Ball wirkungsvoll zu schlagen. Die zweite Fertigkeit ist psychologisch und bezieht sich auf die Fähigkeit des einzelnen, die verschiedenen Aspekte des Spieles zu bewerten, zu planen und zu durchdenken. Erstere verlangt Wissen, Übung, Methode und Hingabe; letztere hängt mehr vom Temperament des einzelnen ab, von seinem intellektuellen Denkmuster. Ich glaube, das Erfolgsgeheimnis liegt in der Selbstentdeckung und in der Bewertung der eigenen Grenzen und Möglichkeiten. Jeder Spieler ist psychisch so verschieden von anderen, wie er es physisch ist, und er sollte mit dem Ziel ans Spiel herangehen, einen Stil zu entwickeln, der seinem Körperbau und seinem Temperament am ehesten entspricht.

Es gibt zwei verschiedene Kategorien von Charakteren, die ich im Zusammenhang mit Golf behandeln möchte.

a) Diejenigen mit einem logischen Verstand, die das Spiel analytisch angehen.

b) Diejenigen, die das Gegenteil sind und mehr nach Instinkt handeln.

Jeder von uns hat verschiedene Persönlichkeitsattribute, keine zwei Menschen sind gleich. Darum müssen wir uns ein System oder eine Haltung zum Spiel aneignen, die am besten zu unserer physischen und psychischen Veranlagung passen. Folgen Sie nie blindlings einem Stil oder einer Methode, welche vielleicht gar nicht zu Ihnen paßt.

Schauen wir uns doch die großen Golfspieler an, Ben Hogan und Jack Nicklaus; beide sind zwar physisch unterschiedlich, doch ihr Intellekt ist ähnlich. Beide sind ernste Männer und beide gehen analytisch an das Spiel heran. Unter den Schotten war Hogan als der »Eisberg« bekannt. Wichtig ist aber, daß diese beiden Spieler auf eine sehr logische Art spielen, mechanisiert, automatisiert könnte man fast sagen. Ihre intellektuelle Vorbereitung ist hochorganisiert. Jack Nicklaus sagte einmal, daß er nie einen Schlag ausführte, nicht einmal im Training, ohne ein sehr kurzes, klares Bild davon in seinem Kopf zu haben, so sehr war seine Methode programmiert. Beide konnten den Schwung und ihre Spielart analysieren. Sie konnten sich für lange Zeit konzentrieren und sich dabei vollständig von den Zuschauern isolieren. Um einen Einblick in dieses automatisierte Herangehen an das Golfspiel zu geben, sei gesagt, daß Hogan in den 50er Jahren die Distanzen ausmaß, aber es war Nicklaus, der die Idee entwickelte, Golfplätze kartographisch aufzuzeichnen. Bei der U.S. Amateur Open 1961 in Pebble Beach führte Dean Beaman, der P.G.A.-Turnierleiter, Jack Nicklaus an das Ausmessen von Annäherungsschlägen heran. Obwohl diese beiden großen Golfspieler die Nummer *eins* und *zwei* aller Zeiten und von einer »Aura« umgeben sind, war ihr Spiel doch eher langsam und etwas langweilig.

Arnold Palmer und Severiano Ballesteros andererseits neigen mehr zum instinktiven Handeln. Sie beherrschen die Theorie, spielen aber mehr nach *Gefühl.* Man könnte sagen, sie gehen unbekümmert an ein Spiel heran — zuerst schlagen, sich dann damit befassen. Als Palmer gefragt wurde, weshalb er an einem Par 5 zwölf Schläge brauchte, als er bei einem Turnier führte, antwortete er: »Ich verpaßte einen Putt für einen Elfer!« Ihr Spiel ist aufregend, weil sie oft etwas Unerwartetes tun. Es ist selbstverständlich, daß diese beiden Spieler ein gutes Verhältnis zu den Zuschauern haben.

Deshalb ist es wichtig, daß Sie ein System für sich ausarbeiten, das am besten zu Ihrem Temperament und Ihrer Persönlichkeit paßt. Als Arnold Palmer versuchte, seinen Stil zu ändern, und sich Ben Hogan als Vorbild nahm, war es mit seinem Glück vorbei und es kam erst wieder, als er zu seinem alten System zurückkehrte. Mir kommt da immer die Lektion in den Sinn, die ich einer Dame gab, wobei ich ihr zu einem anderen Griff riet, worauf sie antwortete: »Aber Jack Nicklaus hält ihn so.« Eine Ähnlichkeit zwischen der Dame und Jack Nicklaus war natürlich nicht vorhanden. Das Überidentifizieren mit der Technik oder dem Stil eines großen Golfspielers kann tollkühn sein, da unter Umständen überhaupt keine Ähnlichkeit, weder bezüglich des Körperbaus noch des Temperaments, besteht. Wie ich schon gesagt habe, überlegte sich Ben Hogan jeden Schlag in positiver Denkweise, während Palmer das Beispiel eines Spielers ist, dessen Handlungsmuster in instinktiver Weise geprägt ist. Mein Rat an Sie ist, daß Sie sich das System suchen, das am besten zu Ihnen paßt.

Positive Einstellung zur Leistung

Es ist wichtig, daß Sie versuchen, ein positives Denkmuster zu entwickeln. Wie wir mit unserem Spiel und den Problemen, die wir antreffen, umgehen, hängt sehr von unserer geistigen Verfassung und Haltung ab, vor allem wenn wir uns bewußt werden, daß viele der Hindernisse in unserem Spiel geistiger Natur sind. William James, der amerikanische Psychologe, wies darauf hin, daß der größte Faktor eines jeden Unternehmens die geistige Haltung dazu ist. Ein ungedämpftes Herangehen wird ein Gedankenmuster in Bewegung setzen, das Ihnen fraglos beim Erreichen dieses Standards helfen wird. Das geistige Bild muß voller Erwartung sein, nicht voller Zweifel.

Vermeiden Sie jede Art von negativem Denken. Eine negative geistige Einstellung behindert Sie, wirft Sie aus dem Rhythmus, da sie die Muskeln erstarren läßt, und so den mühelosen Kräftefluß Ihres Spiels verhindert. Das Geheimnis besteht darin, daß man alle Gefahren verwirft, so daß man nur sich selbst sieht, wie man den Ball aus dem Loch nimmt. Harry Bradshaw antwortete einst auf die Frage nach seinem Rezept für sein großartiges Putten: »Ich sehe nur das Loch. So etwas wie eine Linie gibt es gar nicht.« Nur zu oft ist man doch überwältigt von Zweifeln an sich selbst, wenn man an ein schwieriges Loch herankommt. Die Lösung ist, daß man all das, was schief gehen könnte, aus seinem Gedächtnis löscht und versucht, einen schwierigen Schlag mit einem geistigen Bild des Erfolgs zu verbinden.

Es ist eine geistige Haltung, die meiner Meinung nach für Ihre Golf-Psychologie absolut notwendig ist. Zusammenfassend möchte ich die Psychologie des positiven Denkens auf die praktischste Art für Ihr Spiel anwenden.

Zuerst sollten Sie sich immer daran erinnern, daß die Wiederholung der Schlüssel zum guten Golf ist, und das sind normalerweise:

a) Erstens ein sich wiederholendes Denkmuster.

b) Zweitens ist es wichtig, ein geistiges Bild vom Schlag zu haben, bevor Sie den Schläger schwingen. Je deutlicher Sie den Schlag vor sich sehen, desto größer ist die Chance, daß Sie Ihr Ziel erreichen. Ihre Haltung soll erwartend sein, nicht zweifelnd. Beim Putten stellen Sie sich vor, wie Sie den Ball aus dem Loch holen.

c) Jeder Golfspieler hat einen Schwung-Gedanken-Schlüssel: linker Arm gerade; Schulter 90 Grad gedreht (von Joe Carr sagt man, er habe auf seinen Handschuh geschrieben »Dreh dich, du Narr«); rechter Ellenbogen einwärts; mit dem Unterkörper beginnen; bleib hinter dem Ball; behalte den Ball im Auge usw. Es ist empfehlenswert, sich einen Schwung-Gedanken-Schlüssel auszudenken und sich jeden Tag positiv denkend zu konzentrieren. Es ist unmöglich, mit mehr als einer Schlüsselidee in einem Moment fertig zu werden.

d) Es ist wichtig, genauso intensiv an Taktik wie an den Schwung zu denken. Wer hat nicht schon oft Golfspieler gesehen, die den perfekten Schwung haben, aber nie die Linienführung berücksichtigen oder den richtigen Schläger verwenden?

e) Der Stil und die Technik, die Sie wählen, sollten meiner Meinung nach die sein, die am besten zu Ihrem Körperbau und Ihrem Temperament passen. Wir haben die gegensätzlichen Stile von Ballesteros und Nicklaus als Beispiele von Spielen nach *Gefühl* oder *Instinkt* und Spielen in einem analytischen Sinn betrachtet.

f) Entspannung zwischen den Schlägen kann bestimmte Probleme erleichtern oder ändern. Es ist vorteilhaft, wenn Sie Ihre Gedanken vom Druck des Momentes lösen können. Eine Spannung kann dem Golfspieler Schwierigkeiten bereiten. Ich möchte Ihnen hier gerne einen kleinen Trick verraten, der Ihnen vielleicht hilft: Spannen Sie jeden Muskel so stark wie möglich an, bevor Sie den Ball schlagen; halten Sie den Schläger mit aller Kraft fest und entspannen Sie dann das System wieder. Dies ist

eine nützliche Übung, um jede Spannung im System abzubauen. Jetzt sind Sie spielbereit.
g) Willensstärke und Entschlossenheit sind grundlegende Bestandteile, um Leistungsfortschritte zu erzielen. Mehr als jeder andere große Golfspieler besaß Arnold Palmer diese wichtigsten aller Qualitäten. Seine positive Einstellung, seine Entschlossenheit, sein Wille zum Sieg machten ihn einzigartig unter den Meisterspielern. Vielleicht ist genau diese Willenskraft die klare Grenzlinie zwischen den großen und den durchschnittlichen Spielern. Die folgenden Zeilen aus Palmers Buch »Going for Broke« fassen am besten zusammen, was ich hier im Zusammenhang mit Willenskraft und positiven Denkmustern meine:

> Wenn Du denkst, Du bist besiegt, bist du es.
> Wenn Du denkst, Du traust Dich nicht, tust Du es nicht.
> Wenn Du gewinnen möchtest, aber denkst, Du kannst es nicht,
> Ist es beinahe sicher, daß Du es nicht tust.
> Die Kämpfe des Lebens gewinnt nicht immer
> Der stärkste oder schnellste Mann,
> Doch früher oder später ist der Mann, der gewinnt,
> Der Mann, der denkt, daß er es kann.

Das letzte Wort soll der amerikanische Psychologe Emerson haben — ein passender Abschluß zu diesem Kapitel darüber, wie Sie Ihr Bestes erzielen können:
»Es siegen diejenigen, die glauben, daß sie es können.«

Korrektur-Golf 18. Kapitel

Wie man sich durch Üben verbessert

Hier gilt die goldene Regel: »Nie einen Fehler üben.« Es kommt oft vor, daß potentiell gute Spieler mit einem *eingefahrenen* Fehler in ihrem Schwung zu mir kommen. Ihnen zu helfen, ist schwierig, da der Schwung demselben Muster folgt und sie so den Fehler wiederholen. Auf dem Übungsgrün sieht man oft Spieler, die sich abmühen, um vorwärtszukommen, doch sie haben praktisch keine Aussicht auf Erfolg. Sie verschwenden Zeit, Energie und Geld.

Sie hoffen, den Ball besser zu schlagen, und konzentrieren sich auf den Schwung. Sie ändern ihren Schwung nur scheinbar. Das Problem ist, daß erstens der Schwung in weniger als drei Sekunden vorbei ist, und zweitens der potentiell gute Spieler seinen Schwung und daher auch seine Fehler nicht sehen kann. Wenn er glaubt, daß er sie verbessert, weiß er nicht, ob er es auch tatsächlich tut. Der Schwung, der ja im Nu vorbei ist, ist bereits durch die Ansprechposition festgelegt worden.

Ich benutze schon seit vielen Jahren Videos; angefangen habe ich mit einer Polaroid schwarz-weiß Kamera. Diese nahm keinen Ton auf, und der Film mußte entwickelt werden. Ich hatte einen sehr guten Freund, einen Golffanatiker, und ich dachte, er sollte seinen Schwung einmal im Film sehen. Er war praktisch immer auf dem Übungsfeld. Ich machte den Film, entwickelte ihn und behielt ihn einige Tage lang in meinem Geschäft, bevor ich ihn meinem Freund zeigte. Er war ein Schüler von Ben Hogan und führte Schwünge von flacher, runder Art aus. Was er nicht merkte, war, daß er einen schrecklichen »Pick-up« in seinem Rückschwung hatte, welcher am Gipfelpunkt des Rückschwunges in einer zusammengebrochenen Stellung resultierte. Daher auch mein Zögern, ihm den Film zu zeigen. Er war viele Jahre lang als Funker auf See gewesen und hatte in seiner Freizeit immer mit einem Schläger auf dem Schiffsdeck geübt. Eines Tages, vor vielen Jahren, rief der Kapitän, der in einem Liegestuhl auf der Brücke saß und ihm beim Schwingen zusah, zu ihm herunter: »Du hebst ihn auf!« Als wir schließlich zusammensaßen und den Film anschauten, war er überrascht. Er hatte nie ganz begriffen, was der Kapitän wirklich gemeint hatte, bis er es selbst im Film sah. Er gibt jetzt seiner linken Seite mehr Gewicht beim Ansprechen, entwickelte eine linksseitige Rückführung, und sein Spiel ist merklich besser geworden. Er übt keine Fehler mehr.

Ich kann mich an einen anderen Freund erinnern, der für eine Golfunterrichtsstunde zu mir kam; er war ein sehr eifriger Golfspieler, der intensiv übte. Er beherrsche, so sagte er mir, sieben Schwungarten, und er wollte sie vergleichen, um zu entscheiden, welche er anwenden würde. Auf einem Stück Papier hatte er jede benannt, und ich zeichnete sie einzeln auf. Als wir uns hinsetzten, um den Film anzusehen, sahen wir, daß sich seine Schwünge sehr wenig oder gar nicht voneinander unterschieden. Sein Schwung wiederholte sich konstant. Aber es gab ein echtes Problem mit dem Schwung an sich, ein Problem, daß er nie bemerkt hatte, da er seinen Schwung nie zuvor gesehen hatte. Dieses Problem wiederholte sich konstant. Etwa dreißig Jahre zuvor hatte er von einem Berufsspieler Golfunterricht erhalten, war auf sein Problem aufmerksam gemacht worden und hatte gelernt, wie er es verbessern könnte. Er glaubte das alles aber nicht und spielte weiter auf seine Art, dank seiner Entschlossenheit, Erfolg zu erzielen. Auch er hat seither seinen Fehler korrigiert und spielt wieder mit mehr Freude.

Wenn Sie sich wirklich verbessern wollen, lassen Sie Ihren Schwung überprüfen, und unternehmen Sie dann das Nötige. Wenn Sie je die Möglichkeit haben, Ihren Schwung zu sehen, zögern Sie nicht, denn auf lange Sicht wird Ihnen dies enorm helfen. Die Reaktion von Leuten, die ihren Schwung auf Video ansehen, ist verblüffend; sie sehen die »Glatze«, das Gewichtsproblem, ihre Stimme ist anders, und schließlich reden sie auch über den Schwung. Es lohnt sich, sich daran zu erinnern, daß der reiche »Einsiedler«

Howard Hughes nur durch das Ansehen eines Videos seiner Schwünge zu einem Scratch-Spieler (Spieler mit Handicap 0) wurde.

Seien Sie vorsichtig bezüglich der Art, wie Sie das Üben angehen. Zuerst einmal müssen Sie eine gute Ansprechposition haben, und das ist leichter erreichbar als Sie denken. Da dies eine stationäre Übung ist, könnten Sie sie in Ihrem Wohnzimmer ausführen. Üben Sie das Ansprechen mit einem Schläger in der Hand, wenn im Fernsehen die Reklame läuft. Es gibt keine Entschuldigung für ein schlechtes Ansprechen. Versuchen Sie, sich jemanden, der ähnlich gebaut ist wie Sie, zum Vorbild zu nehmen.

Die zweite Stufe ist das Entwickeln der Schwungfigur. Sie müssen eine anständige Form in Ihrem Schwung haben. Eine intelligente Einstellung ist nötig. Wenn Sie erst anfangen, das Spiel zu lernen, üben Sie nicht mit einem Schläger mit niedriger Nummer, da diese schwierig zu beherrschen sind. Sehen Sie das Ganze als eine Folge an: wie beim Treppensteigen muß man eine Stufe nach der anderen nehmen bis man oben ankommt. Wenn man versucht, mit einem Satz nach oben zu gelangen, verpaßt man gerne die oberste Stufe und landet auf dem Hintern. Es ist nicht ungewöhnlich, daß potentiell gute Spieler zuerst den Driver zu beherrschen versuchen. Eine verheerende Einstellung!

Das Eisen Nr. 7 ist ein guter Schläger für den Anfänger, da er in der Mitte liegt, nicht zu schwierig, nicht zu einfach. Es ist leicht, damit einen Schwung einzuüben. Wenn dieser einmal zu einem Bewegungsmuster geworden ist, werden Sie ihn auch mit schwierigeren Schlägern ausführen können.

Wenn Sie ins andere Extrem fallen und mit hohen Eisen üben, begünstigen Sie ein Schöpfen des Balles, was sich schlecht auf das Lange Spiel auswirkt. Der Spieler mit dem längsten Schlag im U.S. Circuit, Dan Pohl, hat ein fragwürdiges Kurzes Spiel. Versucht er, es zu verbessern, leidet sein Langes Spiel darunter.

Schlußfolgerung

Die einzige Art, wie Sie allein Fortschritte auf dem Übungsplatz machen können ist, daß Sie den *Ballflug* verstehen und richtig darauf reagieren. Sie müssen verstehen, was in der Luft passiert und den Bezug herstellen zu dem, was auf dem Boden passiert ist.

Gebrauchen Sie den Ball als Video

Die ersten Bälle waren die »Featheries« (mit gekochten Federn ausgestopfte Lederbälle). Meistens wurde Kuhleder verwendet, welches weichgemacht, in Streifen geschnitten und zusammengenäht wurde. Die Federn (genug, um einen Zylinderhut zu füllen) wurden gekocht und durch eine kleine Öffnung gestopft. Dann wurde der Ball geformt und angemalt. Da eine Person nicht mehr als etwa vier pro Tag herstellen konnte, waren sie sehr teuer: je vier Shilling und Sixpence (22 p).

1848 kam der Guttapercha, und diese Entwicklung machte das Spiel auch für *Normalbürger* zugänglich. In den Anfangsstadien gab es jedoch Probleme mit dem Guttapercha. Er neigte dazu, plötzlich ohne ersichtlichen Grund auf die Erde zu fallen. Doch fand man heraus, daß er viel weiter flog, wenn er durch den Gebrauch schon beschädigt war und Dellen auf der Oberfläche aufwies. Daher beschloß man, bei der Herstellung der Bälle Dellen in die Oberfläche einzuarbeiten. Diese Dellen fingen im Flug die Druckluft, welche zuvor den Flug des Balls behindert hatte, auf und brachten sie zurück hinter den Ball, um so dessen Flug durch die Luft zu verlängern. Der Ball war viel langlebiger als der Featherie, einfacher und billiger herzustellen, er flog weiter und rollte besser auf dem Grün. Interessant ist, daß beim *alten Featherie* die Nähte eine ähnliche Funktion hatten wie die Dellen des Guttapercha.

Bei den British Open 1902 in Hoylake wurde Alec Herd in letzter Minute dazu überredet, einen gewickelten Ball mit Gummikern zu verwenden. Cobuna Haskell aus Cleveland, USA, hatte den Ball entwickelt. Er war mit dem Guttapercha nicht zufrieden gewesen und experimentierte mit um Gummikerne gewickelten Gummistreifen. Daß Alec Herd diese Open gewann, ist jetzt Geschichte, doch die Resultate mit dem Haskell-Ball waren so dramatisch, daß die Plätze seinetwegen verlängert werden mußten. Der Ball, den Sie heute verwenden, ist praktisch der gleiche, den Alec Herd bei jener offenen Meisterschaft verwendete.

Abb. 118

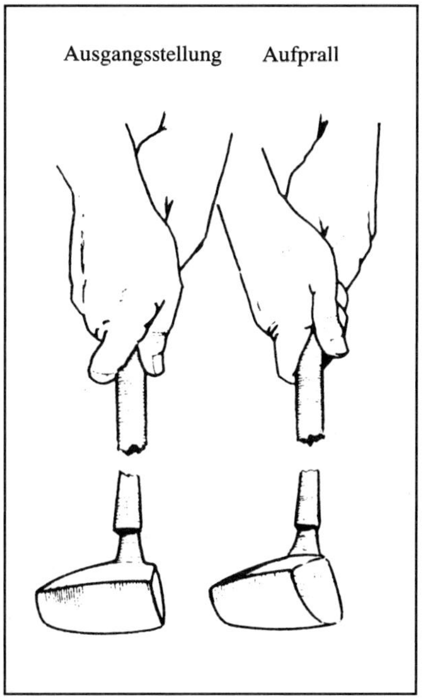

Der Ball im Flug

Wenn man den Ball korrekt schlägt, verläßt er den Schlägerkopf mit einer Geschwindigkeit von ungefähr 150 Meilen/Stunde (240 km/h). Er hat zwei Bewegungsrichtungen:

1) Vorwärtsbewegung und
2) Spin

Die Vorwärtsbewegung resultiert aus dem *Schlag,* den der Ball bekommt, und sie dominiert im frühen Teil seines Fluges. Doch sobald die Vorwärtsbewegung nachläßt, setzt der Spin ein; das geschieht selbstverständlich gegen Ende des Fluges. Der Ball dreht dann in die Richtung des Spins. *Die Drehung wird zum dominierenden Faktor.* Die meisten Dinge, die wir im täglichen Leben bewegen, haben keinen Drall. Dieser *notwendige Spin* macht das Golfspiel so schwierig. Im folgenden nun ein Beispiel davon, wie eine bestimmte Art einer Schlagform einem alles sagen kann, was man über einen Schwungfehler und die Korrektur desselben wissen muß.

Der Slice

Sie machen einen Schlag, der links vom Ziel beginnt. Doch wenn der Ball die Spätstadien seines Fluges erreicht, dreht er schnell nach rechts. Die natürliche Reaktion ist einfach. Sie sehen sich das Ergebnis an — *der Ball ist im Rauh auf der rechten Seite; der Ball ist jenseits des Zauns auf der rechten Seite, und Sie tun das einzig Vernünftige: Sie zielen von den Schwierigkeiten weg nach links.* Doch je mehr Sie nach links zielen und je mehr Sie den Ball nach links schlagen, desto mehr gerät er dummerweise nach rechts. Was haben Sie nicht bedacht? *Das zweite Element des Fluges, den Spin. Der Ball endet rechts, weil er sich im Uhrzeigersinn gedreht hat, und wegen der Dellen, welche den Ball länger in der Luft halten. Der Spin ist zum dominierenden Faktor geworden.* Der Flug des Balles beginnt links und endet rechts. Obwohl Sie nach links zielen und ihn nach links schlagen, hat sich der Ball doch nach rechts gedreht. Man könnte sagen, daß Sie 50 % richtig gemacht hatten; Sie haben nach links geschwungen, aber *es gelang Ihnen nicht, mit dem Schlägerblatt in die gleiche Richtung zu zielen,* das heißt nach links im Treffmoment, und da das Schlägerblatt im Treffmoment so schnell war, konnten Sie das Ergebnis nicht sehen: eine offene Schlägerblattstellung, welche den Ball rechts enden ließ.

Was Sie also durch das Beobachten des Balles im Flug entdeckt haben, ist folgendes:

1) Die Richtung Ihres Schwunges war links oder von außen-nach-innen. *Aber:*
2) Das Schlägerblatt zeigte im Treffmoment nach rechts. Dies war der entscheidende Faktor.

Jetzt wissen Sie ziemlich viel über Ihren Schwung. Um Ihren Schlag zu verbessern, muß das Schlägerblatt im Treffmoment auf das Ziel gerichtet sein.

Abb. 119

Starker Handgriff, wesentlich, um einen Slice zu vermeiden

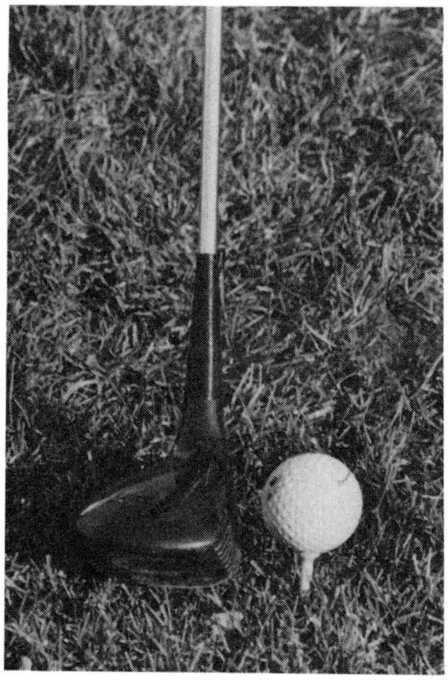

Abb. 120

Vorbereitung

Was ist ein Slice?

Ein Slice hat seinen Ursprung in einem Von-außen-nach-innen-Schwung, bei dem die Schlägerblattstellung gegen die Schwunglinie offen ist. Mit anderen Worten: Das Schlägerblatt ist zur Schwungrichtung hin. Die Kraft des Schwunges geht nach links, aber das Schlägerblatt zeigt nach rechts.

Das Ansprechen

Wie können wir es verbessern?

P Verbessern Sie den Griff.
Das Hauptproblem ist das offene Schlägerblatt. Da unsere Hände das Schlägerblatt kontrollieren, muß die Art, wie wir den Schläger halten oder unsere Hände auf den Schläger legen, falsch sein. Wir müssen unsere Griffhaltung ändern. Wir müssen unsere linke Hand im Uhrzeigersinn drehen, bis wir drei Knöchel sehen können, ohne dabei den Kopf zu drehen. Das wird sehr unbequem sein, und die linke Hand wird versuchen, sobald wie möglich wieder in ihre normale Position zurückzugelangen (siehe Abb. 118 u. 119).

Die erste Chance bekommt die Hand, wenn Sie den Schlägerkopf auf den Boden setzen. Sie wird auch bei der Rückführung des Schlägers geschlossen bleiben, und wenn die linke Hand sich um das Schlägerblatt dreht, wird sie dazu neigen, beim Zurückgehen zu *umschließen.*

Oben wird sie in einer leicht geschlossenen Position sein und so im Treffmoment eine geschlossene Position erzeugen.

Kein einfacher Weg

Hier möchte ich betonen: Wenn Sie dieses Problem haben, gibt es keine Abkürzungen. Sie müssen Ihre Griffhaltung ändern, auch wenn das Gefühl zuerst schrecklich ist. Das Gefühl, das Sie bekommen werden, ist, wie wenn Ihnen der Schläger aus den Händen fliegen möchte — ein Gefühl der Machtlosigkeit in Ihrer linken Hand und Überanstrengung im linken Arm. Wenn Sie sagen »damit könnte ich nie einen Ball schlagen«, haben Sie die richtige Haltung.

Zweitens müssen Sie so stehen, daß eine Von-außen-nach-innen-Position verhindert und eine Von-innen-nach-außen-Position begünstigt wird. *Stehen Sie nach innen gerichtet* oder in einer Innen-nach-außen-Position.

Z Führen wir es aus.
Richten Sie das Schlägerblatt auf das Ziel (siehe Abb. 120).

Vergewissern Sie sich, daß die linke Hand in der richtigen Stellung ist (siehe Abb. 119).

A Bringen Sie den Körper in Linie — Füße, Hüfte und Schultern rechts vom Ziel.

Jetzt haben Sie die Winkel gesetzt (siehe Abb. 121).

Wenn Sie den Schlägerkopf auf das Ziel richten und Ihren Körper leicht rechts vom Schlägerkopf haben, organisieren Sie einen Schwung auf eine Weise, daß Ihr Schlägerkopf im Treffmoment nach links von der Richtung, in die Sie schwingen, zeigt.

Abb. 121

S Der Schwung
Mit der Linken ansprechen, mit der Rechten schlagen.

Schwingen Sie der Linie von Körper, Füßen, Hüften und Schultern entlang. Zuoberst in der Rückschwungposition ist der Schaft auf das Ziel gerichtet oder nach rechts davon.

A Wenn Sie den Ball schlagen, seien Sie sich Ihrer rechten Hand bewußt, daß sie sich über Ihre linke dreht, und damit das Schlägerblatt im Treffmoment aus einer offenen in eine geschlossene Stellung dreht.

Bewegen Sie Ihren Körper nicht in den Schlag hinein
(siehe Abb. 122).

Wenn Ihnen der Slice keine großen Probleme bereitet, müssen Sie wahrscheinlich nur kleine Änderungen vornehmen. Mit Ihrem Griff müssen Sie sich vielleicht gar nicht befassen. Der Grund, weshalb die Schlägerblattstellung offen ist, mag einfach ein »spätes« Schlagen sein. Der Körper bewegt sich zuerst und läßt den Schlägerkopf dabei zurück.

Einfache Korrekturmethode:

1. Richten Sie den Schlägerkopf auf das Ziel.
2. Richten Sie Ihren Körper mehr nach rechts aus.
3. Lassen Sie den Schlägerkopf frühzeitig frei. Denken Sie daran daß, Sie den Schlägerkopf freilassen, ihn nicht festhalten.

Der Slice entsteht oft durch Spielen auf engen Plätzen, wo man schließlich den Ball steuert, oder durch zu häufiges Theoretisieren, wenn man den Schlägerkopf nicht schwingt, oder dadurch, daß sich alles bis zu dem Grad auf die linke Seite konzentriert, daß man vergißt, daß man eine rechte Seite hat.

Eine drastische Korrekturmethode auf dem Golfplatz

Drastische Korrekturmethode für ernsthafte Probleme

Wenn Sie eine Runde Golf spielen und eine Flut von Slice-Schlägen erleben, aber keine Zeit für eine Änderung haben, was können Sie dann tun? Vielleicht sind Sie gerade mitten in einem umstrittenen Vierballmatch und stehen unter dem Druck Ihres Partners, der sich darüber beklagt, daß er dadurch, daß er Sie »mittrage«, »einen Buckel auf dem Rücken habe«. Da müssen Sie schnell ein paar Worte mit sich selbst reden und sich sagen: »Ich weiß, weshalb ich den Ball mit einem Slice schlage: Die Schlägerblattstellung ist im Treffmoment offen.« Wenn Sie auf den Ball zuschwingen, können Sie eben nicht sehen, wohin das Schlägerblatt zeigt, da es so schnell geht.

Sie sagen also folgendes zu sich: »Ich weiß, was das ist. Wie kann ich es verhindern?«

Es gibt eine Möglichkeit, das zu verhindern. Wenn Sie am Ball stehen, richten Sie den Schlägerkopf nicht auf das Ziel, sondern drehen Sie ihn einwärts. Drehen Sie ihn in eine geschlossene Stellung. Das scheint falsch zu sein, aber die Wirkung ist folgende: weil Sie ihn in einer geschlossenen Stellung haben, wird er mehr oder weniger gerade auf den Ball zurückkommen, ganz egal wie weit Sie ihn während des Schwunges öffnen können, er wird auf keinen Fall offen zurückkommen. Durch das Einwärtsdrehen des Schlägerblattes verstärken Sie Ihren Griff! (siehe Abb. 123).

Abb. 123

Abb. 122

Noch ein letzter Tip: Wenn Sie ein Slice-Problem haben, sehen Sie sich die Schläger an, die Sie verwenden. Wir müssen noch einmal auf den Schlägerkopf zu sprechen kommen, der im Treffmoment nach rechts zeigt — der Slice entsteht, weil die Schlägerblattstellung offen ist. Sie müssen möglichst den Driver meiden, bei dem das Schlägerblatt offen ist. Nehmen Sie einen, dessen Schlägerblatt *einwärts gedreht* ist, oder einen mit einem »Loft« auf dem Schlägerblatt, oder sogar ein Holz Nr. 2. Der Grund dafür ist, daß die Wahrscheinlichkeit eines Slice geringer ist, wenn der Driver wenig Loft hat, oder wenn Sie ein Holz Nr. 2 (22 Grad Loft) nehmen.

Bei diesen niedrig numerierten Schlägern mit flachem Schlägerblatt trifft das Schlägerblatt beim Schlag die Rückseite des Balles; es ist sehr viel leichter, einen Sidespin zu erzeugen. Bei einem Eisen Nr. 9 oder einem Wedge ist das Schlägerblatt nach hinten geneigt, und deshalb besteht die Tendenz, gegen die Unterseite des Balles zu schlagen. Das Schlägerblatt berührt zuerst die Unterseite des Balles, Sie erzeugen dadurch einen Backspin, was bedeutet, daß der Ball sofort zurückdreht, wenn Sie ihn schlagen (siehe Abb. 124).

Wenn man das genauer betrachtet, sieht man folgendes: Die Wahrscheinlichkeit, daß Sie einen Slice ausführen, ist geringer, wenn Sie ein Holz Nr. 2 oder einen Driver mit Loft verwenden. Das Schlägerblatt sollte *einwärts geneigt* sein, also ein Schlägerblatt, das einen Slice verhindert und einen Draw oder sogar einen Hook begünstigt.

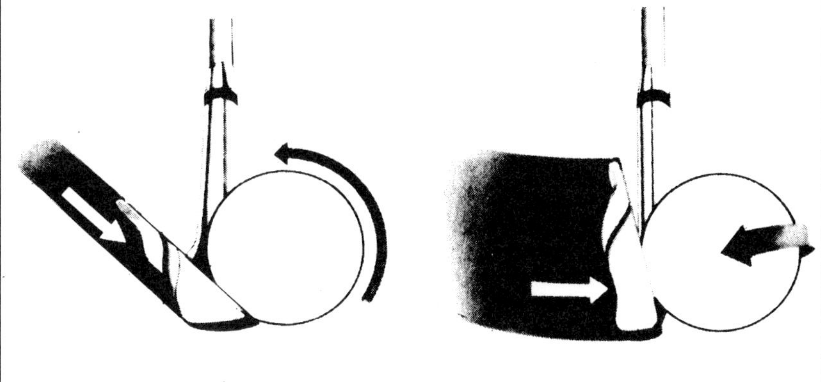

Winkel verursacht »Backswing«, flache Schlagseite verursacht »Sidespin«

Abb. 124

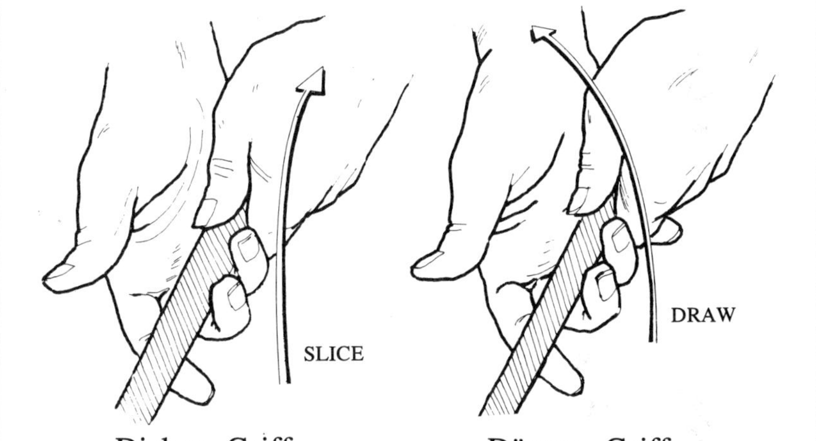

»Dicker« Griff »Dünner« Griff

Abb. 125

Ein anderer Punkt ist der: Ein dicker Griff neigt dazu, in die Handfläche zu rutschen, was eine *schwache* Griffposition der linken Hand bewirkt. Dünne Griffe hingegen werden in Ihre Finger gleiten und so einen stärkeren Linkshandgriff erzeugen; dünne Griffe begünstigen einen Draw und verhindern einen Slice (siehe Abb. 125).

Eisen: Ein flach am Boden liegender Schlägerkopf begünstigt eine im Treffmoment offene Schlägerblattstellung. (Ihre Handhaltung ist auch wichtig.) Wenn Sie geschmiedete Eisen haben, können Sie sie jederzeit vom Berufsspieler in Ihrem Klub aufschlagen lassen, so daß dann der Schlägerkopfabsatz zuerst auf den Boden kommt und so verlangsamt wird; die Spitze wird sich nach innen schließen, wenn Sie den Ball schlagen.

Zusammenfassung

Wenn Sie dieses Problem haben, müssen Sie sich wirklich mit dem Griff beschäftigen; bringen Sie Ihre linke Hand in eine Stellung, in der sie machtlos scheint, und Sie fühlen eine Belastung im linken Arm, und haben ein Gefühl, daß Sie ihn nicht drehen können. Wenn Sie all diese Gefühle haben, sind Sie in der richtigen Stellung und können den Slice beheben.

Der Socket — (Davy Crocket, Lucy Lockett)

Der Socket (= Sockel) als ein Begriff im täglichen Leben mag nicht viel bedeuten, aber in der Golfwelt sollte er nicht in Gesellschaft ausgesprochen werden. Er ist wie eine dieser tropischen Krankheiten, die, wenn man das Pech hat, sich anzustecken, *tödlich* sein können. Das Problem bei dieser Krankheit ist, daß sie sich nicht durch Körperkontakt verbreitet, sondern durch den einfachen Gedankenaustausch, und zwar so sehr, daß allein die geistige Vorstellung eines Socket dazu führen kann, daß er einem passiert! Deshalb ist es auch einer der schmutzigsten Tricks im Spiel, das Wort seinem Partner gegenüber zu erwähnen, vor allem, wenn er am 18. Loch mit einem Schlag führt und ihm ein schwieriger Chip über einen Bunker bevorsteht. Eine Bemerkung wie »Mir ist seit einer Woche kein Socket passiert« in Hörweite Ihres Partners kann sich ernsthaft auf das 19. auswirken. Sie könnten sich leicht außerhalb der Runden finden, wenn es um die Drinks geht. Die augenblickliche Wirkung auf die Erwähnung des Socket zeigt sich in Beklemmung, und wenn der Golfspieler versucht, einen Socket zu verhindern, wird der Griff so viel *fester,* daß der Spieler nicht losläßt. Das Resultat: Der Körper bewegt sich zuerst, *läßt den Schlägerkopf* hinter sich *zurück und weit offen,* und schon passiert ihm der Socket. Das Problem ist dann, daß der Spieler tatsächlich Angst vor einem zweiten hat und so *sein Griff noch fester wird;* schließlich muß er unter Umständen sogar den Ball »in die Tasche stecken«.

Sollten Sie diesen Punkt im Clubhaus in Gesellschaft erwähnen, wundern Sie sich nicht, wenn Sie plötzlich mit sich allein reden.

Was ist ein Socket-Schlag? Der Socket ist ein Schlag, bei dem der Ball mit dem Sockel des Schlägers getroffen wird und direkt nach rechts fliegt.

Wo ist der Sockelteil des Schlägers?

Es ist der Teil des Schlägers zwischen dem Schaft und dem Kopf. (Holzschläger haben keinen Sokkel.) Wie Sie der Abbildung entnehmen können, ist er völlig anders gestaltet als das Schlägerblatt des Schlägers. Wenn Sie einen echten Socket schlagen, kommt der Ball mit dem Schlägerblatt erst gar nicht in Berührung!

Wie brachten Sie den Socket fertig?

Wir wissen alle, was das ist. Wenn Sie beim Ansprechen in normaler Position beginnen und Ihr Schlägerkopf kommt im Treffmoment in der Position des Socket Country zurück, wissen Sie, daß Sie während Ihres Schwunges etwas falsch gemacht haben. Anders ausgedrückt: Sie begannen, als der Ball in Richtung zur Mitte des Schlägerblattes lag; wenn Sie ihn schlagen, wird er jedoch von dem Sockelteil des Schlägerkopfes getroffen (siehe Abb. 126).

Was sagt Ihnen das?

Ganz einfach, daß Ihr Schlägerkopf auf einer Linie zurückkommt, die außerhalb der Linie liegt, die vom Ball aus gerade zurückgeht.

Die Frage ist, wie sind Sie dazu gekommen? Dummerweise gibt es mehr als eine Möglichkeit, das zu tun. Zwei Schwünge können es verursachen. Der erste und offensichtlichste führt nach außen und verläuft schräg. Mit anderen Worten, die Schwunglinie war immer *außerhalb.* Beim anderen Schwung wird der Schläger durch Eindrehen der Handgelenke verstärkt nach innen geschwungen, wodurch die Schlägerblattstellung geöffnet wird (siehe Abb. 127).

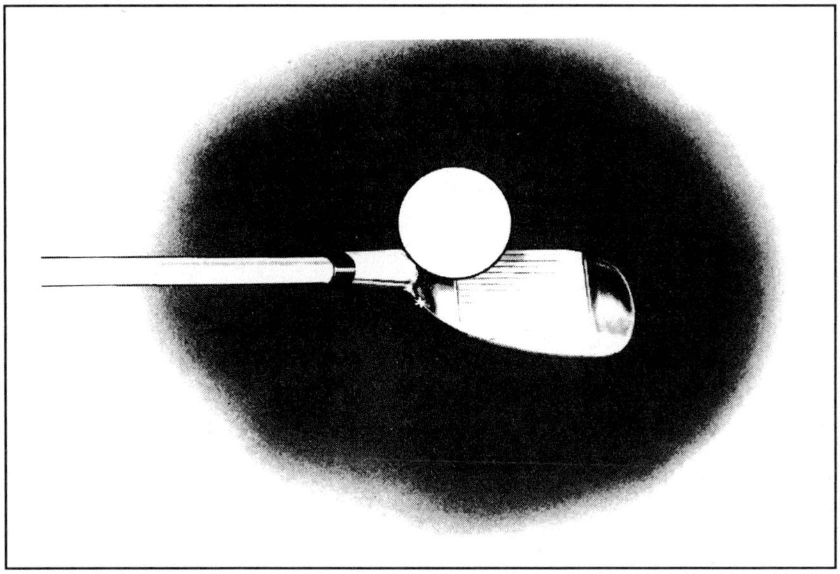

Abb. 126

Abb. 127

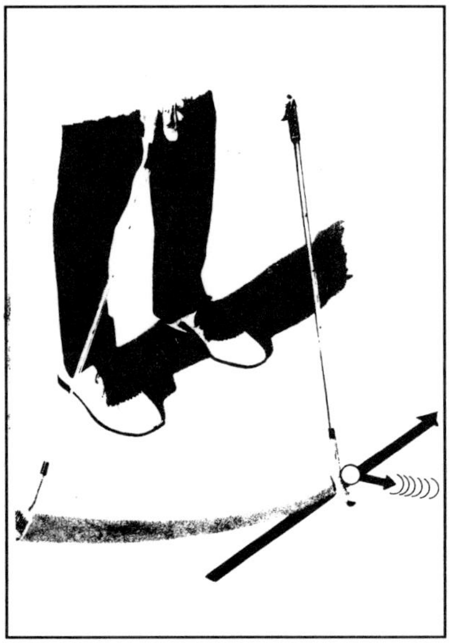

Abb. 128

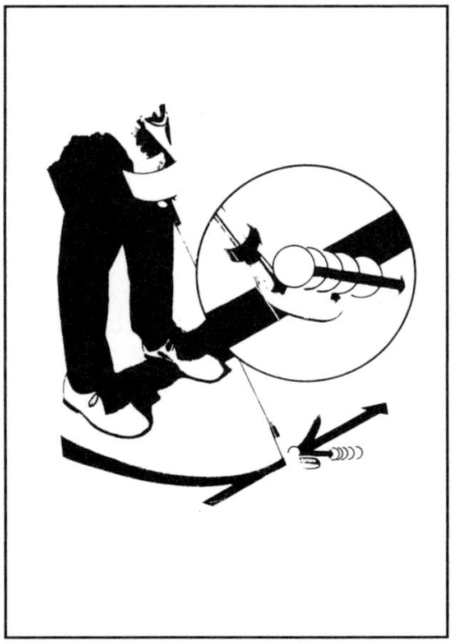

Beim Durchschwung wird der Schlägerkopf nach außen gedreht und die Schlägerblattstellung beim Schlag offen gelassen. Der *Bogen,* den der Schlägerkopf macht, könnte am ehesten als eine Acht beschrieben werden (siehe Abb. 128).

Beim ersteren Fehlschwung beginnt die Bewegung beim Abschwung immer mit der rechten Schulter, und der gesamte Körper bewegt sich vor (örtlich) dem Schlägerkopf durch die Schlagebene. Der Abschwung ist viel zu *steil.* Ein Pull sagt Ihnen, daß Sie den Ball nahe am Sockelteil des Schlägers schlagen. Golfspieler, die Sockets schlagen, waren immer schon *Puller* des Balles. Das ist verständlich, da der Socket beinahe immer bei hohen Eisen passiert, und diese Schläger mehr Backspin als Sidespin geben; wenn Sie also von *außenhalb* nach *quer* schwingen, wird der Ball direkt nach links gehen. *Sie können prüfen, welcher Teil des Schlägerblattes den Ball berührt, indem Sie die Rückseite des Balls mit Kreide markieren und nachsehen, wo die Markierung nach dem Schlagen des Balls auf dem Schlägerblatt ist.*

Abb. 130

Abb. 129

Wie korrigieren Sie das?

Sie müssen so schwingen, daß sich Ihr Schlägerkopf dem Ball nicht außerhalb der Linie, die vom Ball aus gerade zurückführt, nähert, sondern innerhalb dieser.

Das kann eine einfache oder eine drastische Änderung bedingen!

Wenn Sie den Ball von innen her schlagen wollen, bedeutet das, daß Sie den Schlägerkopf auf das Ziel richten und die linke Hand fester um den Griff legen oder nach rechts gedreht halten. Bei der Rückführung bewegen Sie den Schlägerkopf vom Ball aus gerade zurück (ohne die Gelenke abzuwinkeln oder die Schlägerblattstellung zu öffnen). *Vor allem aber bedeutet es, den Ball von innen her anzugehen und den Schlägerkopf in Richtung Ziel freizulassen oder die rechte Hand in den Schlag zu führen* — so wird der Körper daran gehindert, sich von außen her durch die *Schlagebene* zu bewegen.

Es gibt Übungsmöglichkeiten, die Ihnen da helfen können. Legen Sie zum Beispiel ein Stück Holz auf den Boden und einen Ball genau davor. Üben Sie, den Schläger in gerader Linie zurückzuführen, parallel zum Holzstück, und den Ball zu schlagen, ohne das Holz zu berühren (siehe Abb. 129 u. 130).

Oder legen Sie zwei Bälle auf den Boden und üben Sie, den *inneren* zu nehmen. Dies ist sehr lehrreich: Wenn Sie von außen her an den inneren Ball herankommen, bewegen Sie gleichzeitig beide Bälle (siehe Abb. 131 u. 132).

Oder als dritte Methode: Trennen Sie Ihre Hände auf dem Griff voneinander. Dies ist vor allem nützlich bei harmloseren Attacken, bei denen das Hauptproblem darin besteht, daß sich der Körper bewegt hat und die Schlägerblattstel-

Abb. 131

Ballybunion, Co. Kerry

Mullingar, Co. Westmeath

lung weit offen gelassen wurde, so daß der Ball nach rechts *schießt*. Die Methode ist: Richten Sie den Schlägerkopf auf das Ziel, führen Sie ihn in einer geraden Linie zurück, und Sie werden sehen, wie sich die rechte Hand automatisch in den Schlag hineinbewegt. (Wenn das Problem ernst ist, lassen Sie einen großen Abstand zwischen den Händen.)

Und noch ein weiterer Tip, der Ihnen hilft, wenn Sie zusätzlich sicherstellen wollen, daß Ihr Schlägerkopf den Ball nicht mit dem Schaft trifft. Plazieren Sie den Ball außen, nahe bei der Spitze des Schlägers. Wenn Sie sich beim Ansprechen mit dem Gewicht auf Ihren Zehen in einer gebeugten Haltung befinden, haben Sie wahrscheinlich einen gekippten Schwung mit der Tendenz, den Ball von außen her zu schlagen. Verlagern Sie Ihr Gewicht nach hinten auf Ihre Absätze, stehen Sie gerade und näher am Ball, die Knie und Hüfte leicht gebeugt, den Rücken gerade, um das Gewicht während des Schwunges zurückzuhalten. Stellen Sie sich nicht auf Ihre Zehen, da sonst alles nach außen verlagert wird.

Der Socket ist ohne Zweifel der ungewöhnlichste und geheimnisvollste Schlag im Golfspiel, was den potentiell guten Golfer betrifft. Der *Socket* ist der schrecklichste Schlag im Spiel. *Golfspieler, die unter ihm leiden, haben kein Gefühl für den Schlägerkopf.*

Ich möchte aber mit der Bemerkung abschließen, daß jeder manchmal von diesem Schlag betroffen wird, doch wenn man einmal die Ursachen verstanden hat, gibt es wirklich keinen Grund für dieses Problem.

Viel Vergnügen beim Golf!

Abb. 132

Die stillen Lehrer

19. Kapitel

Das **P** in meinem PZASA-System bedeutet, wie Sie wissen, Präparation oder Organisation. Der erste Teil der Organisation besteht darin, die Geräte, die wir benutzen, zu betrachten, ihre Grenzen zu sehen und zu verstehen, wie wichtig es ist, sie beim Aufbau eines Schlages diesem anzupassen.

Man kann auch sagen, daß wir, wenn wir einmal spielen, sehr viel von den *Spuren, die wir auf dem Schläger oder auch auf dem Platz hinterlassen,* lernen können. Sehen Sie das so wie ein Detektiv, der die Spuren, die ein Verbrecher am Ort des Verbrechens zurückläßt, betrachtet, um herauszufinden, was für ein Typ der Verbrecher war und hoffentlich auch, wer es war. Sie sollten sich die Spuren, die Sie hinterlassen, ansehen, um herauszufinden, was für eine Art Golfspieler Sie sind, welche Technik Sie anwenden und wie Ihre grundlegende *Schwungform* aussieht. Hoffentlich spielen Sie nicht wie ein Verbrecher!

Ich erinnere mich da an einen alten, lehrenden Berufsspieler, der immer mit den Schülern ein Gespräch führte, bevor sie auf den Übungsplatz gingen. Es war nicht nur ein geselliges Gespräch; der Lehrer benutzte es, um sich dabei beiläufig die *Spuren* auf den Schlägern anzusehen, um so herauszufinden, welche Art von Schwung der Schüler ausführte. Er sah sich die Sohlenplatten der Hölzer an, und anhand der Linien konnte er herausfinden, ob der Schüler ein *Von-außen-nach-innen-* oder *Von-innen-nach-außen-Schwinger* war. Das Ergebnis *überprüfte* er durch Betrachten der Eisen, und anhand der Spuren auf dem Schlägerblatt wußte er, welcher Teil den Ball *traf.* Er *bewunderte* dann auch die Hölzer und prüfte dabei die Farbe, um zu sehen, ob sein Schüler einen steilen Schwung ausführte und so etwas Farbe oben am Schlägerkopf absplitterte.

Durch diese Information wußte er, was für eine Art Schüler er vor sich hatte. Wenn der Schüler ein Etikett mit seinem Klubnamen auf der Tasche hatte, und er den Platz, wo sein Schüler Mitglied war, kannte, könnte er fragen: »Haben Sie Probleme mit dem 7., 13., 16. Loch auf Ihrem Platz?«, da er anhand der Spuren auf den Schlägern wußte, daß diese Löcher dem Schüler die meisten Probleme bereiten könnten. Damit hatte er all seine Informationen heimlich und schnell erhalten, ohne daß es dem Schüler bewußt geworden wäre. Der Schüler aber war natürlich sehr beeindruckt durch die Tatsache, daß der Lehrer schon bei Erreichen des Lehrplatzes *wußte, was er falsch machte, bevor er auch nur einen Schlag ausführte.* Wenn der Lehrer ihm sagen würde, er solle auf dem Kopf stehen, um den Ball zu schlagen, würde er es tun! Denn jetzt hatte der Lehrer ihn in seiner Hand.

Abb. 133

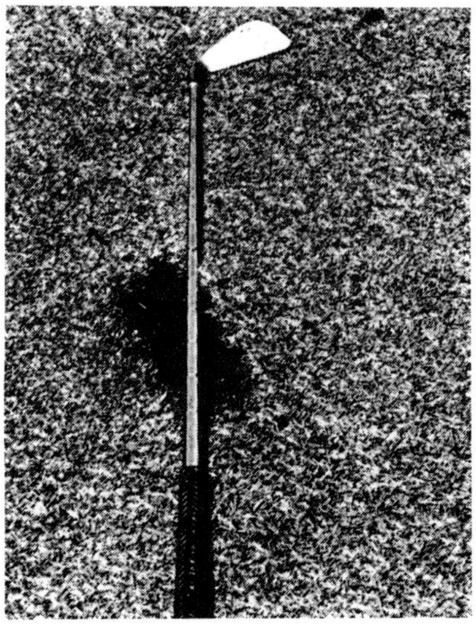

Mister Divot

Der stillste Lehrer ist Mister Divot (Ein Divot ist ein herausgeschlagenes Rasenstück). Nehmen wir als Beispiel ein Divot, der eine Schwunglinie von links oder von *außen-nach-innen* anzeigt. Wir wissen anhand dessen, daß der Ball jedenfalls links startet, und je nachdem was für ein Schläger verwendet wurde und in welche Richtung das Schlägerblatt im Treffmoment zeigte, links bleibt oder nach rechts abdreht (siehe Abb. 133).

Richten Sie den Schlägerkopf einfach mehr nach rechts aus. Überzeugen Sie sich davon, daß Ihr Linkshandgriff nach rechts gedreht ist. Richten Sie ebenfalls Füße, Hüfte und Schultern nach rechts aus. Schwingen Sie an der Körperlinie entlang, vergewissern Sie sich, daß Sie den Schlägerkopf freilassen und verhindern Sie, daß der Körper nicht mitgeht.

Wenn andererseits das Divot *in die andere Richtung fliegt* oder geradewegs auf das Ziel zu, sind Sie besser dran. Wenn der Ball immer noch nicht das Ziel trifft, obwohl Sie in Richtung Ziel schwingen, so kommt das daher, weil Ihr Schlägerblatt im Treffmoment nicht auf das Ziel zeigt. Es ist *offen* oder *geschlossen.* Sie müssen Ihren Griff überprüfen und ihn so organisieren, daß er Ihnen hilft, das Schlägerblatt gerade (rechtwinklig zur Schlagrichtung) zurückzubringen.

Heben Sie sich das Graben für den Garten auf

Wenn Sie ein *sehr schweres* Divot herausschlagen, kommt das stets vom *Ausfall* durch den Schlag. Es wird auch gefördert durch einen sehr festen Griff und dem Versäumnis, den Schlägerkopf freizulassen. Ich erinnere mich an einen Schüler, der das Problem hatte, und ich korrigierte es. Er sagte mir später, daß das Ausrichten nach *rechts* und Schlagen auf einer *inneren* Ebene funktionierte, aber was ihm wirklich half, war, daß er tatsächlich versuchte, den Schlägerkopf hineinkommen zu sehen, um den Ball zu treffen. In anderen Worten, er würde *sich zurückhalten,* bis er den Ball geschlagen hatte.

Man kann das auch auf andere Art betrachten, nämlich so: Stellen Sie sich ein Stück Gummi vor. Dehnen Sie es, und lassen Sie es dann los. Es wird an Ihrer anderen Hand abprallen. Dehnen Sie es wieder, aber dieses Mal lassen Sie die rechte Hand mitgehen, wenn Sie es loslassen. Die Geschwindigkeit, mit der es an der anderen Hand abprallt, ist viel geringer, da Ihre Hand sich mit dem Loslassen bewegte. Mit dem Schlägerkopf verhält es sich ähnlich: *Wenn Ihre obere Hälfte, d.h. Ihre Schultern, in den Schlag mitgeht, wird Ihre Schlägerkopfgeschwindigkeit merklich reduziert und es kommt zum Graben.* — Heben Sie sich das Graben für den Garten auf. Üben Sie, den Ball *aufzupicken* und sauber vom Gras *wegschwirren* zu lassen, und benutzen Sie dazu nur *Handgelenk* und Schlägerkopf — halten Sie Ihren Körper da heraus oder wenigstens während des Schlages zurück.

Das Tee

Der zweite *Indikator* ist, ob Sie es glauben oder nicht, das Tee. Wenn Sie nach jedem Drive das Tee suchen müssen, stimmt etwas nicht. Ihr Spiel kostet Sie nicht nur zuviel Geld, es zeigt auch einen falschen Schwung an. Es kommt mir da ein Spieler in den Sinn, der jedesmal nachdem sein Spielpartner abgeschlagen hatte, das Tee auflas. Wenn es zum Beispiel ein rotes Tee war, nach welchem sein Spielpartner suchte, fragte er, das rote Tee in seine Tasche steckend: »Hat jemand ein blaues Tee verloren?« Er ist jetzt wahrscheinlich ein Tee-Millionär.

Wenn Sie ständig das Tee zerbrechen oder es aus dem Boden oder in den Boden hineinschlagen, ist Ihr Schwung zu steil und kommt von oben auf den Ball. Sie schwingen auf den Boden zu, wenn Sie den Ball schlagen. Bei niedrig numerierten Schlägern wirkt sich dies verheerend aus (siehe Abb. 134)!

Machen Sie sich folgendes Motto zu eigen: »Man kann den Ball nicht hoch genug auflegen.« Legen

Abb. 134

Sie den Ball hoch auf und üben Sie, mit einigen *Halbschwüngen,* den Schläger über den Ball zu schwingen, ohne ihn zu berühren. Schlagen Sie dann den Ball *vom Tee ab* und lassen Sie das Tee dort (siehe Abb. 135). Schlagen Sie den Ball so, daß der *Schlägerkopf im Treffmoment nach oben geht,* oder vom Boden weg, nicht in ihn hinein. Es hilft beim Üben, wenn Sie den Ball ein gutes Stück über Ihren Füßen auf einem Wall plazieren, bevor Sie ihn zu schlagen versuchen, oder wenn Sie sich einfach ein 2 Fuß (60 cm) hohes Tee und den Schwung, den Sie machen müßten, um den Ball von diesem Tee zu schlagen, *vorstellen.* Beobachten Sie auch die Profis am Fernseher beim Drive. Achten Sie auf das Tee: bei 90 % der Abschläge ist das Tee noch immer im Boden. Die Berufsspieler schlagen den Ball im Aufwärtsschwung.

Der Schlägerkopf deckt, wie ich schon gesagt habe, viel auf. Nehmen Sie ihn und schauen Sie sich die Sohlenplatte genau an. Wenn die Linien nach links laufen, wissen Sie, wie Ihre Schwunglinie verläuft und wie Sie sie verbessern können.

Die Spuren auf dem *Handschuh* sagen Ihnen, ob Sie während des Schwunges viel *Bewegung* am Griff haben. Schauen Sie sich die Abbildung an: Der Griff liegt zu weit in der Handfläche. Verlagern Sie ihn in die Finger, um eine gute linke Seite zu begünstigen; durch den Fingergriff erreichen Sie auch eine *Handgelenksbiegung* und lassen den Schlägerkopf frei (siehe Abb. 136).

»Man kann nicht zu leicht greifen. *Halten Sie ihn wie eine Tube Zahnpasta.*«

Sie können auch den Griff des Schlägerschaftes betrachten. Die Spuren auf dem Griff sagen Ihnen,

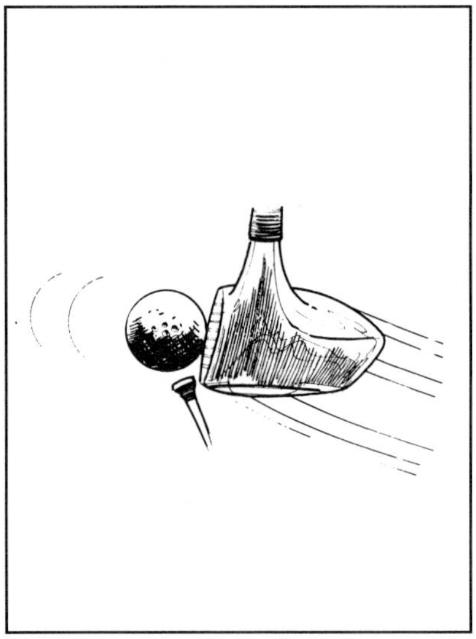

Abb. 135

ob sich der Schläger bei Ihrem Schwung zu viel bewegt. Wenn Sie Ihre Griffe stark abnutzen, halten Sie den Schläger zu fest, schwingen ihn zu sehr mit Ihren Händen und viel zu schnell. Ihr Spiel könnte sehr viel besser werden, wenn Sie Ihre Griffe respektieren würden. Halten Sie ihn wie eine Tube Zahnpasta. Es ist wichtig, den Schläger nicht mit Ihren Händen zu *erwürgen!* Ganz egal, wie locker Sie Ihren Schläger halten: Ihr Griff wird immer fester werden, sobald Sie auf den Ball zuschwingen. Wenn andererseits Ihr Griff beim Ansprechen sehr fest ist, wird er bei der Rückführung des Schlägers lockerer werden. Das ergibt auch immer ein schnelles, rechtsseitiges Zurückführen, welches sich oben plötzlich auflöst, und Sie verlieren im unteren Teil des Schwunges die Kontrolle (siehe Abb. 137).

Zur Korrektur empfiehlt es sich, den Schläger sehr locker zu halten, wie wenn er aus Ihren Händen *fliegen* möchte, *und die halbe Distanz mit einem vollen Schwung zu üben. Fühlen Sie, daß Ihre Arme schwingen, nicht nur Ihre Hände.*

Mit anderen Worten: Bewegen Sie Ihre ganze linke Seite zurück,

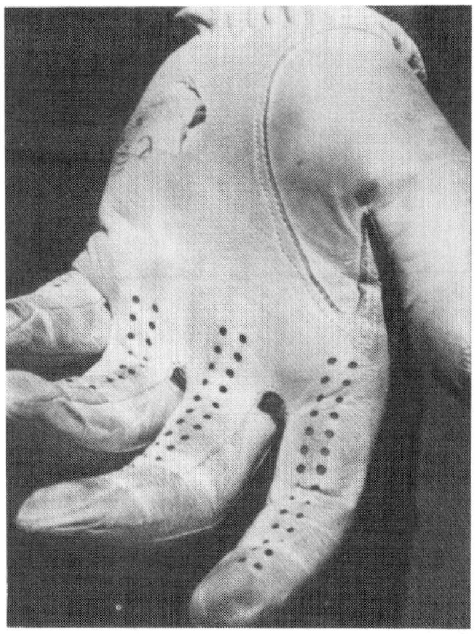

Abb. 136

während Sie Ihre stärkere rechte Seite beim Rückschwung ruhig halten.

Schließlich sollten Sie *Ihre Füße* als Helfer gebrauchen, wenn Sie einen Schlag aus dem Sand her ausführen müssen. Wenn Sie mit den Füßen *scharren,* können Sie die Dichte des Sandes abschätzen. Vergessen Sie nicht, daß der Ball viel schneller aus hartem Sand kommt, als aus weichem. Wenn der Sand sich weich anfühlt, müssen Sie einen viel festeren Schlag ausführen und versuchen, weiter als bis zum Flaggenstock zu kommen. Wenn der Sand hart ist, führen Sie einen weicheren Schlag aus.

Die ersten Golfbälle wurden aus Hartholz oder Elfenbein hergestellt.

Feathery (ca. 1642 — 1848): mit Leder überzogen und gekochten Gänsefedern ausgestopft.

Gutty (1848 — 1901): aus gummiartigem Material hergestellt; richtiger Name Gutta-Percha.

Haskell (ca. 1901): der erste Ball mit Gummikern — das Grundmuster wird noch für die heutigen Golfbälle verwendet.

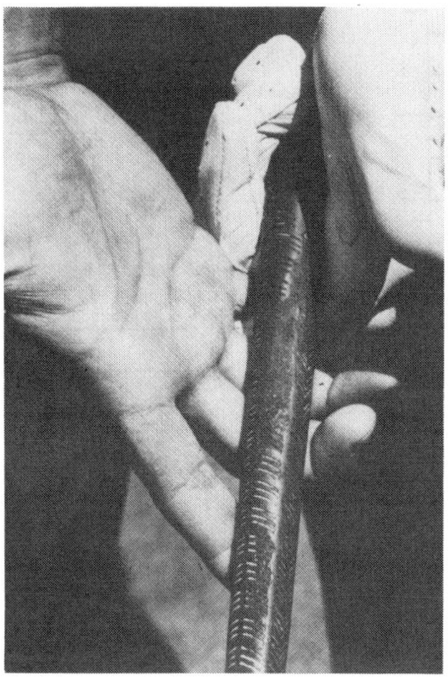

Abb. 137

Conventional (ca. 1906): konventioneller, pockennarbiger Ball.

Pro-Staff: mit Kegelstumpfvertiefung; günstigste aerodynamische Eigenschaften.

Der Ball

Der Hochdruck-Golfball kommt mit dem Schlägerblatt eine 4/10'000 Sekunde in Berührung.

»Viel Geschwafel über Bälle«
»Wenn er rund und weiß ist, dann benutze ihn!«

Entgegen der Werbebehauptungen bestehen wenig Unterschiede in der Flugdistanz, die man mit Bällen vergleichbarer Qualität erreicht. Nach Tests, die von der USGA (United States Golfers Association) durchgeführt wurden, kam man überein, daß keine Marke merklich besser ist als die ihr am nächsten stehenden Rivalen.

Ich erinnere mich da an eine Gruppe Leute, denen eine Fabrik, in der Golfartikel hergestellt wurden, gezeigt wurde. Zu der Zeit bestand eine große Rivalität zwischen zwei Ballmarken, doch — sehr zur Überraschung der anwesenden Golfspieler — wurden die beiden Bälle in ein und derselben Fabrik hergestellt: Sie wurden allerdings separat bedruckt und verpackt.

Die Distanz, die ein Ball getragen wird, wird bestimmt durch seine Kompression und durch seine Fähigkeit, zurückzuspringen, wenn er geschlagen wird. Dies hängt von der Härte des Balles und des Härte des Schlages ab.

Die modernen Bälle haben eine Kompression zwischen 100 und 60. 100 eignet sich für Golfer mit einem harten Schlag, doch ein Golfer mit einem durchschnittlichen Schlag sollte eine Kompression von 80 — 90 verwenden. Die Kompression steigt bei Kälte an und sinkt bei Hitze; deshalb sollten Sie im Winter mit einem weicheren Ball spielen.

Ein Ball darf, laut Regel, nicht mehr als 1,62 Unzen wiegen oder mehr als 1,68 Zoll Durchmesser haben (bei G.U.I.- Wettkämpfen). Die ersten Bälle waren mit Federn gefüllt und wurden »Featheries« genannt; später waren sie mit Flüssiggummi gefüllt oder hatten Stahlzentren, umgeben von gestrafften Gummibändern und waren mit einem Belata-Bezug versehen.

Feste Bälle sind schnittsicher. Dic Aerodynamik der Vertiefungen und der Backspin von 2000 bis 8000 rpm (Umdrehungen/Minute) halten den Ball zweimal länger in der Luft als einen Ball mit glatter Oberfläche.

Die Geschwindigkeit, mit der der Ball das Schlägerblatt des Drivers verläßt, wenn er von einem guten Golfspieler geschlagen wird, beträgt ungefähr 170 m/h (Meilen/Stunde). Der Hochdruckball kommt mit dem Schlägerblatt eine 4/10'000 Sekunde in Berührung, der weichere Ball bleibt ein wenig länger an dem Schlägerblatt und kann daher besser gelenkt werden (siehe Abb. 138).

Merkmale eines ungeschickten Golfers

Sollten Sie die meisten der folgenden Fragen mit »Ja« beantworten, gehören Sie zu der Kategorie der ungeschickten Golfer, ganz egal, wie hoch Ihr Handicap ist.

- ○ Schlagen Sie am Tee auch nur ganz wenig vor den Markierungen ab?
- ○ Plazieren Sie Ihre Markierung auf dem Grün vor dem Ball, und spielen Sie dann den Ball vor der Markierung ab?
- ○ Wenn Sie den Ball identifizieren, drücken Sie Ihren Absatz hinter dem Ball nach unten, um die Lage zu verbessern?
- ○ Beschließen Sie, Ihren Ball zu reinigen, wenn Sie mit dem Drive an der Reihe sind?
- ○ Reden, lachen, gehen Sie umher oder lassen Sie Ihre Schläger rasseln, wenn ein anderer den Ball anspricht?
- ○ Gehen Sie vor Ihrer Gruppe und riskieren, getroffen zu werden?
- ○ Stehen Sie nahe bei jemandem, der gerade schlägt?
- ○ Spielen Sie, wenn Sie nicht an der Reihe sind?
- ○ Vergessen Sie, Ihre Schläge zu zählen, wenn Sie gerade Aufwind haben?
- ○ Reißen Sie Unkraut oder Gras aus, wenn Sie im Rauhen sind, oder brechen Sie Äste ab, die Ihren Schwung behindern?
- ○ Hinterlassen Sie Fußabdrücke im Sand?
- ○ Berühren Sie den Sand mit dem Schläger, wenn Sie den Ball ansprechen?
- ○ Wechseln Sie auf dem Übungsgrün zu einem neuen Ball?
- ○ Gehen Sie auf der Putt-Linie eines anderen Spielers?

- ○ Stehen Sie auf der Putt-Linie, so daß Sie im Sichtfeld des Spielers sind, der puttet?
- ○ Versäumen Sie es, Bodenschäden zu reparieren?
- ○ Lassen Sie Ihren Ball nach dem Einlochen im Becher, wenn ein anderer Spieler noch putten muß?
- ○ Sind Sie bereit, zu putten, wenn Sie an der Reihe sind?
- ○ Bleiben Sie nach dem Putten auf dem Grün und zählen Ihre Schläge oder schreiben Ihr Resultat auf?

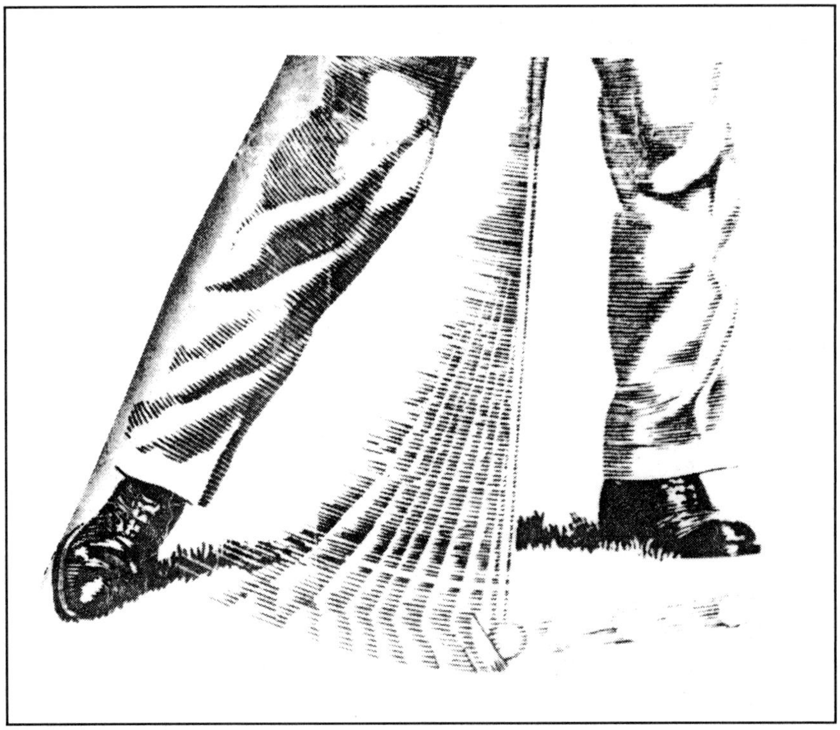

Abb. 138

Wenn Sie die Mehrheit der Fragen mit »Ja« beantworten, dann gibt es immer noch… ein Gebet!

- ○ Gesegnet sei der arme Golfspieler, denn sein Königreich ist ein besserer Club!
- ○ Gesegnet sei der bescheidene Golfspieler, denn sein Resultat ist besser!
- ○ Gesegnet sei der durstige Golfspieler, denn sein Loch ist das neunzehnte!
- ○ Gesegnet sei der Friedensstifter, denn sein Fairway hat keine Divots!
- ○ Gesegnet sei der, der trauert, denn sein Königreich wird Mulligan* sein!.
- ○ Gesegnet seien die Meister von uns allen, und Gott erbarme sich uns ungeschickten Golfern, die immer noch den Ball suchen!

---

* »Mulligan« soll von einem Clubmanager stammen, der immer zuerst vom Schläger zum Tee eilte, von welchem sein Partner bereits abgeschlagen hatte, und da er es immer als ungerecht ansah, verlangte er, daß sein erster Schlag nicht zählen sollte, falls er von diesem ersten Tee einen schlechten Schlag ausführte.

Der Golfschlag 20. Kapitel

Alles, was Sie tun müssen, ist, dieses Kapitel lesen, wenn Sie ein Golfspieler werden wollen, denn ich werde Ihnen alles über den Golfschlag erzählen und Ihnen zeigen, wie Sie ihn ausführen müssen!

Wie man den Golfschlag spielt — oder »der Draw zwecks Distanz-Schlag«. Schauen wir zuerst, weshalb der »Fade«-Schlag befürwortet wurde.

Der sichere Fade wird seit vielen Jahren angewendet. Das Problem mit dem Fade ist, daß er von Spielern befürwortet wird, die entweder »Draw-Spieler« waren oder sogar ein Problem mit einem Hook hatten. Ein Beispiel dafür ist Ben Hogan, dessen Buch über kraftorientiertes Golf manchmal als Anti-Hook Buch beschrieben wird. Er hatte einen Überschwung, und sein Problem war, daß er ab und zu einen fürchterlichen Hook spielte, der sein Resultat zerstörte. Er war kein guter Golfspieler, bis er teilweise seine Flugdistanz opferte. Er entwickelte einen mehr linksseitigen Schwung und den sicheren Fade-Schlag. Jack Nicklaus spielte diesen Schlag ebenfalls.

Warum er nicht zu Ihnen paßt (siehe Abb. 139).

Das Problem mit all dem ist, daß die Leute, die ihn befürworten, Leute sind, die große Flugdistanzen ereichen, diese aber nicht kontrollieren konnten. Sie waren es gewohnt, Wettkampfgolf auf engen Plätzen mit engen Fairways und bestrafenden Rauhs zu spielen, wo ein abweichender Schlag geahndet wurde. Wenn sie gewinnen sollten, verwendeten sie im allgemeinen einen *sicheren Driver,* der sie zwar nicht ihre größte Flugdistanz erreichen ließ, aber dafür sorgte, daß der Ball im Spiel blieb.

Die Golfspieler im Club müssen nicht unter so extremen Umständen spielen. Wahrscheinlich haben sie nie ein »Draw«- oder «Hook«-Stadium gekannt, und meistens haben sie auch kein *Problem, die Distanz zu kontrollieren, sondern eher, sie zu finden.* Anders ausgedrückt: Ein Golfspieler muß zuerst dem Ball eine gewisse Flugdistanz geben können, bevor er anstrebt, diese zu kontrollieren.

Wenn Sie Ihre maximale Flugdistanz anstreben, müssen Sie den Draw spielen. Der Grund dafür ist, daß der Annäherungswinkel zum Ball bei einem Fade-Schlag steil ist, und der Drall ein leichter von-links-nach-rechts-Drall ist, weil die Schlägerblattstellung offen ist. Wegen der steileren Attacke mit der offenen Schlägerblattstellung bekommen Sie einen höheren Ballflug als normal. Die Kraft ist eher nach unten gerichtet, und daher verlieren Sie etwas an Vorwärtstendenz. Andererseits nähern Sie sich mit dem Draw dem Ball in einem viel tieferen Winkel, eher von hinten an den Ball, der Schlägerkopf trifft die Rückseite des Balles und verursacht eine flachere Flugbahn, wobei die Schlägerblattstellung leicht in Richtung des Schwunges geschlossen ist. Ein solcher Schlag wird *viel mehr nach vorn getrieben,* und wenn der Ball auf den Boden aufschlägt, *hebt* er aufgrund des Aufwärtsdralls wieder ab.

Mit diesem Schlag erreichen Sie Ihre maximale Flugweite.

Zusammenfassend gilt:

Wenn Sie es auf Flugdistanz und auf einen Schlag, der sich wiederholt, abgesehen haben, dann spie-

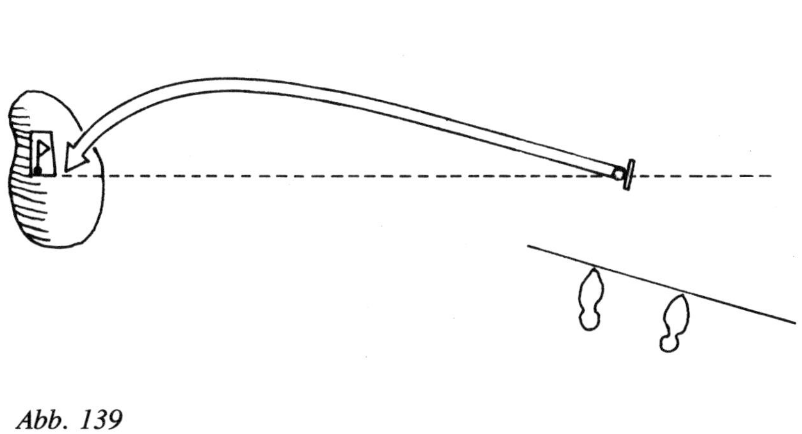

Abb. 139

len Sie den Draw-Schlag. Diesen Schlag kann ich Ihnen empfehlen.

Die Frage ist: Wie organisieren Sie diesen Schlag?

Es ist wie bei allen anderen: wenn Sie einen Draw schlagen wollen, *organisieren Sie ihn zuerst.* Die Schwunglinie muß von *innen* nach *außen* verlaufen, und die Schlägerblattstellung muß leicht zu ihr hin geschlossen sein.

Präparation

P Da es Ihre *Hände* sind, die das *Schlägerblatt* kontrollieren, und Ihr *Ausrichten* die *Schwunglinie* kontrolliert, müssen Sie zunächst Ihre Hände so auf dem Griff haben, daß das Schlägerblatt beim Anschlag leicht geschlossen ist, und so stehen, daß Sie eine von-innen - nach - außen - Schwunglinie begünstigen.

Tun wir's!

Z **Ziel.** Richten Sie den Schlägerkopf auf das Ziel.

A **Ansprechen.** Vergewissern Sie sich, daß Ihre linke Hand so auf dem Griff liegt, daß das »V« von Daumen und Zeigefinger auf die rechte Schulter zeigt, oder drehen Sie sich leicht im Uhrzeigersinn. Das wird etwas unbequem sein, und wenn Sie sich wieder in die natürliche Position zurückdrehen, wird sich die Schlägerblattstellung schließen.

Richten Sie Ihren Körper leicht rechts vom Ziel aus und zwar so, daß eine Linie von Ihren Füßen über Hüften und Schultern nach rechts vom Ziel zeigt.

Sie haben sich so aufgestellt, daß sich Ihr Schlägerblatt leicht links von Ihrem Körper befindet; das Resultat sollte ein Schwung sein, bei dem das Schlägerblatt leicht geschlossen ist, links von Ihrer Schwunglinie, wenn Sie den Ball schwingen.

S Wie ich schon gesagt habe: Die Art, in der Sie schwingen, wird bestimmt durch die Art, wie Sie sich vor dem Schwung aufstellen.

Schwingen Sie der Körperlinie entlang, vergewissern Sie sich, daß Sie den Schaft oben so positionieren, daß er auch leicht nach rechts vom Ziel zeigt und die Winkel so gesetzt sind, daß Sie den Ball von *innen* angehen und ihn mit leicht geschlossenem Schlägerblatt von sich weg schlagen. Es ist natürlich auch wichtig, zu erkennen, daß man, wenn man auf den Ball zukommt, *die rechte Hand gebraucht, den Schlägerkopf zum Ball schwingt* — halten Sie Ihren Körper zurück und lassen Sie den Schlägerkopf gehen. Es ist als wenn man ein Stück Gummiband streckt und dann losläßt.

A Machen Sie sich ein Bild vom Schlag. Stellen Sie ihn sich vor, und Sie werden den Draw-Schlag spielen (siehe Abb. 140).

Abb. 140

Die Geschichte des Spiels 21. Kapitel

Man nimmt an, daß die Bezeichnung Golf von dem deutschen Wort »Kolbe« (Club) abgeleitet wurde, und daß die heutige Bezeichnung eine keltische Form davon ist.

Reiche und arme Leute vertrieben sich gemeinsam ihre Freizeit auf den »Commons« an der See. Diese Vermischung der Klassen war ausschlaggebend dafür, daß aristokratische Golfer bereit waren, Rechtsstreitigkeiten auszutragen, um dieses Gebiet für die Benutzung aller zu bewahren.

Die langsame Entwicklung des Golfspiels in Schottland läßt sich auf die Art des verwendeten Balles zurückführen. Es war ein mit Federn ausgestopfter Ball, der »Federling« (Feathery). Dieser Ball wurde, zusammen mit speziell angefertigten Holzschlägern, vom König und den Adligen in seiner Umgebung benutzt. Die Mehrheit der Bevölkerung benutzte jedoch einen einfachen Holzstock und einen Holzball, wegen des hohen Preises des Federlings wurde das Spiel allerdings nicht sehr populär.

Wenn man über die Frühgeschichte des Golfspiels spricht, muß man die Rolle der Freimaurer erwähnen, die dem Spiel eine stabile Basis gaben. Es gibt Beweise einer starken Freimaurermitgliedschaft in der Entstehungszeit des »Royal and Ancient« Golf Clubs von St. Andrews, der »Royal Golfing Society of Edinburgh« und der »Royal Blackneaths«. Auch drei andere wichtige Faktoren sind erwähnenswert. Golfferien wurden in Schottland populär, vor allem durch die Schirmherrschaft solch berühmter Persönlichkeiten wie Earl Haig und Earl Asquith, die regelmäßig Golfferien in Schottland verbrachten. Das Spiel wurde weiterhin durch das Aufkommen der »neuen Technologie« dieser Zeit begünstigt, der Erfindung des Rasenmähers. Vor dieser Erfindung war das Spiel nur zur Winterzeit gespielt worden, wenn das Gras kurz war. Erst jetzt wurde es möglich, sich von der Küste zu entfernen und Inlandsplätze zu schaffen. Ein anderer interessanter Aspekt war die Entwicklung der Eisenbahn. Das Golfspiel wurde nun vor allem in den Städten populär, die Eisenbahnverbindungen zu ländlichen Gegenden in der Umgebung hatten.

Warum wurde St. Andrews das Mekka des Golfs?

Ich möchte zwei Gründe erwähnen, die meiner Ansicht nach ausschlaggebend dafür waren, daß St. Andrews das wichtigste Golfzentrum in Schottland während dieser Frühzeit des Golfs wurde.

Der erste Hauptfaktor war wohl, daß eine mächtige und einflußreiche Gruppe von Freimaurern die führenden Köpfe während der Anfangsentwicklung von St. Andrews waren. Sie waren enthusiastische Anhänger des Golfspiels; zum zweiten war das Jahr 1522 besonders wichtig für diesen weltberühmten Club. In diesem Jahr bestätigte John Hamilton, Erzbischof von St. Andrews, das Recht der Gemeinde, in den Dünen Golf zu spielen, jedoch unter der Bedingung, daß ihm die Erlaubnis gegeben würde, auf dem nördlichen Teil des Platzes Kaninchen zu züchten. Interessant ist, daß von 1522 bis etwa 1846 die Spieler dieses berühmten Golfzentrums auf allen anderen Golfplätzen unentgeltlich spielen durften.

Das erste golfähnliche Spiel war das sogenannte »Pagawica«. Es war von römischen Soldaten gespielt worden, die dazu einen geschwungenen Schläger und einen Lederball, in den Federn gesteckt wurden, benutzten. Die Römer, die mit der Absicht gekommen waren, die britischen Inseln zu erobern, hatten Teile Englands und Schottlands besetzt, in der Zeit von 55 vor Christus bis etwa 409 nach Christus. Man muß jedoch betonen, daß es keine direkten Beweise über Zusammenhänge zwischen »Pagawica« und Golf gibt. Ein anderes golfähnliches Spiel, »Cambuca« genannt, wurde in England mit einem Holzball gespielt. Es ist allerdings nichts darüber bekannt, welche Art von Schläger benutzt worden war, um den Ball zu schlagen. Der Schläger glich wahrscheinlich dem, der für »Pagawica« benutzt worden war. Auf einem der bunten Glasfenster der Kathedrale von Gloucester aus dem Jahre 1310 ist eine Person beim Golfspiel zu sehen, die gerade einen Ball schlägt. Was den historischen

Wert dieser Darstellung angeht, wird akzeptiert, daß es sich bei der abgebildeten Person um einen Golfer handelt. Es gibt Nachweise, daß es zur gleichen Zeit in Frankreich ein ähnliches Spiel gab, »Chole«. Auch dieses Spiel bestand darin, einen Ball mit einem Schläger zu einem Punkt zu schlagen.

Viele Leute nehmen an, daß das Golfspiel aus Schottland stammt, und es gibt natürlich viele schottische Schriftsteller, die das für Schottland beanspruchen. Robert Browning, ein sehr bekannter schottischer Literat, unternimmt starke Anstrengungen in seiner »Geschichte Schottlands«, das zu beweisen. Heute wird jedoch allgemein anerkannt, daß die Holländer das heutige Golfspiel erfunden haben. Sie nannten es »Kolf«. Die Herkunft des Spiels, wie wir es heute kennen, kann bis in das kleine holländische Dorf *Leonan* zurückverfolgt werden. Es gibt Beweise, daß das Spiel dort schon im Jahre 1296 gespielt worden war. Die gleichen Quellen zeigen, daß es mindestens 30 Zentren gab, wo Kolf gespielt wurde. Viele holländische Gemälde dieser Zeit zeigen Menschen, die im Freien Golf spielen. Das Spiel war anscheinend in der Zeit zwischen 1300 und 1700 sehr populär. Anfang des 18. Jahrhunderts starb es jedoch aus. Nachdem das Spiel fast zwei Jahrhunderte vernachlässigt worden war, wurde es im Jahre 1890 in Holland wiederbelebt. Das war interessanterweise einer Gruppe schottischer Golfer zu verdanken, die in Den Haag einen Club und einen Platz eröffneten. Das Golfspiel kehrte zu seinen eigentlichen Wurzeln zurück.

Betrachtet man die Rolle Schottlands in der Geschichte des Golfspiels, so ist es von Bedeutung, daß das Spiel zunächst an der Ostküste auftauchte. Dies kann den engen Handelsbeziehungen zwischen den beiden Ländern zugeschrieben werden. Als das Wasser an der Ostküste Schottlands zurückging, entstanden weite, hügelige Graslandschaften, die für landwirtschaftliche Nutzung ungeeignet, als Golfplätze jedoch ideal waren. In diesen Frühstadien mußten die Golfer das Land, das der Allgemeinheit (Commons) gehörte, mit Fischern, Waschfrauen, Fußballern, Soldaten im Manöver und anderen teilen (siehe Abb. 141).

Abb. 141

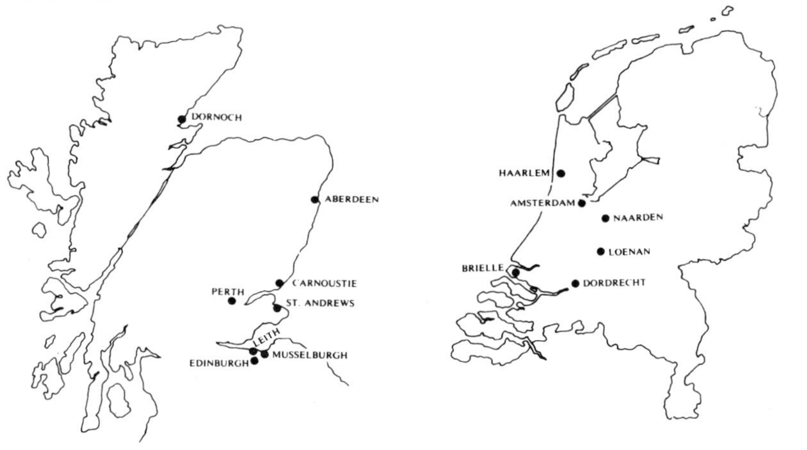

Orte in Schottland und Holland, in denen bis ca. 1600 Golf gespielt wurde.

Der große Durchbruch — »Der Ball, der es ermöglichte.«

Der große Durchbruch in der Entwicklung des Spiels kam 1843 mit der Entdeckung des Guttapercha. Dies ist eine milchige Flüssigkeit, die hauptsächlich von den Palaquium Guttabäumen der Malaysischen Halbinsel gewonnen wurde und in veränderter Form als Isolierung von elektrischen Drähten und Unterwasserkabeln verwendet wurde. Sie wurde auch für Abdrücke, chirurgische Bandagen und zeitweilig für provisorische Zahnfüllungen verwendet. Eine Zeitlang ersetzte ein Ball aus dieser Substanz den »Feathery«, eine neue Art von Golfball war geschaffen. Damals war dieser neue Ball billig und haltbar. Diese Entwicklung war ausschlaggebend dafür, daß die Leute, die sich den »Feathery« nicht leisten konnten, nun auch Golf spielen konnten. Die Einführung des »Guttapercha« erfolgte zum richtigen Zeitpunkt, das war etwa im Jahre 1848. In den vorangegangenen Jahren war ein plötzliches Nachlassen der Popularität des Spiels zu verzeichnen gewesen. In der Zeit zwischen 1820 und 1850 hatte das Golfspiel einen absoluten Tiefstand erreicht. Das Spiel war in Holland ausgestorben, auf den britischen Inseln war es nur durch den Enthusiasmus und die Unterstützung der Freimaurer und reicher Geschäftsleute aufrechterhalten worden. Vor der Einführung des »Guttapercha« war das Spiel immer elitärer und zu einer Domäne der Reichen geworden. Hier muß aber auch daran erinnert werden, daß die Golfschläger mit der Einführung des »Guttapercha« weiterentwickelt und verändert werden mußten.

1850 — 1910

In den Jahren nach der Einführung des neuen, billigeren und haltbareren Golfballes blühte das

Spiel auf und wurde auf allen fünf Kontinenten populär. Außer dem Ball gab es noch andere, sekundäre, äußere Faktoren, die positive Auswirkungen auf das Spiel hatten. Enge Handelsbeziehungen zwischen den britischen Inseln und den neuen kolonialen Vorposten wurden aufgenommen. Abenteuerlustige Handelsleute spielten eine wichtige Rolle bezüglich der Förderung des Spiels in weitentfernten Winkeln der Welt. Um 1890 gab es eine Neuentdeckung, die eine weitere Verbesserung des Balles zur Folge hatte. Dieser Ball wurde Haskell genannt, weil er von dem Golfer Coburn Haskell aus Cleveland entwickelt worden war. Bei diesem Ball handelt es sich um die erste Generation moderner Bälle.

Historische Meilensteine

Wie man sehen kann, gab es in der Entwicklung des Golfsports bedeutende Ereignisse, besonders während des 19. Jahrhunderts. Um diese in ihrer historischen Perspektive zu sehen, wollen wir die folgende Zusammenfassung der wichtigsten Ereignisse und Daten betrachten.

1567 Mary, Königin von Schottland, soll damals in »Seton House« in Schottland, kurz nach dem Tod ihres Mannes Lord Darnley, Golf gespielt haben.

1641 Ein wichtiges Jahr in der irischen Geschichte, da in diesem Jahr ein größerer Aufstand stattfand. Die Nachricht vom Ausbruch des Krieges wurde König Karl übermittelt, während er in Leith Golf spielte. Der König wurde im Spiel geschlagen. Als er wegen dieser Nachricht den Platz verließ, soll er die Bemerkung gemacht haben, daß er mehr wünschte, seine »halbe Krone (Geldstück) zu retten als seine Krone«.

1658 Erster Nachweis des Golfspiels in England, nachdem es sich von der Ostküste Schottlands südlich ausbreitete. In diesem Jahr zum ersten Mal in der Gegend um London nachgewiesen.

1744 Die ersten Spielregeln wurden in Leith aufgestellt, insgesamt 13.

1780 Gründung des »Royal Aberdeen Golf Club«.

1829 Mit der Gründung des »Royal Calcutta Club« gelangte das Spiel nach Indien. Wichtiges Datum, weil zum ersten Mal ein Club außerhalb der britischen Inseln gegründet worden war.

1856 Errichtung des ersten Clubs auf dem europäischen Festland, im Baskenland.

1867 Gründung des ersten Damenclubs in St. Andrews.

1871 Dunedin, Neuseeland, errichtete seinen ersten Golfclub.

1874 Gründung des »Royal Montreal«.

1881 Gründung des »Royal Belfast«.

1883 Gründung des »Curragh Golf Club«.

1885 Gründung des »Royal Cape of South Africa«.

1888 Errichtung des ersten Golfclubs in Amerika, in Yonkers, New York, von zwei Schotten, John Reid und Robert Lockhart.

1890 Gründung des ersten Golfclubs in Belgien. Im gleichen Jahr kehrte das Golfspiel nach Holland, seinem Ursprungsland, zurück, nachdem das Spiel dort fast jahrhundertelang, vergessen worden war. Hier muß wieder der enorme Beitrag der Schotten zur Erhaltung des Spiels erwähnt werden, da es wieder eine Gruppe schottischer Golfer war, die einen Club und einen Platz in Den Haag eröffneten.

1891 Long Island, New York, gegründet.
Lahinch, Co. Clar, gegründet.

1897 Gründung des Bray Golf Club.

1898 Kopenhagen richtete seinen ersten Club ein.

1901 Erster Club in Japan.

Frühe holländische Golfer

1904 Göteborg in Schweden gründete seinen ersten Club.
1908 Buenos Aires, Argentinien, gründete den ersten Club.
1963 Das Jahr 1963 ist bedeutend, da das Golfspiel jetzt alle fünf Kontinente erreicht hatte. Diese Tatsache gipfelte in der Gründung der »Asian Golfing Association«.

Ausgehend von unserer Zusammenfassung der wichtigsten Ereignisse in der weltweiten Entwicklung des Golfspiels, wollen wir uns jetzt auf das Spiel in Schweden, Japan und Amerika konzentrieren. In Schweden hat die Popularität des Spiels in den letzten Jahren stark zugenommen. Die Anzahl der Golfplätze stieg drastisch an, was Schweden zu einer der stärksten Golfnationen in Europa machte. Der Sport in diesem nördlichen Land erfuhr einen enormen Aufschwung durch Sven Tumba, einem herausragenden Sportler. Als Eishockeyspieler wurde er zum Superstar und Volkshelden. Dadurch, daß er sich dem Golfsport zuwandte, richtete er die Aufmerksamkeit der Leute auf diese neue, sich in der Entwicklung befindlichen Sportart. Es war vor allem seinem enormen Einfluß zu verdanken, daß sich das Golffieber epidemiehaft ausbreitete und die Gedankenwelt von Millionen von Schweden eroberte. Heute steht Schweden an der Schwelle, sich als eine große Golfnation zu etablieren.

Die Geschichte des japanischen Golfsports ist, in vieler Hinsicht, noch bemerkenswerter. Das Spiel befindet sich noch in einer embryonalen Entwicklungsphase, und hat als nationale Freizeitaktivität erst in den letzten dreißig Jahren einige Fortschritte gemacht. Japan ist ein relativ kleines, hoch industrialisiertes Land mit Überbevölkerung. Es ist ein sehr bergiges Land, und jede mögliche Fläche wird für landwirtschaftliche Zwecke genutzt. Deshalb steht kaum Fläche für das Golfspiel zur Verfügung. Berggipfel und andere felsige Gegenden wurden weggesprengt und viele Golfübungsplätze auf mehreren Ebenen in der Nähe japanischer Großstädte gebaut. Der bekannteste Übungsplatz befindet sich im Shiba-Park im Zentrum von Tokio und ist ein dreistöckiger Komplex.

Sie dienen als Ersatz für Golfplätze, und man kann alles nur verstehen, wenn man die Bedeutung jedes Fleckchens Erde für eine Nutzbarmachung versteht.

In Spanien entstand das Interesse am Golfspiel durch die sich ausbreitende Touristikindustrie. Als Teil der Touristikeinrichtung für Tausende von Urlaubern, die sich an den goldenen Stränden der iberischen Halbinsel versammeln, sind Golfplätze genauso wichtig wie Schwimmbecken. Urlauber brauchten Caddies, wenn sie Golf spielen wollten, und das war die Art und Weise, mit der Spaniens größte Golfrepräsentanten die Golfwelt im Sturm eroberten. Durch dieses System gerieten die Miguel-Brüder, Manuel Pinero und der große Severiano ins Blickfeld. Der Rest ist Geschichte.

Der Mann, der den Grundstein für das Golfspiel in Nordamerika legte, war Alexandra Dennistoun. 1820 wurde er in Edinburgh geboren und emigrierte etwa im Jahre 1874 nach Kanada. Er war der Gründer des »Royal Montreal«. Die Gründung von anderen Golfclubs in Kanada kam durch Präsenz schottischer Regimenter, die gegen Ende des 19. Jahrhunderts in diesem Teil des Commonwealth ihren Überseedienst ableisteten, zustande. 1888 gründete ein anderer Schotte, er kam aus Dunfermline, den St. Andrews Golf Club in Yonkers. Sein Name war John Reid. Willie Dunne, ein anderer berühmter Sohn Schottlands, baute den ersten Golfplatz auf Long Island. Amerika war erobert. Das Spiel breitete sich aus, und in nicht mehr als 15 Jahren wurden mehr als 1000 Golfclubs überall in den Staaten gegründet. Man muß sich wundern, daß sich das Spiel in den USA in einem solchen Maße entwickeln konnte. Es gibt drei wichtige Faktoren, die betrachtet werden müssen:

Zunächst einmal waren die neunziger Jahre im 18. Jahrhundert von einer enormen ökonomischen und materiellen Entwicklung gekennzeichnet, was bedeutende Auswirkungen auf die Nation hatte. Zweitens wurde durch die Entwicklung des Mediums Fernsehen dem neuen Sport intensive Aufmerksamkeit entgegengebracht. Das geschah zu einer Zeit, als eine der größten charismatischen Persönlichkeiten im amerikanischen Golfsport die Golfszene eroberte, Arnold Palmer. Ihm geland es, besser als jeder anderen Person zuvor, den Golfsport zu einer nationalen Freizeitaktivität und zu einem Fernsehsport zu machen. Das führt uns zu dem dritten Faktor und dem Grund, warum das Golfspiel so großen Erfolg hatte. Arnold Palmer und sein enger Freund, Präsident Eisenhower, taten mehr als alle anderen, um das Spiel populär zu machen. Palmer hatte Charisma. Er war aggressiv, liebenswert, ging Risiken ein, war abenteuerlustig, brilliant als Champion. Mehr als jeder andere Sportheld personifizierte er das Gute in einem Amerikaner. Er wurde zum Helden, der sich hochgearbeitet hatte. Er war die wertvollste Errungenschaft für den Golfsport. Sein enger Freund, Dwight D. Eisenhower, ein Nationalheld wegen seiner Heldentaten im zweiten Weltkrieg, wurde zu einem der größten Golfanhänger. Man sah ihn regelmäßig beim Golfspielen im Fernsehen.

Kein Kapitel der Weltgeschichte des Golfsportes wäre vollständig, ohne den Beitrag des größten Golfers aller Zeiten zu erwähnen. Henry Vardon — der große Champion —, der sich das Golfspielen selbst beigebracht hatte, entwikkelte einen individuellen, einzigartigen Stil und eine eigene Technik. Er investierte besonders viel darin, Golf im höchsten Maße zu einem Geschicklichkeitsspiel und zu einem Spiel mit Herausforderungscharakter zu machen. Walter Hagen, der extravagante Meister und Kavalier, verlieh dieser Sportart Stil, Charakter und Eleganz. Wie ein Schriftsteller treffend formulierte — »er brachte den Profi vom Umkleideraum in die Teestube« —. An dieser Stelle soll daran erinnert werden, daß Profigolfer daran gehindert wurden, soziale Kontakte in den Clubhäusern zu pflegen. Hagen würde in einer Limousine mit Chauffeur vorfahren, Sekt und Austern bestellen und eine Party auf dem Parkplatz feiern, wenn man ihn in ein Clubhaus nicht hineinlassen würde. Hagen war durch die Einstellung und den Ethos des Michigan Golfclubs beeinflußt. Dort war er der Profi. Die Fords und Chryslers waren dort Mitglieder, sie alle kamen ursprünglich aus niedrigen und bescheidenen Verhältnissen. Sie waren der Meinung, daß ihr Clubkamerad seinen Fähigkeiten und seinem Erfolg gemäß und nicht nach seiner Herkunft beurteilt werden sollte. »Es käme nicht darauf an, woher man komme, sondern wohin man gehe, das sei der beste Weg, den unternehmerischen Geist des selbstgebackenen Millionärs zu charakterisieren.« Der große Gene Sarazen sagte einmal: »Immer, wenn ein Turnierprofi einen dicken Gewinnscheck in seiner Hand hält, sollte er einen stillen Dank an Hagen richten«. Hagen gewann 10 Meisterschaften — Sarazen sieben.

Bobby Jones — ein weiterer Champion unter den Champions — hat dem Golfspiel etwas Neues gegeben. Er hatte Universitätsabschlüsse in Jura und Ingenieurwesen. Deshalb war er eher als jeder andere in der Lage, die Anforderungen und Herausforderungen des Spiels zu durchschauen. In einer Zeitspanne von sieben Jahren gewann er in den USA und in Großbritannien 13 Nationaltitel.

Namen wie Henry Cotton und Ben Hogan repräsentieren eine neue Ära des Golfsports. Die Tage des wilden, unnachahmlichen Hagen waren vorbei. Cotton und Hogan waren davon überzeugt, daß neues Engagement, Disziplin und eine ausreichende Vorbereitung auf das Spiel nötig waren. Hogan war der erste Spieler, der das Spiel analysierte und sein Spiel sorgfältig programmierte. In jüngster Zeit haben Leute wie Nicklaus, Thompson, Tom Watson, Ballesteros, Trevino und jetzt auch Langer eine neue Elite angekündigt, da sie, unterschiedlich in ihrer Persönlichkeit, ihr Spiel verschiedenartig gestalten. All das ist doch eine progressive Entwicklung hinsichtlich des Stils und der Technik ihrer berühmten Vorgänger.

Wenn ich einen Star unter den vielen hervorheben sollte, so würde ich den großen Palmer wählen. Die Karriere vieler Meister ist wie eine Kurzgeschichte, aber die von Arnold Palmer hat den Umfang eines großartigen Romans. Oft sind die großen Sportler aus dem gleichen Holz geschnitzt. Palmer war einer, der die gängigen Regeln brach und neue erstellte. Momente der Schönheit des Golfspiels — und auch anderer Sportarten — kann man noch mehr genießen, weil sie schwer zu erreichen sind. Der beliebte Palmer hat zu vielen solchen Momenten beigetragen, und durch sein menschliches Auftreten eroberte er die Herzen von Millionen Zuschauern auf der ganzen Welt. Das unterschied ihn von all den anderen. Palmer zeigte, daß die Höchstform genauso von Charisma und Beliebtheit wie von gewonnenen Titeln und Meisterschaften abhängt.

Dieser kleine historische Abriß zeigt in faszinierender Weise, wie das Spiel in so kurzer Zeit in so vielen Ecken der Welt Wurzeln schlagen konnte, und so ein internationales Spiel wurde. Der einzige Teil der Welt, in dem bisher noch nicht Golf gespielt wird, sind die Länder hinter dem »eisernen Vorhang«. Dort gilt das Spiel nach wie vor als elitärer Zeitvertreib, was natürlich nicht zu der offiziellen Ideologie paßt. Vielleicht wird in nicht ferner Zukunft gerade das Golfspiel dafür geeignet sein, eine internationale Bindung zwischen den Völkern der Welt herzustellen - ob in Peking, Moskau, Dublin, Edinburgh, Tokio, Kopenhagen oder Augusta, Georgia.

Zusammenfassend kann man sagen, daß es völlig unwichtig ist, ob es die Schotten, Römer oder die Franzosen waren, die das Spiel zuerst spielten. Aber die Tatsache, daß das Spiel erhalten und weiterentwickelt wurde, nachdem es in Holland völlig unerwartet ausgestorben war, ist den Schotten zu verdanken. Ihnen gebührt ewige Anerkennung und Ehre. Es ist etwas Wahres in dem Glauben von Ernst Rewen, daß die Kelten Träume mit Realität verwechselten. Vielleicht kommt man der Wahrheit noch näher, wenn man sagt, daß sie die Welt anders als das, was allgemein als wirkliche Welt bekannt ist, auffassen. Sicher ist das die Intuition der Golfleidenschaft der Schotten. Vor allem drückt es jedoch das Streben nach Ruhm durch die Herausforderung der Feldspiele aus. Es war dieser Enthusiasmus, dieses Streben nach Ruhm, vielleicht ihr Temperament, das die Schotten in der ersten Reihe des Sportkreuzzuges auftauchen ließ. Sie waren die Bahnbrecher des Spiels in verschiedenen Teilen der Welt. Ihre Liebe zum Golfsport ist ein ewiges Geschenk für die großen Sportler.

Connemara, Co. Galway

Geschichte des Golfspiels in Irland

Irlands älteste Golfclubs

Niemand kann genau sagen, wann zum ersten Mal Golf in Irland gespielt wurde. Geht man von den authentischen Quellen, die zur Verfügung stehen, aus, so gibt es Beweise, die bekräftigen, daß das Golfspiel in den letzten Dekaden des 18. Jahrhunderts zuerst in Curragh (Kildare) und in oder um Bray gespielt wurde. Es gibt Aufzeichnungen, die besagen, daß Golf vor dem Jahre 1850 im Phoenix Park gespielt wurde. Es ist erwähnenswert, daß es wieder die Schotten waren, die — wie in den meisten anderen Teilen der Welt — eine Schlüsselrolle bei der Popularisierung und Etablierung des Spiels in Dublin und Umgebung spielten. Es wurden jedoch keine Clubs gegründet. Deshalb kann man nicht verneinen, daß der »Royal Belfast« eigentlich der älteste Golfclub Irlands ist. Dieser wurde am 9. November 1881 gegründet.

Im Norden Irlands wurde das Spiel in verschiedenen Etappen eingeführt, was hauptsächlich auf die engen kulturellen und Handelsbeziehungen zwischen Belfast und dem schottischen Festland zurückzuführen ist. Der erste Impuls kam von Thomas Sinclair, der während seiner Ferien in St. Andrew's so von dem Spiel begeistert war, daß er bei seiner Rückkehr beschloß, das Spiel in Belfast einzuführen. Zusammen mit einem Lehrer, George Bailie, der ausgebildeter Golfer bei der königlichen Akademie war, entwarf er ein Rundschreiben, in welchem er zu einer ersten Zusammenkunft aufrief. Dieses Treffen war der Anfang von »Royal Belfast« und fand am Abend des 9. November 1881 statt. 18 Leute kamen zu diesem Meeting und entschieden sich gleich dafür, einen Beitrag für den Club zu entrichten. Thomas Sinclair wurde zum Präsidenten ernannt. George Bailie war ehrenamtlicher Sekretär. Dieser frühe missionarische Eifer wurde unvermindert weitergeführt, und bald wurden Pläne entworfen, um mit der Arbeit an einem 9-Loch-Platz für Kinnegar, Hollywood, Co. Down zu beginnen. Im Jahre 1884 wurde Jack Simpson der erste Profispieler Irlands. Sein Vertrag wurde zunächst für einen Zeitraum von 5 Monaten festgesetzt. Man sollte hier wieder betonen, daß es dem Organisationsgeschick und Talent von G. Bailie zuzuschreiben ist, daß das Golfspiel im Norden des Landes so gefördert wurde. Vielleicht ist die Golfgeschichte Irlands einfacher zu verstehen, wenn man weiß, daß der Gründer des Golfsports in Irland ein Schotte war. Er wurde in Musselbourgh an der Ostküste Schottlands geboren. Sein Geburtsort hat eine enge historische Verbindung mit dem Anfangsstadium des Spiels. Mit kontinuierlicher Begeisterung stellte er sich die Aufgabe, nachdem er 1888 im »Royal Belfast« zurückgetreten war, zwei weitere Clubs in Portrush und Newcastle zu eröffnen. So ist es angebracht, daß dem Namen George Bailie ein Ehrenplatz eingeräumt wird.

In der Anfangsphase der irischen Golfgeschichte entwickelte sich eine enge Verbindung zwischen den schottischen Clubs und den neu entstehenden in Nordost-Ulster. Der erste Besuch — der Beginn eines regelmäßigen Austausches — erfolgte 1884. Der Perth-Club kam nach Belfast und konnte einen bemerkenswerten Sieg über die dortige Mannschaft erzielen. Das Jahr 1885 war historisch gesehen sehr wichtig. Vor allem war es das Jahr, in dem der Prinz von Wales nach Belfast kam und zum Schirmherrn des »Royal Belfast« gemacht wurde. Die Ableitung des Namensvorsatzes »Royal« geht auf diesen Besuch zurück. In demselben Jahr stattete der »Royal Belfast« einen Besuch in Dublin ab. Sie besiegten eine sehr gute Mannschaft von Offizieren eines schottischen Regimentes. Dieses wichtige Spiel wurde im Phoenix Park ausgetragen.

Das heutige Royal Belfast Clubhaus und neue Golfplätze entstanden nicht vor 1925. Der ursprüngliche 9-Loch-Platz galt als eng, hauptsächlich wegen der hohen Mitgliederzahl und der ansteigenden Popularität des Spiels. Ehemalige Fußball- oder Cricketanhänger zeigten jetzt ein größeres Interesse an dem neuen Spiel. Als im Jahre 1925 das alte Craigavad-Haus mit entsprechend viel Land von der Presbyterianischen Kirche verkauft wurde, hatte der »Royal Belfast« einen neuen Golfplatz.

Der zweitälteste Golfclub in Irland ist der Curragh Golfclub in der Grafschaft Kildare. Er wurde im Jahre 1883 gegründet. Der Hauptimpuls hinsichtlich der Popularität des Spiels in diesem Teil Irlands zu dieser Zeit war der, daß viele schottische Regimenter der britischen Armee ihr Lager im Curragh aufgeschlagen hatten. Die »Argyll Highlanders«, das »Black Watch Regiment«, die »71st Highlands Light Infantry« gehören zu den bekannten Gruppen, die dafür verantwortlich waren, daß 1883 ein Club gegründet wurde. Der erste Clubvorstand war Leutnant Balfour, ein Offizier der »71st Highland Light Infantry«, dessen Vater der Clubvorsitzende der »Royal and Ancient« war. Es ist jedoch vor allem wichtig, festzustellen, daß der Golfsport in dieser Gegend vor 1883 gespielt wurde. Es ist interessant, daß viele Leute von hohem Rang Curragh zu dieser Zeit besuchten. Man sagt, daß Edward VII. dem Platz einen Besuch um 1860 abgestattet hat. Auch der Prinz von Wales war während seiner Zeit als Clubvorsitzender des »Royal and Ancient« dort. Andere hochgestellte Persönlichkeiten und Liebhaber des Spiels waren der Herzog von Clarence und der Herzog von Ellinton. So ist es leicht zu verstehen, wie ein Golfethos entstand und Teil des sportlich-geistigen Klimas dieser Region wurde. Der Anteil der Schotten diesbezüglich war bedeutend und grundlegend.

Der drittälteste Club in Irland ist der Bray-Golfclub. Wie ich bereits anfangs hervorhob, geht das Golf-

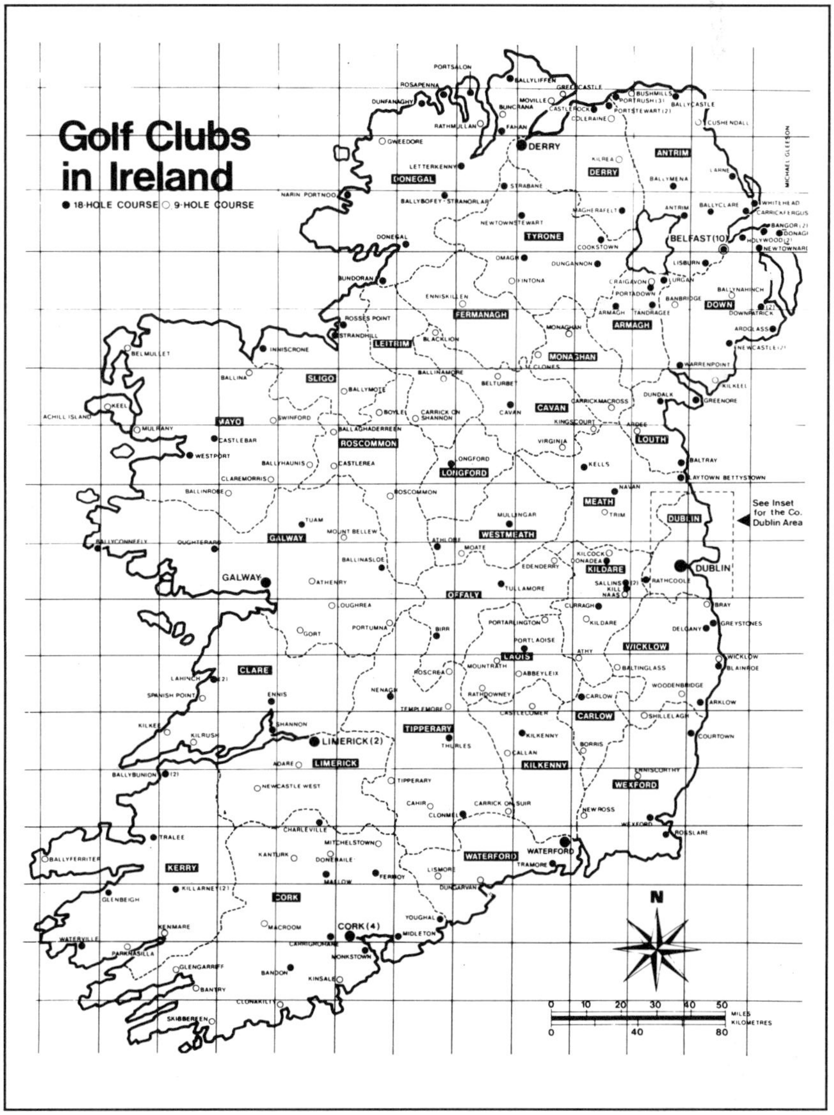

spiel in und um Bray bis in das Jahr 1762 zurück. Offiziell wurde dieser Club jedoch im Jahre 1897 gegründet. Am Freitag, dem 16. Juli 1897, wurde von zwei Golfanhängern (Steward und Robson) eine Zusammenkunft ins »International Hotel« einberufen. Diese Zusammenkunft wurde von einer kleinen Gruppe von Leuten besucht. Diese spielten eine wichtige Rolle bei der Gründung des Clubs. Es wurden Verhandlungen mit Lord Meath wegen des Landkaufs bei Ravenswell aufgenommen. Diese Verhandlungen gingen positiv aus, da am 11. August 1897 der Bray-Golfclub offiziell gegründet wurde. In kürzester Zeit hatte er 170 männliche Mitglieder und 96 weibliche Mitglieder. 1898 erfolgte die offizielle Angliederung des Clubs an die Golfvereinigung Irlands. Anfang des 19. Jahrhunderts florierte das Spiel in vielen verschiedenen Teilen des Landes. In den Anfangsjahren dieses Jahrhunderts entstanden viele der berühmten irischen Golfclubs — Portmarnoch, Rosses Point und Little Islands.

In den Jahren nach dem 2. Weltkrieg erlangten die irischen Golfer internationale Anerkennung und Beachtung in der ganzen Welt. Ihre Erfolge förderten die Entwicklung des Spiels in diesem Land. Jimmy Bruen aus Cork gewann 1946 die wichtigste Trophäe im Amateurgolf, »the British Amateur Open«. Fred Daly gewann 1947 den wichtigsten professionellen Golftitel der Welt, »the British Open«. Ein weiteres Ereignis in der Geschichte des Golfs machte Geschichte, als Harry Bradshaw und Christy OConnor 1958 in Mexiko City den Cananda-Cup gewannen, eine Trophäe, nach der später alle Golfnationen der Welt strebten. Irland war 1960 der Veranstalter des Cananda-Cup im Portmarnock. Solch große Errungenschaften vergrößerten die Popularität und Attraktivität dieses Spiels als Wettkampfsport und als Hobby. Weitere Erfolge wurden durch die irischen Golfer bei den Wettkämpfen um den »Walker-Cup« und »Ryder-Cup« erzielt. Dies hatte eine beachtliche Auswirkung auf das internationale Ansehen irischer Golfer. Joe Carr, einer unserer verehrtesten »Botschafter« des irischen Golfsports, spielte eine herausragende Rolle bei jedem Wettkampf um den Walker-Cup gegen Amerika, in der Zeit von 1947 bis 1965.

Heute erfreut sich das Spiel in Irland großer Beliebtheit, es gewinnt jährlich immer mehr Anhänger. Fast jeder Club hat eine Warteliste für zukünftige Mitglieder. Die wachsende Rolle der Juniorenwettbewerbe hat dazu beigetragen, ein größeres Interesse bei der Jugend hervorzurufen. Damit wird eine Zusammenführung neuer Talente auf jeder Ebene des Spiels garantiert. Eine erhöhte Zahl von Schirmherrschaften irischer Firmen hat Topspieler aus England, Amerika und Europa in unser Land gelockt. Sie geben dem Spiel in Irland eine neue Dimension und eine neue Qualität. R.T.E. und andere Fernsehgesellschaften berichten von allen wichtigen Turnieren auf den britischen Inseln und aus dem Ausland. Das trug dazu bei, die Aufmerksamkeit der Zuschauer auf die Schönheit und Herausforderung des Spiels als Freizeitbeschäftigung zu lenken. All diese Faktoren waren sehr wichtig in ihrer Wirkung als Katalysatoren in Hinsicht auf Motivation und Wachstum.

Rosses Point, Co. Sligo

Royal Dublin

Investieren Sie Verstand in das Spiel

22. Kapitel

Der Kauf der Golfschläger ist eine wesentliche Entscheidung. Weder Preis noch Prestige sollten hier ausschlaggebend sein. Sie sollten die Schläger kaufen, die Ihrem Spiel angemessen sind und Ihnen dazu verhelfen, besser Golf zu spielen.

Allgemein ausgedrückt, können Sie mit einem schweren Schläger längere Flugdistanzen erreichen, während ein leichter Schläger eine größere Genauigkeit garantiert. Meisterschaftsspieler bevorzugen im Durchscnitt die leichteren Schläger. Jack Nicklaus z.B. spielt mit einem Schlägerset, das das Schwunggewicht von einem durchschnittlichen Damen-Set hat.

1. Griff

Zuerst der Griff: Sollten Sie kleine Hände oder ein Problem mit dem Slice haben, sollten Sie auf keinen Fall Schläger mit dicken Griffen kaufen, da diese die Tendenz haben, in die Innenfläche der Hand zu rutschen und somit einen angeschnittenen Ball verursachen können. Ein schmaler Griff bleibt in den Fingern und verhilft Ihnen dazu, den Schlägerkopf besser zu beeinflussen, weite Flugdistanzen zu erzielen und den Ball von rechts nach links abdrehen zu lassen. Schmale Griffe tendieren dazu, den Ball auf eine niedrige Flugbahn zu schicken. Dickere Griffe werden Ihnen eine höhere Flugbahn garantieren.

2. Der Schaft

Der letzte große schottische Beitrag zum Golfspiel war der Stahlschaft; eine wenig bekannte Tatsache. Ungefähr im Jahre 1894 hat Thomas Horsburg, Schmied von Beruf und leidenschaftlicher Anhänger des Golfspiels, den Stahlschaft erfunden und patentiert. Bei der »Royal and Ancient« fand diese neue Erfindung keine Billigung. Es dauerte noch weitere 30 Jahre, bevor unter dem Druck der Amerikanischen Vereinigung der Stahlschaft, wie wir ihn heute kennen, in das Spiel eingeführt wurde. Die großartigsten Entwicklungen in der Technologie des Golfschlägers sind in bezug auf den Schaft gemacht worden.

Moderne Schläger haben heute leichte Schäfte, bei denen das Schwunggewicht auf das Schlägerkopfende konzentriert ist. Der starre Schaft ist für einen schnell schwingenden Golfer geeignet, der sehr kräftig ist, stark schwingt und Zielgenauigkeit benötigt. Wenn es Ihnen auf Flugdistanz ankommt, sollten Sie Schläger mit schmalerem und leichterem (regulärem) Schaft aussuchen. Sie sollten sehr vorsichtig mit Abänderungen sein, wie z.B. Schaftverlängerung aufgrund Ihrer Körpergröße. Meiner Meinung nach sollten Sie das unterlassen, es sei denn, Sie sind ungewöhnlich groß, da ein längerer Schaft das Gleichgewicht des Schlägers beeinflußt. Er ist vollkommen ungeeignet für die kürzeren Eisen 7, 8, 9 und den Wedge. Allerdings wird ein längerer Schaft bei einem Driver einen weiteren Ausschwung und eine größere Flugdistanz geben. Bing Crosby, der einmal Handicap eins spielte, hatte seinen Driver verlängern lassen, um »mit den big boys Schritt zu halten«.

3. Das Schlägerblatt

Das Schlägerblatt spielt eine große Rolle und kann, je nach Marke, sehr unterschiedlich ausfallen. Meisterspieler bevorzugen den Blatt-Schläger, ohne irgendwelche technologische Gags. Golfschlägerfabrikanten konzentrieren sich bei der Herstellung ihrer Produkte allerdings auf den Durchschnittsspieler mit mittlerem Handicap und haben im Laufe der Zeit verschiedene Neuerungen auf den Markt gebracht. Das »Fersen- und Zehen-Schlägerblatt« ist eines der gebräuchlichsten. Einfacher ausgedrückt, ist hier das Gewicht sowohl auf die Schlägerblattferse (heel) als auch auf die Schlägerblattspitze (toe) verlagert, um dem Handicap-Spieler eher zu ermöglichen, den Mittelpunkt (sweet-spot) des Schlägerblattes zu treffen. Sie müssen nicht hundertprozentig genau treffen und erreichen auch relativ gute Resultate, wenn Sie den Ball nicht mit dem Mittelpunkt treffen. Der Schläger mit einem niedrigen Schlägerblattprofil hat das Gewicht mehr auf die Sohle verlagert, als zusätzliche Hilfe, den Ball hochzuschlagen. Es lohnt sich durchaus, diese Aspekte bei der Schlägerbeurteilung in Betracht zu ziehen. Allerdings sollten Sie nicht in Extreme verfallen.

4. Der eiserne Kopf

Hier gibt es zwei verschiedene Schlägerköpfe, der aus Eisen geschmiedete und der aus rostfreiem Stahl gegossene. Meisterspieler spielen meistens nicht besonders gerne mit dem Stahlguß-Schlägerkopf. Der geschmiedete Schlägerkopf hat mehr *feel* und produziert *weichere* Schläge. Amerikanische Schläger sind normalerweise geschmiedet. Sie rosten schneller und sind somit ungeeeignet in feuchtem Klima, wie hier bei uns in Irland. Sie sind allerdings ideal für einen Golfer, der es sich leisten kann, öfters ein neues Set zu kaufen.

5. Loft und Lie

Moderne Schläger haben meistens wenig Loft aufgrund des veränderten Schwungmusters vom *flachen* zum *steilen* Schwung. Viele Golfer glauben mittlerweile, daß diese Schläger nicht genügend Loft haben. Der Lie des Schlägerblattes ist sehr wichtig. Wenn ein Eisenschlägerblatt einen flachen Lie hat, d.h. daß das Schlägerblatt mit seiner Spitze näher am Boden ist als mit seiner Ferse, werden Sie zu einem Slice tendieren. Wenn andererseits das Schlägerblatt *einen steilen Lie* hat, tendiert das Schlägerblatt dazu, in geschlossener Stellung auf den Ball zu treffen, da die Ferse zuerst auftrifft, die Schlaggeschwindigkeit verlangsamt und der Spitze erlaubt, zu dominieren. Das Resultat ist ein *Pull* oder ein *Draw* nach links.

6. Die Hölzer

Früher wurde hauptsächlich mit Hölzern gespielt. Normalerweise trug man nur ein Eisen in der Golftasche, da ein mißglückter Schlag mit dem Eisen katastrophale Folgen für den damals gebräuchlichen Feathery hatte. So erhielten die Eisenschläger den Spitznamen »Mashie« (Zu-Brei-Schläger). Die Schlägerköpfe der Hölzer waren lang und schmal und somit für den Feathery geeignet. Später jedoch, im 18. Jahrhundert, als die durch öffentliche Grünflächen führenden Wege zu Straßen gemacht wurden, mußte der hölzerne Kopf vor der harten Oberfläche dieser geschützt werden. Man befestigte eine Messingplatte an der Sohle der hölzernen Schlägerköpfe. Sie stellte sich als sehr effektiv heraus und wurde später bei allen Hölzern angebracht, daher auch der Spitzname »Brassie« (Messingkopf) für die Hölzer.

7. Der hölzerne Kopf

Die Schlägerblätter der Hölzer sind unterschiedlich, je nach Hersteller. Einige der Driverköpfe haben mehr, andere weniger Loft, einige haben eine offene, andere eine geschlossene Schlägerblattstellung. Einige Golfer wissen sofort und instinktiv, ob ein bestimmter Schlägerkopf für sie geeignet ist oder nicht. Wenn Sie Probleme mit dem Slice haben, vermeiden Sie eine *offene Schlägerblattstellung* (die nach rechts vom Ziel zeigt, wenn der Schläger in seiner natürlichen Stellung am Boden steht). Wählen Sie eine *geschlossene Schlägerblattstellung.* Wenn Sie allerdings am besten mit einem Holzschläger wie Nr. 2 oder 3 spielen, sollten Sie sich nach einem Driver mit viel Loft umsehen.

Bei den Hölzern finden Sie verschiedene Ausführungen: geschichtetes Holz, Sperrholz, Persimmon, Graphit- und Stahl-Versionen.

Laminiertes oder gepreßtes Holz ist mit dem Stahlguß der Eisen vergleichbar, während Persimmon-Hölzer aus abgelagertem Holz bestehen, die zu einem Schlägerkopf modelliert wurden, wie der geschmiedete Schlägerkopf eines Eisens. Laminiertes Holz ist nicht so hart wie Persimmon, hat aber eine längere Lebensdauer. Das früher verwendete Persimmon war dauerhafter als das heutige. Das alte Herstellungssystem der Holzköpfe war sehr arbeitsintensiv, funktionierte jedoch gut. Während des 2. Weltkrieges wurde das Holz für andere Zwecke benötigt, die Versorgung mit Schlägerköpfen aus Holz ließ nach. Das moderne Persimmon ist nicht so dauerhaft und zuverlässig in seiner Qualität, hat aber wesentlich mehr *feel* beim Treffmoment. Es garantiert Ihnen auch eine größere Flugdistanz, da das Persimmon härter ist als laminiertes Holz. Es ist auch wesentlich teurer und wird von den Profis bevorzugt.

8. Der Metall-Kopf

Eine neue Erfindung ist der Metallkopf, welcher sehr haltbar ist. Das Schlägerblatt bestimmter Fabrikate hat viel Loft, kommt gut hinter den Ball und ist für Spieler mit Handicap zu empfehlen. Die metallenen Hölzer Nr.3 und 5 sind besonders gut geeignet für Schläge außerhalb des Rauhs.

9. Die Einlage

Es gibt eine Einlage, d.h. der Teil des Schlägerblattes, der beim Anschlag auf den Ball trifft. Die einschraubbare Einlage ist wegen ihrer Haltbarkeit und Schadensresistenz besonders geeignet.

10. Das Tee

Das Tee, das Sie benutzen, wird mit Sicherheit Auswirkungen auf Ihre Spielweise haben. Mit einem kurzen Tee verursachen Sie bei Ihrem Schlag einen Slice. Ein Golfball auf einem niedrigen Tee verursacht eher einen aufrechteren Schwung, einen außen-nach-innen-Schwung, und lädt Sie zu einem *steilen* Angehen des Balles ein. Wenn Sie Ihr Bestes mit dem Driver geben wollen, sollten Sie Ihren Ball auf einem hohen Tee plazieren. Das läßt Sie den Ball *flacher* angehen oder ermöglicht eine mehr von hinten ausgehende Annäherung an den Ball; das funktioniert am besten mit allen flachen Schlägerblättern, besonders mit dem Driver. Mit einem hohen Tee werden Sie, wie die Profis, den Ball treffen und das Tee im Boden lassen. Mit diesem höheren Schwung vermeiden Sie ein nach unten gerichtetes Aufschlagen auf den Ball und erreichen das gewünschte Ziel, nämlich den Ball mit einem kraftvollen Schwung nach vorne zu schlagen.

Ganz gleich, welchen Schläger Sie auch erwerben, Sie werden Ihr Set höchstwahrscheinlich so oft umtauschen, bis Sie sich für eine Kombination von Schlägern entschlossen haben, die Ihrer Spielweise und Ihren Bedürfnissen angepaßt ist.

Als Anfänger sollten Sie sich ein gebrauchtes Set zulegen.

Und schließlich gibt es Schläger, die Sie nie als Teil eines Sets kaufen sollten, sondern einzeln. Das gilt z.B. für den Driver, Sandwedge und Putter. Diese Schläger sind wie zwischenmenschliche Beziehungen, nämlich von sehr persönlicher Natur. Verlassen Sie sich auf Ihren Golfinstinkt. Schauen Sie sich den Schläger an, probieren Sie ihn aus, und wenn er Ihnen zusagt, dann paßt er auch zu Ihnen. Liebe auf den ersten Blick! Viel Spaß beim Einkaufen!

Einige Beobachtungen 23. Kapitel

Meine erste Beobachtung bezieht sich auf das Golfspiel im Zusammenhang mit dem Temperament und der Persönlichkeit der Iren. D.H. Lawrence sagte einmal, daß es einen begrifflichen Zusammenhang zwischen Arbeit und Spiel gäbe. Auf den irischen Kontext bezogen bedeutet das, daß Hurling, gälischer Fußball und Rugby eine Möglichkeit zum körperlichen Ausdruck darstellen. Man kann sicherlich mit Recht sagen, daß diese Sportarten dem heißblütigen Temperament der Iren entsprechen. Dies ist wohl der Fall, weil diese Sportarten mehr als andere die Männlichkeit, bezogen auf physische Anstrengung, testen. Nicht zufällig sind die traditionellen irischen Spiele Teil unserer Vergangenheit, vor allem in ländlichen Gegenden, wo man, um erfolgreich zu sein, hart und fit sein muß. Man könnte daraus schließen, daß der Golfsport nicht mit dem irischem Temperament in Einklang zu bringen ist, weil Golf eine kühle, klinische Sportart ist, total individualistisch und persönlich im Ausdruck der eigenen Persönlichkeit. Versuchen Sie das aber einmal einem Bradshaw Bruen, einem O'Connor, Smyth oder Rafferty zu erklären, von denen sicher einer demnächst ein wichtiges Turnier gewinnen wird.

Wenn man aber die Entwicklung von potentiellen Spitzenspielern hier betrachtet, so glaube ich, daß die Iren bezüglich ihrer Überzeugung, daß jeder gute Golfer eine *harte Schule* durchlaufen muß, bevor er ein »Champion« werden kann, ein wenig negativ eingestellt sind. Vielversprechende Spieler müssen erst durch die *Mühle* der *Reinigung*. In den USA hingegen ist das Golfethos ganz anders. Jedes Individuum wird dazu angehalten, sein oder ihr Potential voll auszuschöpfen. Dort herrscht ein System, das unterstützender, positiver ist und den individuellen Bedürfnissen der Spieler mehr Raum gibt und nachgeht. Golfstipendien von Universitäten sind attraktive Anreize. Fast alle guten amerikanischen Golfer kommen von den Universitäten, meistens haben sie auch einen akademischen Abschluß. Gleichzeitig bekommen sie spezifisches Golfcoaching, was dazu führt, daß sich in den USA eine spezifische Golfelite herausbildet und herausgebildet hat. In Irland kommen dagegen viele Golfer aus dem »Caddie-System«. Ihre Entwicklung dauert daher länger als die der amerikanischen Golfer. Auch andere äußere Einflüsse spielen eine Rolle: wenig Profiturniere und geringe finanzielle Anreize.

Es ist deshalb nicht erstaunlich, daß der irische Golfstil im Kontrast zum amerikanischen steht. Während die amerikanischen Golfer sehr uniform sind, alle haben mehr oder weniger das gleiche Schwungschema, tendieren die Iren zu einem individuellen Stil.

Meine dritte Beobachtung bezieht sich auf das Klima und dessen mögliche Auswirkungen auf das Schwungmuster. In den USA ist das Klima ausgeglichener und günstiger für den korrekten Ablauf des Schwungmusters. Hier haben die Spieler mehr mit dem Wind zu kämpfen. Ein natürlicher Impuls bei Gegenwind ist es, den Ball hart zu schlagen. Man sollte jedoch das Gegenteil tun: Es ist effektiver, sanfter gegen den Wind zu schlagen und härter mit dem Wind.

Was den Wettbewerb betrifft, so denke ich, daß Golf nie als ein Spiel gedacht war, wo es um viel Geld oder große Preise geht. Auf Clubebene sollte Golf aus Freude am Spiel und um die Ehre, zu gewinnen, gespielt werden. Heute gibt es leider zu viele Preise, was einen zu großen Druck auf die Spieler ausübt. Oft werden Regeln *gedehnt* oder sogar gebrochen, um zu gewinnen. Auch das Verhalten der Spieler untereinander leidet darunter. Falsche Handicaps werden angegeben, in meinen Augen das gleiche Vergehen wie Diebstahl. Gäbe es nicht solch große Preise, bräuchte man nicht zu betrügen, das Spiel und die Atmosphäre wären wesentlich besser.

Die letzte Beobachtung bezieht sich auf die zukünftige Entwicklung dieses Sports in Irland. In der Vergangenheit war Golf eng mit Imperialismus und Kolonialismus verbunden und war infolgedessen auch ein sehr männlich orientierter Sport. Das gilt leider auch oft heute noch.

Das Golfestablishment betrachtet den Golfsport immer noch als

Männerdomäne. Golf steht aber in einem gesellschaftlichen Rahmen und muß entsprechend soziale Veränderungen einbeziehen und reflektieren. Die Gesellschaft heute ist familienorientierter, und es herrscht ein höherer Grad an Ausgeglichenheit zwischen der Rolle von Mann und Frau. Besonders auf dem europäischen Festland, wo der Golfsport sich noch in einem embryonalen Zustand befindet, wird dieser Situation mehr Rechnung getragen. Das Clubhaus ist, mit entsprechenden Einrichtungen, das Zentrum vieler Freizeitaktivitäten für die ganze Familie. In Irland ist die Rolle der Frau noch sehr traditionell, die meisten Frauen sind, nachdem sie geheiratet haben, *nur noch* im Haushalt beschäftigt. Dies schien sich zu ändern, aber als Folge der neuen Technologien und Automatisierung ist dieser Trend wieder verebbt und hat sich zum Teil sogar verschlechtert.

Gleichzeitig aber verursachen diese Technologien und die Automatisierung auch andere Veränderungen: kürzere Arbeitszeit, früherer Ruhestand und längeren Urlaub. Aus diesen Gründen müssen auch im Golf neue Weichen gestellt werden. Viele Clubs beginnen, das zu realisieren und richten sich vermehrt auf familienorientierte Clubmitglieder ein. Ein weiteres positives Zeichen ist die Tatsache, daß viele junge, talentierte Spieler amerikanische Universitäten besuchen und das dortige System durchlaufen. Es gibt auch mehr Sponsoren für Turniere, außerdem enorme Verbesserungen auf irischen Golfplätzen in bezug auf Freizeitaktivitäten. All dies sollte sich in Zukunft auszahlen, vor allem auch hinsichtlich der Ausbreitung dieser Sportart.

Wiederholung

24. Kapitel

Der Komplette Schlag

Organisation und Vorbereitung vor dem Schwung bestimmen, wie Ihr Schwung ausfällt, und den daraus resultierenden Schlag. Oder anders ausgedrückt, wenn Sie Ihren Schlag ändern wollen, dann müssen Sie Ihr Ausrichten zum Ball ändern. Warum? Wie bereits mehrmals erwähnt, dauert ein Schwung etwa 2 Sekunden, und Sie können ihn nicht sehen. Die Schlußfolgerung liegt nahe: ohne Vorbereitung keine gute Arbeitsleistung; ohne Aufstellung und Ansprechen kein guter Schwung, kein gutes Golf. Ihr persönlicher Arbeitsaufwand vor der eigentlichen Aufgabe, dem Schwung, ist der ausschlaggebende Faktor. Während der Vorbereitungsphase haben Sie ausreichend Zeit, Fehler zu entdecken und zu beseitigen, Unterlassungen zu finden und zu korrigieren.

Ein weiterer wesentlicher Bestandteil liegt im Verständnis der Grundlagen des Spiels, z.B., daß der Slice von einer offenen Schlägerblattstellung verursacht wird, ein Hook von einer geschlossenen..., daß Ihre Hände das Schlägerblatt kontrollieren; folglich, wenn Sie Ihren Anschlag verändern wollen, müssen Sie Ihren Griff am Schaft ändern.

Wenn Sie ein gleichmäßiges und solides Golf spielen wollen, so müssen Sie sich dem PZASA-System verschreiben. Wie Sie jedoch selbst gut wissen, können Sie durchaus ein Allroundspieler sein und kein Meister in einer speziellen Disziplin. Sie sollten einen bestimmten Stil, nämlich Ihren eigenen, entwickeln. Entdecken Sie Ihre eigenen Talente im Golf, ihre Tendenzen beim Schwung, und spielen Sie entsprechend. Entwickeln Sie einen guten Schwung zu einem verläßlichen Schwungmuster, und versuchen Sie nicht, bei jedem Loch einen anderen Schwung auszuprobieren oder einen zu kopieren. Spezialisieren Sie sich, und geben Sie sich selbst eine Chance, durch Wiederholungen ein konsistentes und routiniertes Golfspiel zu entwickeln. Je öfter wir etwas wiederholen, um so besser wird unsere Leistung. Alle erfolgreichen Leute haben in jedem Lebensbereich eine erfolgreiche Routine gefunden und diese perfektioniert. Finden Sie Ihre eigene Routine und kultivieren Sie Ihren Stil.

Die Persönlichkeiten im Club 25. Kapitel

Die frühen Tage in Co. Roscommon

Ich wuchs neben dem Woodbrook Golf Club auf und kann mich noch gut an Ereignisse in unserem Club aus meiner Kindheit erinnern. Der Duft des frischgemähten Grases, der Traktor und Rasenmäher auf den Fairways, die Gänseblümchen, wie sie an heißen Sommertagen durch die Luft flogen. Ich erinnere mich an einen Streit mit meinem Bruder über das erste Grün. Ich behauptete, es sei neben dem ersten Tee, er jedoch sagte, es sei weit weg davon, und er hatte natürlich Recht; ich hatte das 9. Grün angeschaut. Ich war etwa sieben Jahre alt.

Damals, so scheint es mir jetzt wenigstens, war ein großes Kommen und Gehen von Golfern in unserem Club. Es gab immer Neulinge, die wir einführten. Solche frühen Freundschaften schwanden oft, sobald diese Golfer sich etabliert hatten oder sogar ins Komitee kamen. Dann ärgerten sie sich oft über unsere Anwesenheit auf *ihrem* Golfplatz! Wir verdienten jedenfalls damals immer genug Taschengeld, als Caddie oder durch den Verkauf von Bällen zweiter Wahl. Verschiedene Komitees verboten den Mitgliedern, Golfbälle von den Caddies zu kaufen, aber ein neues Reglement hob jeweils das Verbot wieder auf.

Ein anderer Bruder von mir war ein echtes Original. Er rauchte gerne, ging ins Kino, zog sich modern an, ging mit Mädchen aus und war ein guter Tänzer. Er hatte ein besseres Auge für einen verlorenen Ball im Rauh als wir anderen — und entsprechend mehr Geld. Es kam oft zu einem Wettlauf zwischen ihm und dem Hund Sandy, welchen wir darauf abgerichtet hatten, Bälle zu finden. Wenn mein Bruder genug Taschengeld zusammen hatte, ging er mit seiner Freundin in der 25 Meilen entfernten Stadt Longford ins Kino, ohne das Wissen unserer ahnungslosen Mutter, die glaubte, er sei bei einem Freund, der in derselben Straße wohnte. Er war damals fünfzehn.

Ich war Caddie für einen wohlhabenden Mann, welcher mir einen Shilling (5 Pence) bezahlte, wenn er schlecht spielte, und einen Shilling und 6 Pence (7 ½ Pence), wenn er gut spielte. Oft mußte ich den Ball für ihn im Rauh auf ein Tee legen, ohne daß er es merkte, wenn ich meinen Bonus bekommen wollte.

Manchmal kam ein Berufsspieler in den Club. Große Aufregung herrschte jeweils vor seiner Ankunft. Eine Liste wurde im Club-

Der Autor und sein Bruder, Woodbrook Golf Club (ca. 1955)

haus aufgehängt, und jedermann verschaffte sich Unterrichtsstunden. Ein Spiel mit ihm war ein Privileg. Ich kann mich gerade noch an einige der Berufsspieler erinnern, die zu uns ins Haus auf eine Tasse Tee kamen und dabei für den Driver eines anderen Mitglieds, der etwas *beschwert* werden mußte, Blei schmolzen.

Die Mitglieder beklagten sich, wenn er weg war, daß er ihre Methode geändert hätte und sie jetzt schlechter spielten als vorher. Einige Zeit hielten sie dann an den Änderungen fest, kehrten dann aber bald wieder zur gewohnten Art zurück!

Damals dachte ich natürlich nicht, daß ich selber einmal meinen Lebensunterhalt als professioneller Golfer verdienen würde. In all den Jahren habe ich gute Zeiten gehabt und viele Originale kennengelernt. Alle haben sie eines gemeinsam: eine große Liebe zum Spiel. Das zeigte sich in den großen Opfern, die sie dem Spiel erbrachten, wovon es viele klassische Geschichten gibt. Wenn ein hitziger Golfer zum Beispiel einen Putt verpaßte, warf er den Ball in die Luft und *köpfelte* ihn zur *Strafe*. Oder wenn er einen Schlag schlecht ausführte, tauchte er seine Hand in einen Dornbusch. Da das Spiel langsam vorangeht, wenn ein Spieler ein Problem hat, wird dieses in den Augen des Spielers immer größer, da er zwischen den Schlägen viel Zeit hat, sich zu ärgern. Kleine Regeln wurden eingeführt: Wenn man den Schläger fortwerfen wollte, sollte man ihn in die Richtung werfen, in die man ging, oder wenn man den Putter zerbrechen wollte und dann die anderen Schläger, sollte man wenigstens den Driver und ein Eisen übriglassen, da man sonst nichts zum Putten hatte. Das Problem war, wenn man einmal diesen Ruf hatte, glaubte man, man müsse immer entsprechend handeln.

Andrew McKellor war der erste Golfbesessene. Er war so vom Spiel besessen, daß er sein Geschäft vernachlässigte. Er spielte tagsüber und sogar nachts mit Hilfe einer Laterne. Seine Frau brachte ihm die Mahlzeiten auf den Platz. Er starb 1813.

Abb. 142

Alle diese *Originale* gaben dem Spiel Farbe und waren Gesprächsthemen in der Bar; ich lachte oft herzlich, wenn ich diese Geschichten hörte und hoffe, Sie genießen es, einige davon zu lesen.

Da gab es den Fanatiker, der zur Arbeitszeit auf dem Platz erschien und, bis es dunkel wurde, Schläge ausführte, um dann in der Bar sein Spiel oder eine neue Theorie zu diskutieren. An einen kann ich mich erinnern, dem es plötzlich in den Sinn kam, als er den Club schließlich um 1 Uhr morgens verließ, daß er in seiner Golfausrüstung zuhause ankommen würde. Er holte schnell seinen Anzug und die Krawatte aus dem Auto, damit er seiner Frau weismachen konnte, er sei im Büro aufgehalten worden.

Ein anderer kam immer erst spät abends, und man konnte die Schläge im Halbdunkel hören und die großen Divots durch die Luft fliegen sehen, bis es stockdunkel war.

Sogar die Caddies hatten ihre eigenen Regeln und schlossen Wetten unter sich über das Spielresultat ab. Unter diesen Umständen war es unmöglich, einen schlechten Lie (hier: Lage des Balles nach der Landung) zu bekommen, doch die Spieler sahen nie einen Caddie sich bücken und den Ball aufs Tee legen. Schließlich wurde das Rätsel gelöst, als ein Spieler entdeckte, daß die Caddies einen Teil ihrer Schuhsohle entfernt hatten und den Ball mit ihren Zehen aufhoben. Sie konnten dastehen und dem Spieler direkt in die Augen sehen, aber der Ball bewegte sich in einen besseren oder schlechteren Lie.

Die eifrigen Wettkämpfer

Dann gibt es die eifrigen Wettkämpfer; das sind die Golfer, die stundenlang üben und um jeden Preis gewinnen wollen. Ich weiß nicht, ob es der Wert der Preise oder ihr Stolz ist, der sie motiviert. Ich erinnere mich da an einen ziemlich eifrigen Wettkämpfer, der eine gute Art des Übens fand: Er schlug einen Nagel durch einen Golfball und band ein Stück Holz daran. Dann schlug er seinen Ball vom Tee weg und *perfektionierte* so seinen Schwung, ohne daß er den Platz hinuntergehen mußte, um die

Golfbälle nach dem Üben zu suchen.

Andere Konkurrenten machten *verrückte Sachen,* um einen Preis zu gewinnen. Einmal, zur Zeit des »Captains Prize«, an einem blinden Loch, überlegte der Spieler, der schlagen sollte, wie wohl die Stellung des Stockes sei. Sein Partner, ein Ortspolizist, sagte »zehn Fuß rechts von hinten«. Er war überrascht und fragte, woher er das wisse, ob er durch den Hügel hindurch sehen könne. »Nein«, antwortete dieser, »ich fuhr gestern nacht mit dem Streifenwagen hier vorbei, um die Stockstellungen zu prüfen!«

Wie man gewinnt, indem man die Nacht vorher spielt!

Auf einem anderen Platz ging ein Konkurrent beim »Captains Prize« ein bißchen zu weit: Er versuchte, ihn nachts zuvor zu spielen. Er ging hin und legte den Ball in ein bestimmtes Loch. Am nächsten Tag war er im ersten Vierball, und als er das Loch mit einem blinden zweiten Schlag spielte, schlug er seinen Ball sehr schnell ab, und als die anderen den Ball suchten, konnten sie ihn nur sagen hören, es sei ein *mächtiger Schlag* gewesen. Sie konnten den Ball nicht sehen, fanden aber dann schließlich den, der im Loch lag. Ein Problem entstand, als ein anderer Golfer auf einem benachbarten Fairway nach einem Ball suchte und dabei vom Ball unseres Freundes beinahe *umgebracht* wurde. Die Lage war etwas angespannt, aber das Ganze wurde dann vertuscht.

Die Hitzköpfe

Dann gab es die hitzigen Golfer, Leute, die Schläger fortwarfen oder zerbrachen und vom Platz stürmten. Doch wurde es nie so extrem wie in anderen Clubs, wo das Temperament mit einem Spieler völlig durchging, der seinen Schläger und Caddiewagen in den See warf und davonstürmte, um so weit wie möglich vom Golfplatz wegzukommen. Bei seinem Auto merkte er, daß seine Schlüssel noch immer in der Balltasche waren. Er mußte zurückkehren, seine Schuhe und Strümpfe ausziehen, die Hosen heraufrollen und Tasche und Schläger herausfischen. Er nahm seine Schlüssel und warf dann den Schläger wieder hinein.

An einen anderen hitzköpfigen Spieler kann ich mich erinnern, der mit drei Freunden spielte, als es zu einem Streit bezüglich einer Regel kam. Der Mann nahm seinen Ball und marschierte zum Clubhaus zurück und ließ die anderen auf dem Platz stehen. Als er am Auto anlangte, konnte er seine Kleider nicht herausholen, also mußte er die Golfschuhe anbehalten. In seiner Wut nahm er einen Bus, aber in die falsche Richtung, und so mußte er zum Clubhaus zurückkehren. Schließlich nahm er ein Taxi zum Bahnhof und einen Zug nach Hause. Dies ist eine wahre Geschichte.

Ehestreit

Ich erinnere mich an ein Ehepaar-Team, das in einem Wettkampf sehr gut spielte. Am letzten Loch hatten sie sehr gute Gewinnchancen. Die Frau sollte einen schwierigen Schlag über einen Bach ausführen. Ihr Mann war so aufgeregt, daß er praktisch auf ihrem Schlägerkopf saß. Sie meinte: »Ich werde diesen Ball bestimmt in den Bach schlagen.« Er riet ihr sofort:

»Nur Mut!« Sie antwortete: »Okay, aber welchen Schläger soll ich nehmen?« Sie bewies Mut, machte es richtig, er chippte weiter, sie versenkte den Putt, und der Preis gehörte ihnen!

Ein schlechter Schlag zieht einen anderen nach sich

In einem gemischten Vierball gibt es immer einige hitzige Momente. Ich erinnere mich an eine Dame, die einen 12-Inch-Putt zu bewältigen hatte; sie bewegte schließlich den Ball um etwa 6 Inches. Wie in so manchen Ehepaar-Golfteams war die Atmosphäre vom ersten Tee an sehr gespannt. Ihr Mann, der nun die Geduld verlor, nahm daraufhin seinen Driver aus der Tasche und schlug den Ball 100 Yards das Fairway hinunter, schaute sie an und sagte: »Loch jetzt diesen ein!«

Der Mann, der mit ihnen spielte, tat mir leid. Er spielte nur mit

Hermitage, Dublin

ihnen, weil er darauf angewiesen war, von ihnen mit dem Auto zum Club gebracht zu werden. Er beklagte sich immer im Clubhaus, daß er es satt hätte, über Mauern zu klettern und Schläger auf die Fairways zurückzuwerfen.

Der beste Verkäufer aller Zeiten

In einigen Clubs gab es unter den Berufsspielern große Originale. Besonders erinnere ich mich an einen, der Schläger an Leute verkaufte, die eigentlich gar keine wollten. Wenn einer zu einer Unterrichtsstunde kam, sagte er zu ihm: »Ich trage Ihre Tasche für Sie hinunter.« Auf dem Weg zum Übungsgrün inspizierte er die Tasche und sagte dann: »Beginnen wir mit dem Holz Nr. 2.«, worauf der Schüler sagt: »Ich habe kein Holz Nr. 2.« Der Lehrer: «O.k., dann ein Eisen Nr. 2.«, der Schüler: »Ich habe kein Eisen Nr. 2.«, der Lehrer: »Dann nehmen wir eben ein Eisen Nr. 8.«, der Schüler: »Ich habe kein Eisen Nr. 8.« Und darauf sagt der Lehrer: »Finden Sie nicht, es wäre an der Zeit, daß Sie einen anständigen Satz Schläger kaufen?«

Ein anderer Lieblingstrick von ihm war, am ersten Tee *herumzulungern,* wo er ein Geschäft kilometerweit riechen konnte. Er nahm dann einen Schläger aus der Tasche eines Spielers und fragte: »Wie können Sie mit dieser *Planke* einen Ball schlagen, der paßt gar nicht zu Ihnen.« Daraufhin kamen dem Spieler Zweifel.

Eines Tages sagte er zu einem Priester, der zehn Jahre lang in der Mission gewesen war, seine *Planke* sei viel zu leicht für ihn. Der Priester antwortete, er selber habe ihm ja diesen Schläger verkauft, bevor er in die Mission gegangen sei. Nie um Worte verlegen, antwortete er: »Aber Sie haben seitdem zugenommen.«

Eine letzte Geschichte über ihn betrifft einen Theologie-Studenten, der auf seinem Fahrrad den Golfplatz entlangfuhr und beschloß, ihn genauer anzusehen. Er fuhr durch das Tor auf das Clubhaus zu. Unser Freund war dort, und sie begannen eine Unterhaltung. Ungefähr eine Stunde später wurde der arme Kleriker gesehen, wie er auf seinem Fahrrad die Straße hinunterfuhr, mit einem Zusatz auf dem Rücken — einem Satz Schläger und einer Tasche!

Profi-Lehrer

Ein anderer Berufsspieler, der zu viele Stunden gab, sagte immer: »Nehmen Sie Ihren Schläger innen zurück, innen zurück, innen zurück.« Er wiederholte schließlich alles, und wenn ihm jemand vorgestellt wurde, sagte er: »Guten Tag, guten Tag, wie geht es Ihnen, guten Tag, guten Tag, guten Tag.« Seine Nerven waren etwas gereizt; ein Mann verfolgte ihn wegen Golfstunden, obwohl er, je länger, desto schlechter spielte, was dem Profi immer mehr auf die Nerven ging.

Der Golfer war ein Fanatiker, und eines Tages fragte ihn der Berufsspieler, wie viele Tage pro Woche er übe. Er antwortete, sieben Tage. Der Pro sagte daraufhin: »Spielen Sie die nächsten drei Wochen vier Tage pro Woche, dann zwei Wochen lang zwei Tage pro Woche und die folgende Woche spielen Sie einen Tag.« Der Golfer fragte darauf: »Und was soll ich danach tun?« »Geben Sie das Ganze auf.«, war die Antwort. Er meinte, es wäre ein zu großer Schock für seinen Schüler, wenn er das Spiel sofort aufgeben sollte!

Eines Tages gab er eine Golfstunde, als er am Telefon verlangt wurde. Seine Schülerin war eine amerikanische Dame, und bevor er ans Telefon ging, sah er sich nach einem Ziel um, auf das sie schlagen könnte und sagte schließlich: »Sehen Sie die Kuh dort drüben auf dem Feld? Zielen Sie auf sie.« Er rannte zum Clubhaus ans Telefon, und als er zurück zu seiner Klientin kam, sah er, daß sie die Bälle nicht das Übungsfairway hinunterschlug, sondern in die Hecke. Er rief: »Was tun Sie denn da, was tun Sie denn da?« Sie antwortete: »Ich tue nur, was Sie mir gesagt haben, ich schlage die Bälle in Richtung der Kuh.« Die Kuh war allerdings in der Zwischenzeit weitergegangen, doch die Dame schlug die Bälle noch immer in ihre Richtung.

Ich habe viele Stunden erteilt und fand es immer leicht, mit Leuten, die sich im Lernstadium befanden, umzugehen. Einige Ereignisse waren sehr lustig. Bei einem Abendkurs redete ich viel über die Schläger. Eine Dame sagte mir schließlich, sie wisse, das Eisen Nr. 6 heiße so, weil es 6 Löcher am Griff habe!

Bei einem anderen Abendkurs standen etwa 30 Golfer in drei Reihen vor mir. Ich ging mit gewohnter Routine vor: »Nehmen Sie den Schläger in die linke Hand, halten Sie ihn so, daß das V, durch Daumen und Zeigefinger gebildet, gegen die rechte Schulter zeigt...«, dann sagte ich: »Legen Sie jetzt Ihre Schläger auf den Boden..«, und es gab ein lautes Getöse, da alle ihre Schläger auf den Boden warfen. Da standen nun die drei Reihen und hatten nichts in den Händen, und ich sollte ihnen das Golfspielen beibringen!

Als sie das bemerkten, gabs ein großes Gelächter, und wir fingen wieder von vorne an. Doch diesmal überließ ich nichts dem Zufall und sagte: »Den Schläger am Griffende halten, stellen Sie den Kopf jetzt so auf den Boden, daß...«.

Es gab viele lustige Erlebnisse; die meisten habe ich vergessen, aber ich erinnere mich an einen Mann, der sehr schlecht sah. Nach jedem Schlag mußte ich ihm diesen beschreiben!

Ein anderes Mal, als junger Lehrer, unterrichtete ich eine Dame. Ich versuchte, ihr den *Armschwung* beizubringen und ließ sie die Arme zurück und vorwärts oder zurück und hindurch schwingen. Sie war fleißig mit Schwingen beschäftigt, als sie plötzlich sagte: »Jetzt versteh ich's, es ist, wie wenn man einen Säugling in den Schlaf wiegt.«

An eine ungewöhnliche Lektion kann ich mich auch erinnern: Ich erteilte sie von einem Spitalbett aus. Wenn man außerhalb des Golfkreises erwähnt, daß man ein professioneller Golfer ist, erweckt man ein neugieriges Interesse am Spiel. Einer meiner Zimmergenossen, ein älterer Herr, hatte Beschwerden im Bein und ging am Stock. Er liebte es, seine *Beschwerden* mit den Professoren und Ärzten von seinem Bett aus zu besprechen. Dieser Mann zeigte Interesse am Golfspiel. Eines Tages, als er sich für die Visite hätte vorbereiten sollen, fragte er mich, wie man Golf spiele. Ich warf ihm eine Orange aus der Fruchtschale zu, er drehte den Gehstock um, und ich instruierte ihn vom Bett aus in der Technik des Schwunges. Diese ganze Sache nahm ihn gefangen, und er merkte nicht, daß eine ganze Menge Leute, angeführt von den Professoren, ihn beobachteten, wie er die Orange die Station hinauf und hinunterschlug, und dabei seine Gewandtheit bewunderten. Der Professor konnte ihm sagen, daß er große Fortschritte mache...

Bei jedem Golfclub gibt es natürlich auch Reisende oder Händler und ewige Optimisten, die Leute, die man nicht beleidigen kann. Ich erinnere mich an einen Reisenden, der sogar am kältesten Frühlingstag im kurzärmeligen Hemd aus dem Auto sprang und sagte: »Das Wetter wird tatsächlich besser, der Sommer ist in der Luft.« Gemeint war natürlich, daß man an die Vorbereitungen für den Sommer denken sollte.

Die Leute, die mehr als alle anderen über jeden Golfer auf dem Platz wissen, sind die Caddies, da sie dem Mann am nahesten kommen; sie wissen, wie er handelt; sie kennen seine wahre Person.

Einige der Jungen, die auf einem Golfplatz wie St. Andrews, der gerade hinaus und wieder zurück verläuft, Caddies waren, ließen oft die beiden Löcher am Ende aus, wenn sie für Anfänger oder amerikanische Touristen arbeiteten, so daß die Besucher nur 16 statt 18 Löcher spielten. Sie bemerkten den Unterschied ja doch nicht.

Eine unglaubliche Geschichte erzählt von einem Jungen, der zum ersten Mal als Caddie auf den Golfplatz geschickt wurde. Jedesmal, wenn der Golfer ein Divot ausschlug, warf er ihn dem Caddie zu und marschierte weiter. Der Junge fand das ziemlich anstrengend, und als er das 17. Fairway hinunterstolperte, war der Golfer ein gutes Stück vor ihm und sagte zu dem Caddie, er solle sich beeilen. Der Caddie wußte nicht, was er mit den Divots tun sollte und steckte sie alle in die Balltasche; als er beim 18. Loch ankam, konnte er die Tasche kaum noch schleppen.

Ein anderes Mal fragte ein Golfer seinen Caddie, welcher Schläger den Ball zum etwa 150 Yards entfernten Grün bringen würde. Der Caddie antwortete: »Es ist nichts in der Tasche, das Sie so weit bringen würde.« Das wurde nicht gut aufgenommen.

Eines Tages wurde eine Meisterschaft in einer Provinzstadt ausgetragen; eine der Biergesellschaften hatte ein Zelt aufgeschlagen und war sehr großzügig mit Freibier, sogar gegenüber den Caddies. Die Caddies beschlossen, sich keine Unterkunft zu suchen, sondern die Nacht im Zelt zu verbringen. Unglücklicherweise war es eine sehr kalte Nacht, und es regnete durch ein Loch im Zelt, so daß einer der Caddies am Morgen völlig durchnäßt war. Da er vom Bier betäubt war, merkte er nicht viel davon. Als sie aufwachten, sahen sie durch ein Loch in der Zeltwand eine Anzeige in einem nahen Geschäft: »75 % Rabatt auf alle Anzüge«. Die Caddies gingen hin, und jeder kaufte sich einen schönen

Der einfachste Schlag beim Golf — der 4. Putt

blauen Anzug. An dem Tag waren sie vielleicht etwas zu gut angezogen!

Vincent, der hilfsbereite Golfer

Jeder Golfclub hat natürlich auch einen Golfer, der sich ahnungslosen Golfern aufdrängen möchte. Er hat eine Lieblingstheorie, die er jedem seiner Opfer einbleuen möchte, ganz egal, welche Probleme sein Opfer hat.

Ein Club, mit dem ich verbunden war, hatte einen Golfer, der auf dem Übungsgrün *lebte*. Er hatte eine Theorie für jeden, der ihm zuhörte. Er sagte ständig: »Sie müssen unten herum lebendig sein.« Aber niemand verstand, was er damit meinte.

Behalten Sie Ihren Schlägerkopf unten

Eine andere unglaubliche Geschichte wird über vier Männer erzählt, die immer zusammen Golf spielten. Sie trugen jedesmal dieselben Kleider, erzählten dieselben Witze. Sie waren unzertrennlich nach 25 Jahren gemeinsamen Golfspielens. Dann, beim 10. Loch, welches ungefähr 3 Meilen vom Clubhaus entfernt ist, fiel einer tot um. Das verursachte *große Aufregung*, besonders, da sie mitten in einem guten Match waren. Sie brachten ihn zum Clubhaus zurück und unterhielten sich darüber, als jemand sagte: »Es muß schrecklich gewesen sein, ihn zum Clubhaus zurückzubringen.« Einer von ihnen erwiderte: »Ja, das stimmt, aber das schlimmste war, ihn zwischen den Schlägen immer aufzuheben und wieder niederzulegen.«

Die Erfinder

Diese sind die Golfer, welche glauben, daß sie eines Tages den Schlüssel, der das ganze Spiel entschlüsseln wird, entdecken werden. Man hört sie mitten in der

Vergessen Sie nicht, Ihren Kopf unten zu halten.

Nacht aufwachen und »EUREKA« rufen.

Manchmal erscheinen sie in meinem Geschäft. Ich weiß, was sie wollen, bevor ich frage; sie haben einen gewissen Ausdruck im Gesicht und weihen mich dann schließlich in ihren Plan ein.

Ein Erfinder kam mit einer, wie er glaubte, originellen Idee: Da ein Satz Schläger lästig, teuer usw. sei, wäre es schön, wenn man einen haben könnte, der für alles gut ist! Der Schläger müßte in eine Aktenmappe passen, wie ein Billiardstock, mit einem Gelenk in der Mitte und verstellbaren Lofts auf dem Schlägerblatt. Mit anderen Worten: Man hätte nur ein Schlägerblatt und einen Schaft, und beide wären verstellbar. Das Problem war, daß wir in der chronischen Rezession, in der wir uns befanden, niemanden mit einer Aktenmappe finden konnten!

Eine der außergewöhnlichsten Patentanmeldungen kam von einem Herrn McIntyre im Jahre 1954, der sagte, das Ziel seiner Erfindung sei es, einen Golfputter zu schaffen, der auch als Luftpumpe für die Caddiewagenräder oder als Henkel für den Caddiewagen dienen könnte. Die Erfindung enthielt eine abnehmbare Verbindung für die Pumpe und eine Sperrvorrichtung, die es dem Spieler ermöglichte, den Putter auf die gewünschte Länge zu verstellen.

Ein anderer Mann hatte die Idee für eine Maschine zum »track rod«-Putten, auf der der Schlag geübt werden könnte, bis er zur Gewohnheit würde, um ihn dann auf dem Golfplatz auszuführen. Das war an sich eine sehr gute Idee. Doch heute ist das Leben so schnell, daß alles auf eine »Sofortkur« ausgerichtet ist; man hat weder die Zeit noch Geduld, mit Geräten herumzutändeln. Diese Erfindung verkaufte sich nicht gut.

Eine andere Erfindung zum Putten sah vor, ein Gummiband auf das Schlägerblatt des Putters zu binden, so daß der Ball nicht vom Metall zurückspringen, sondern sich in dem Gummi eingraben und viel gerader rollen würde. Das funktionierte aber auch nicht. Es gab natürlich auch andere Ideen, den Putter betreffend, wie z.B. Spiegel, um zu sehen, ob der Schlag in einer geraden Linie verläuft. Einer hatte die Idee, ein Visier, wie bei einem Gewehr, in den Kopf einzubauen, damit er den Putt auf das Loch hin ausrichten konnte.

Ein solches Genie erzählte mir von einer ausgezeichneten Idee, die meine Verkäufe erhöhen würde. Sie bestand darin, daß alle alten Putter in ein Faß geworfen würden und man sie für 3 Pound austauschen könnte. Ein Mitglied konnte seinen Putter, wenn er nicht mit ihm zurechtkam, hineinwerfen und für 3 Pound einen Putter zweiter Wahl aus dem Faß nehmen.

Ich dachte, das sei eine fantastische Idee, und ließ ein großes Schild anfertigen: ALLE PUTTER NUR 3 POUND. Es kam zu einem großen Andrang in meinem Geschäft am nächsten Morgen. Einige Mitglieder kamen immer wieder zurück. Die Idee setzte sich durch. Es gab ein lokales Golfmagazin, in dem ich sogar dafür Werbung machte. Etwa ein Jahr später erschien jedoch dieselbe Anzeige wieder im Magazin. Ich hatte diese Idee, Putter umzutauschen, völlig vergessen. Nun kamen Leute mit allem möglichen Golframsch und verlangten neue Putter, so daß die Idee ein jähes Ende hatte.

Tatsache war, daß ein Handelsreisender unter Druck stand, Inserate für das Magazin zu bekommen, und so *erfand* er welche, um den Herausgeber nicht zu enttäuschen.

Die erfahrenen Lehrer

Vor vielen Jahren verwendete ein alter Pro und erfahrener Lehrer verschiedene Techniken, wenn er eine Lektion erteilte. Wenn der Schüler zum Beispiel einen schnellen Schwung hatte, verlangsamte er alles, die Art, wie er ging, redete und so weiter, und so verlangsamte er das Tempo des Schülers. Er hatte die Lektion immer unter Kontrolle. Wenn der Schüler einen guten Schlag machte, sagte er: »Der Schwung war aber nicht sehr gut.« Wenn der Schüler einen schlechten Schwung machte, sagte er: »Der Schwung war wirklich gut.« Er verwirrte den Golfer und übernahm dadurch die Kontrolle.

Schüler schlägt zurück

Es gab auch einen jungen Assistenten, der ein guter Lehrer war, und dieser beschloß, auf einen totalen Erfolg zu setzen und mehrere Schüler gleichzeitig zu unterrichten. Er bestellte sie alle für einen Freitagmorgen und machte ihnen einen Sonderpreis von 2.50 Pound. Am Freitagmorgen wartete er in seinem besten Anzug, als die Damen ankamen. Er wollte jede einzeln 5 Minuten lang unterrichten, dann darüber reden, und so war jeder Freitagmorgen für die Anfänger reserviert.

Die erste Dame kam auf das Übungsgrün, die anderen warteten außerhalb. Er war ein Typ, der versuchte, am ersten Tag einen guten Eindruck zu machen, um es dann ziemlich leicht zu nehmen. Es ging aber alles gegen seine Pläne, denn die Dame schlug auf den Ball ein, verpaßte ihn aber völlig. Er schimpfte in seinen Bart hinein und versuchte, ihr klarzumachen, daß man ein Objekt nicht nach vorne bewegen kann, wenn man darauf schlägt; dann geht es nur seitwärts oder rückwärts. Er sagte zu ihr: »Um Himmels Willen, können Sie denn nicht durch den Ball schlagen? Versuchen Sie es nochmal.« Sie murmelte: »Golf ist ein dummes Spiel, wer hat das denn erfunden?« und wurde noch aufgeregter, als sie ohnehin schon war. Die Leute draußen hörten, wie sich ein kleiner Streit entwickelte, und der Lehrer dachte, drastische Handlung sei nötig, ging auf ein Knie und bat: »Alles, was Sie tun müssen, ist, in diese Richtung zu folgen«, wobei er auf sein Knie zeigte. Plötzlich sah sie ein Ziel, und alles kam zusammen: Sie führte einen Schwung durch, dummerweise war allerdings das Knie des Assistenten dazwischen. Man hörte einen lauten Schrei, sie warf den Schläger auf den Boden und rannte

Der verschwindende Pro

vom Übungsgrün. Er humpelte eine halbe Minute später davon. Man braucht es kaum zu sagen, daß all die anderen Damen plötzlich Termine beim Coiffeur oder ein krankes Kind zu Hause hatten. Ich habe gehört, daß er keinen Gruppenunterricht mehr erteilt.

Ein anderer Pro gab eine Stunde und war wirklich im Leerlauf. Er nahm alles viel zu leicht. Eine Dame ging für eine Unterrichtsstunde zu ihm, und als ich sie nachher fragte, was sie gelernt habe, sagte sie: »Gar nichts«. Ich meinte, er müsse ihr doch in der halben Stunde, die sie bei ihm war, etwas beigebracht haben. Aber sie entgeg-

Der hilfreiche Pro

Lahinch, Co. Clare

nete: »Wenn ich einen guten Schlag machte, sagte er: 'Bravo', wenn ich einen schlechten Schlag machte, sagte er: 'Macht nichts, der nächste wird besser sein.'« Aber irgendwie machte er die Damen glücklich.

Ein hilfreicher Pro!

Ein Anfänger hatte ein Problem: Er konnte einen perfekten Übungsschwung machen, aber wenn der Ball auf dem Boden lag, schien sich alles aufzulösen. Er erklärte dem Pro: »Jedesmal, wenn ich ein Gänseblümchen treffen will, habe ich kein Problem. Ich kann seinen Kopf abschlagen, doch wenn der Ball daliegt, verpasse ich ihn.« Der Pro dachte einen Moment lang nach, bevor er riet: »Legen Sie ihn doch einfach auf ein Gänseblümchen!«

Ein großes Spiel des »Hätt' ich doch nur«

Wir alle kennen den Golfer, der jeden einzelnen Golfschlag, den er spielt, diskutieren möchte. Golf ist ein egoistisches Spiel, und je mehr man spielt, desto egoistischer wird man. Ein Freund von mir, der eine Zeitlang schwer krank ans Bett gefesselt war, erzählte mir, daß ein Freund mit ihm jeden Montag telefonierte und sagte: »Ich will Dich nicht mit meinem Golf langweilen, aber am 7. oder 6. oder 10....« Er seufzte jeweils vor Erleichterung und dachte, wenigstens beginnt er nicht mit dem 1. Loch. Dann erzählte er vom 7. bis zum 18. Loch, was gerade noch auszuhalten war, machte dann aber kehrt und erzählte vom 1. bis zum 7. Loch. Jedes bißchen Golf, das er gespielt hatte, mußte diskutiert werden. Ich glaube, es war Bobby Locke, der sagte: »Wenn Sie Golf diskutieren wollen, beginnen Sie bitte beim 18. Loch!«

Juniorgolf

Golf ist wie viele andere Sachen im Leben: Die Leute verstehen es nicht, bis sie es selbst erleben, und dann sind sie davon besessen. Ich erinnere mich an einen Mann, der mir erzählte, er habe seinem Vater im Sommer auf dem Brotwagen geholfen. Auf einem Teil der Runde hätten sie Leute Golf spielen sehen, und beide wären der Meinung gewesen, Golf sei ein blödes Spiel. Etwa 30 Jahre später begann er selber, Golf zu spielen und wurde ein sehr eifriger Golfer. Eine Bemerkung wird mir gegenüber immer wieder gemacht, und auch er machte sie: »Ich weiß nicht, weshalb ich nicht vor 20 Jahren damit angefangen habe.« Doch es gibt einen Widerspruch, wenn es um Juniorengolf geht, da viele der älteren von ihnen sich über junge Golfer ärgern. Ich werde nie verstehen, weshalb diese den Jugendlichen die Chance entsagen wollen, die sie selber gern gehabt hätten.

Einige Clubs haben eine gute Juniorenabteilung. Es gibt Eltern und auch andere Erwachsene, die gerne die Jungen ermutigen. Einige Leute finden, Golf sei kein geeignetes Spiel für Jugendliche, da es kein Mannschaftsspiel ist. Ich glaube aber, daß es ein gutes Spiel ist in der heutigen Zeit. Es hat einen Kodex der Ethik, Regeln usw., die befolgt werden müssen. Es erzieht zur Disziplin, die aus dem Inneren jedes einzelnen kommt.

In einem Club, in dem ich arbeitete, erzählte mir ein älteres Mitglied eine Geschichte, die belangvoll ist. Sie betrifft einen Mann, der gegen die Jugend eingestellt war und rot wie eine Tomate wurde, wenn Kinder am Clubhaus waren, vor allem in der Nähe des Übungsgrüns, welches er sowieso als heiligen Boden ansah. Er jagte die Kinder ständig fort. Einige Jahre später war dieses ältere Mitglied im Clubhaus, und das »Tomaten-Individuum« war auch dort. Draußen verursachten einige Kinder einen entsetzlichen Radau. Mein Freund traute seinen Augen nicht, als sich dieser Mann offensichtlich nicht von ihnen gestört fühlte. Schließlich beschwerte sich jemand über den Krach, und derselbe Mann erwiderte: »Es sind doch nur Kinder!« In der Zwischenzeit hatte er natürlich geheiratet; die Kinder waren seine eigenen, und seine Ansichten hatten sich geändert.

Wie man den Platz bespielt

Als ich aufwuchs, wurden Wettkämpfe zwischen den Clubs sehr ernst genommen. Der neue Dunlop 65 wurde beim ersten Tee langsam aus der quietschenden, schwarzen Plastikhülle hervorgeholt. In einem solchen Wettkampf ging mein Partner beim Verlassen des ersten Tees zu einem unserer Gegner, welcher ihn als guten Golfer respektierte, und sagte: »In Ihrem Schwung gibt es einen kleinen Fehler. Ich werde ihn mir später genau ansehen.« Wir waren bereits zwei im Vorsprung. Ihm gehörte das Land, auf welchem der Platz angelegt war, und er lebte mit seinem Bruder, der nicht Golf spielte, dort. Doch der Bruder verstand etwas von Wettkämpfen. Der Kurs ging um ein kleines Gebiet, und wenn die Gegner einen Schlag spielten, waren oft merkwürdige, laute Geräusche von der Scheune her zu hören.

Der Fall der verschwindenden Bäume

In einem anderen Club im Westen von Irland empfing der kleine Club den großen zu einem »David-und-Goliath-Kampf«. Der Platzmanager spielte nicht mit, stand aber vollkommen hinter seinem

Ballybunion, Co. Kerry

Tralee, Co. Kerry

Team. Auf der ersten Runde (neun Löcher) erging es den Gastgebern nicht allzugut. Als ob das nicht schon schlimm genug wäre, blieb der Ball des besten Spielers im einzigen Baum auf dem Platz stecken. Da die Besucher auch zum Vergnügen dort waren, zogen sich alle nach 9 Löchern in die Bar zurück, um sich auszuruhen. Als sie bei ihrem dritten »Gin and Tonic« angekommen waren, hörten sie eine Säge in der Ferne. Niemand achtete darauf. Beim Spielen der Rückrunde hatte niemand Probleme mit dem Baum; der Platzmanager hatte dafür gesorgt, daß es dort keinen Baum mehr gab.

Der Fall eines verschwindenden Baumes

Der ewige Optimist

Jeder Golfer, der am ersten Tee steht, wird wiedergeboren.

Meine Frau, die oft mit mir im Geschäft arbeitet, sieht die Männer am ersten Tee, wie sie umherhüpfen und fortwährend nach vorwärts und rückwärts schwingen. Witze werden ausgetauscht, es herrscht eine lebhafte Atmosphäre. Ungefähr vier Stunden später sieht sie dann den Vierball, wie sie sich auf eine Gartenbank außerhalb des Clubs schleppen und mit einem Ausdruck von Erschöpfung und Frustration auf ihren Gesichtern zusammendrängen. Sie sagte mir oft, sie könne nicht verstehen, weshalb jemand das Spiel überhaupt spiele.

Der Leprechaun Golfer

In einem Nachbarclub gab es einen Golfer, der anfangs voller Enthusiasmus spielte, aber wenn er beim 7. Loch ankam, geriet er in ein teils selbstmörderisches Stadium und wunderte sich, weshalb er sich überhaupt mit diesem Spiel plagte.

Er mühte sich weiter ab, und plötzlich glaubte er, im Rückschwung etwas gesichtet zu haben. Er verpatzte den Schlag und drehte sich um, um zu erforschen, was ihn irritiert hatte, und siehe da, zuoberst auf einem Stechginsterbusch, saß ein kleines grünes Männlein und schaute ihn an. Er sah sich nach einem Raumschiff um, aber es war keins da. Er fühlte, wie seine Frustration der Verwunderung wich, als er erstarrt, wie Lots Frau, dastand. Das grüne Männlein redete ihn an und fragte ihn, ob er wirklich sein Handicap reduzieren und gut spielen wolle. Er konnte nicht anders als zugeben, daß er das wohl möchte. Das kleine Männlein sagte: »Möchtest Du mit einstelligen Zahlen spielen?« Das war zuviel für ihn, und er sagte: »Aber die Sache hat doch sicher einen Haken.« Das kleine Männlein erwiderte: »Natürlich.« Der Golfer fragte: »Nun, was muß ich tun?« Das Männlein antwortete: »Alles, was Du tun mußt, ist, in den nächsten zwölf Monaten auf Sex zu verzichten.« Der Golfer erklärte sich damit einverstanden.

Während des nächsten Jahres spielte er wie ein Besessener, gewann die Captain's und President's Preise, reduzierte sein Handicap von 19 auf 4 und war die Sensation des Clubs. Aber sein Geheimnis gab er nicht preis.

Das Jahr ging vorbei, und er hatte das kleine Männlein beinahe vergessen, als er auf dem Golfplatz genau am gleichen Ort stand und das kleine Männlein wieder erschien! »Hattest Du Freude an Deinem Golf?« »Es hat mir wirklich Spaß gemacht«, sagte der Golfer. »Hast Du Dich das ganze Jahr hindurch geschlechtlich enthalten?« »Ja.« »Sehr gut«, erwiderte das Männlein. »Möchtest Du nun einer der besten Golfer der Welt werden?« »Dafür würde ich alles tun«, antwortete der Golfer. »Das einzige, was Du tun mußt, ist das gleiche wie letztes Mal. Enthalte Dich dieses Mal für zwei Jahre.« Die nächsten zwei Jahre kam er in die nationalen Schlagzeilen, indem er die Irish Open, British Open und die US Open gewann.

Zwei Jahre gingen vorbei, der Mann war jetzt ein NATIONALHELD mit großem Auto und Fanclub. Als er wieder auf seinem Heimplatz spielte, erschien das Männlein abermals. Er eilte zu ihm hin und erzählte ihm, wie es sein Leben veränderte habe. Das Leprechaun sah zufrieden aus, aber auch etwas verwirrt. »Hattest Du irgendwelche Probleme, Dich geschlechtlich zu enthalten?« »Nein.« Er schaute ihn wieder an und sagte: »Hattest Du es früher gerne?« «Ja«, sagte der Golfer. »Wie oft im Jahr?« »Vielleicht fünf- oder sechsmal.« Das Leprechaun sagte darauf: »Das war aber auch nicht oft.« Der Mann antwortete: *»Nun, das war nicht schlecht für einen Priester in einer kleinen Gemeinde!«*

Das Spiel hat sich ausgebreitet

Natürlich hat sich das Spiel ausgebreitet. Sehr viel mehr Leute spielen es jetzt als je zuvor. Man kann es kaum glauben, daß früher die Clubs tatsächlich für Mitglieder werben mußten. Es gibt eine Geschichte vom Mitglied eines Vorortclubs, der eines Morgens spielte. An einem Loch traf er einen Mann, der in einem Bunker schlief. Dieser wachte auf, glaubte, er werde angegriffen und rannte fort. Das Mitglied rief ihn zurück und fragte ihn, ob er »Interesse hätte, dem Club beizutreten«.

Die Anzahl der Damen, die Golf spielen, hat in den letzten Jahren ebenfalls stark zugenommen. Die Tatsache, daß sie nicht gleichwertig behandelt werden, ist zu einem echten Problem geworden. Meiner Meinung nach könnte das Problem durch zwei Mitgliedskategorien für alle gelöst werden: a) volle und b) außerordentliche Mitgliedschaft, je nachdem, wieviel der einzelne bezahlen will.

Ich erinnere mich an einen Spieler, der für eine Unterrichtsstunde zu mir kam und mich bat, ihm zu sagen, was er richtig machte. Es war keine schlechte Lektion, nur eine kurze. Ein Freund von mir unterrichtete einst eine Dame, die mit drei Pudeln an der Leine zur Unterrichtsstunde kam. Das war noch nicht so schlimm, nur mußte er die Hunde halten und dabei versuchen, sie zu unterrichten. Sie war, milde ausgedrückt, exzentrisch. Sie trug einen Faltenrock, den eine große Nadel zusammenhielt.

Als sie einmal nach hinten schwang, schlugen ihre Hände gegen die Nadel, und der Rock fiel auf den Boden. Das allein wäre noch nicht so schlimm gewesen, nur standen eine ganze Reihe Golfer und Pros dort. Das störte sie aber nicht im geringsten, sie sagte bloß: »Oh, entschuldigen Sie bitte!«, zog den Rock wieder an und fuhr mit der Lektion fort. Der Pro wußte nicht, ob er lachen oder weinen sollte!

Das Spiel

Wenn Sie bedenken, daß Sie beinahe vier Stunden benötigen, um sechs Meilen zu gehen, um ca. 3 ½ Minuten zu spielen und dann das Ganze noch einmal einige Stunden lang in der Bar spielen, können Sie die Faszination des Spiels erleben. Nicht-Golfer werden davon verwirrt. Ich erinnere mich an eine Geschichte von zwei Leuten, die Golfer beim Spielen beobachteten. Sie sahen, wie sie den Ball schlugen; einer trieb ihn ins Rauh, der andere in den Sand. Es gelang ihnen, den Ball vorwärts zu bewegen, und schließlich, auf dem Grün, lochte ihn einer ein. Einer der Zuschauer bemerkte: »Der wird aber Mühe haben, den Ball aus dem Loch zu holen.«

Also, wenn Sie Golf spielen, vergessen Sie nie, es ist nur ein Spiel. Wie Lloyd Magrin, der große amerikanische Golfer der Nachkriegszeit, sagte: »Es ist nicht Ihre Frau, und es ist nicht Ihr Leben.«

Genießen Sie Ihre Zeit im Club; beschränken Sie sich nicht auf denselben Vierball, lernen Sie andere kennen. Genießen Sie jedes weitere Golfspiel. Sparen Sie sich nicht für den Captain's Prize auf, denn am Ende erinnern wir uns nicht an Tage, sondern an Momente.

Der Ball hat kein Gehirn 26. Kapitel

Die neun schlechten Schläge im Golfspiel

Der abschweifende Ball

Der Ball hat kein Gehirn: Ohne jegliches Gefühl bleibt er ganz und gar immun gegen alle Bedürfnisse des Spielers, welcher ja im Spiel mit seinem Vorgesetzten, seinem Bankdirektor, oder gar mit Klienten sein könnte, auf die er, durch lockeres Gespräch während der Runde, einen guten Eindruck machen möchte — jedoch dem verflixten Ball ist das ganz egal! Auch wenn der Spieler die Trägheit des Balles überwindet, kommt es doch allzuoft vor, daß der Ball eine falsche Richtung einschlägt, wodurch der Spieler seine Partner erst am nächsten Tee trifft, von wo er sich dann wieder auf lange Umwege begibt.

Vor dem Abschlag ist es wohl besser, wenn Sie alles über den abschweifenden Ball und die schlechten Schläge im Spiel wissen, wie Sie sie vermeiden und hoffentlich korrigieren können. Dieses Kapitel handelt nicht davon, wie Sie das Spiel spielen, sondern wie Sie es verbessern können. Darum brauchen Sie nicht das ganze Buch zu lesen, um die Lösung Ihrer Probleme zu finden.

Im Gegensatz dazu, was die meisten Golfer glauben, gibt es nicht tausend schlechte Schläge im Spiel, sondern nur neun, und diese neun stehen in einem engen Zusammenhang zueinander.

Sobald ein Spieler wegen Unterrichtsstunden zu mir kommt, frage ich ihn, warum er Hilfe braucht. Was ist das Problem? Oder welcher Schlag ist nicht in Ordnung? Manchmal ist der Spieler in der Lage, seinen schlechten Schlag präzise zu definieren. Leider ist es noch öfter der Fall, daß er sich beschwert: »Ich bin so unbeständig«, und dies hilft dem Lehrer nicht viel. Jedoch, was dieser Spieler meistens damit ausdrücken will, ist, daß sich unter den guten Schlägen immer wieder einer dieser schlechten befindet. Worüber der Spieler sich im klaren sein muß, ist, daß *diese scheinbar verschiedenen Schläge oft eng miteinander verbunden sind.*

Die ersten zwei und wichtigsten Punkte:

1. Sie müssen Ihren Schlag präzise beschreiben und definieren können.

2. Der unbeständige Spieler muß die Zusammenhänge seiner verschiedenen Schläge erkennen können.

Es kommt oft vor, daß der Spieler seinen Schlag genau beschreiben kann, ihn jedoch dann beim falschen Namen nennt. In diesem Falle sucht er nun die Lösung am falschen Orte. Zum Beispiel nennt ein Spieler seinen Schlag einen »Hook«, jedoch in Wirklichkeit ist der Ball nach *links* geschlagen worden und setzt seine Laufbahn nach links fort (siehe Abb. 143). Dies ist kein »Hook«, sondern ein »Pull«, ein verzogener Ball. Der »Hook« ist ein Schlag, bei dem der Ball seinen Flug rechts vom Ziel beginnt und in der zweiten Hälfte seines Fluges den Kurs in die linke Richtung ändert (siehe Abb. 144). Wichtig ist hier, daß ein verzogener Ball von einem *außen-nach-innen*-Schwung stammt, während der »Hook« von einem *innen-nach-außen*-Schwung sein Momentum erhält. Das sind zwei ganz verschiedene Schwünge. Dies war der erste Punkt: *genaue Beschreibung und Definition;* nun zum zweiten.

Es besteht die Möglichkeit, daß ein Spieler vom ersten Tee einen Abschlag links der Zielrichtung

Abb. 143

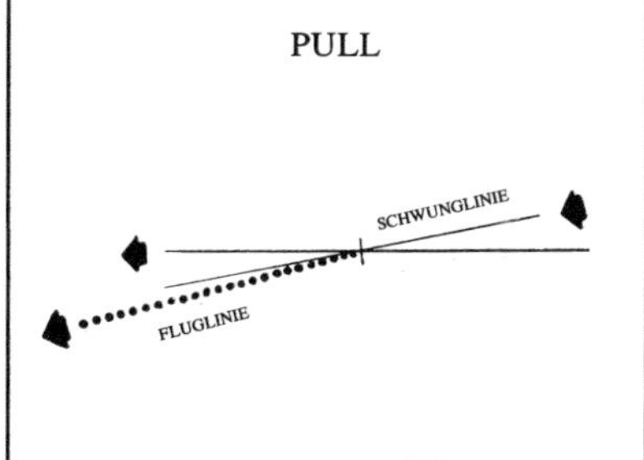

Außen-nach-innen-Schwung

Abb. 144

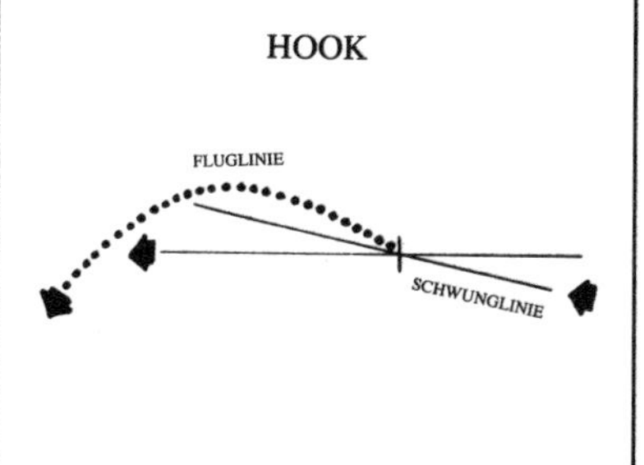

Innen-nach-außen-Schwung

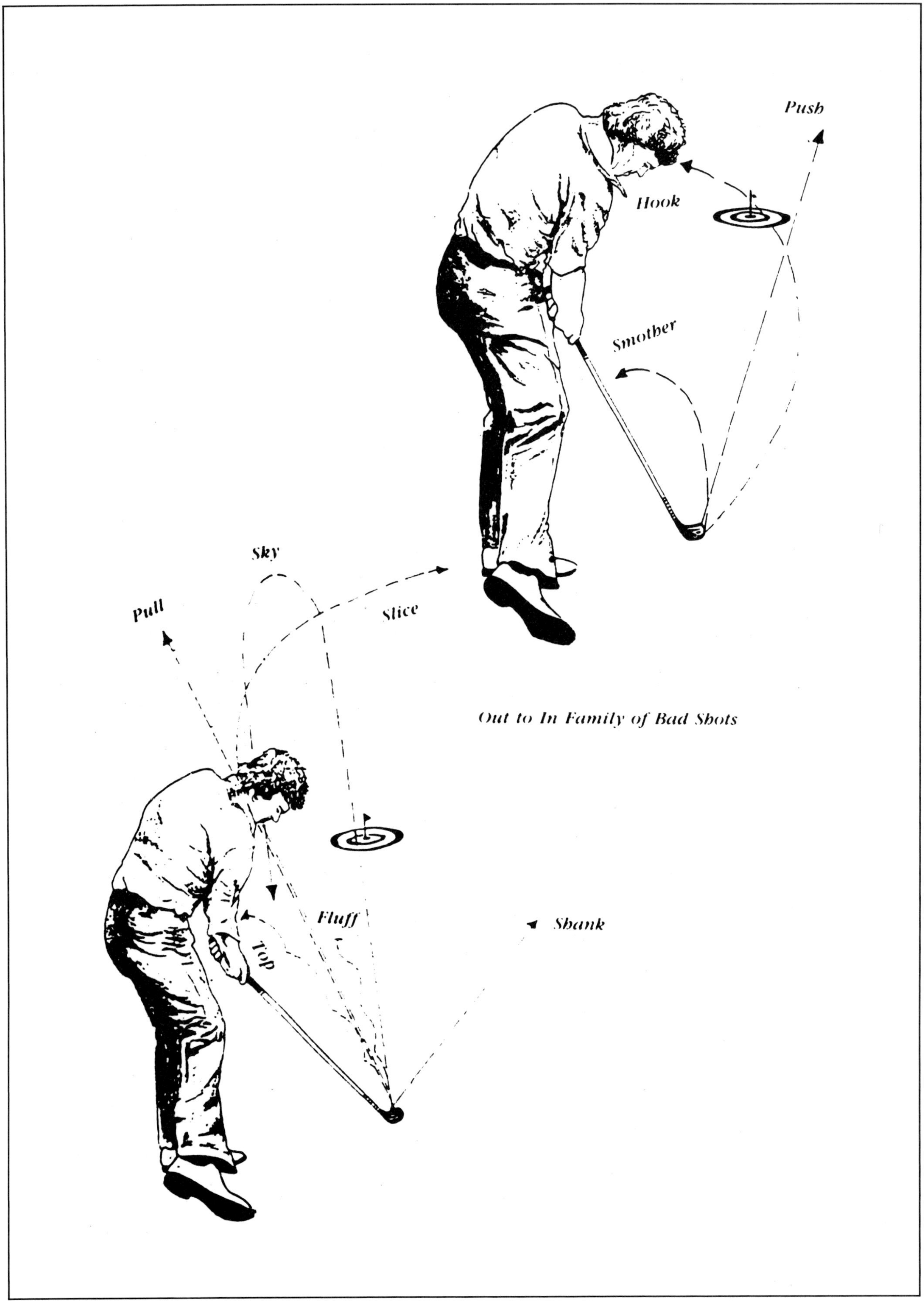
Push
Hook
Smother
Sky
Pull
Slice
Out to In Family of Bad Shots
Fluff
Top
Shank

schlägt und vom folgenden Tee einen Ball, der 20 bis 30 Meter rechts der Zielgeraden landet. Der Spieler kommt automatisch zur Schlußfolgerung, daß dies zwei verschiedene Schwünge sind, obwohl sie es sehr wahrscheinlich nicht waren. Der Schwung, welcher den Ball nach links des Zieles fliegen ließ, war ein *außen-nach-innen*-Schwung, mit einer Schlägerblattstellung in Schwungrichtung (siehe Abb. 145). Im Gegensatz zu diesem wurde der Ball, der 20 Meter rechts des Ziels landete, auch von einem *außen-nach-innen*-Schwung getrieben, jedoch zeigte das Schlägerblatt dieses Mal nicht in Schwungrichtung und verursachte deswegen diesen Slice (Abb. 145a). Das Resultat war wohl ganz verschieden, jedoch der Schwung war derselbe *außen-nach-innen,* die Variable war die Schlägerblattstellung (siehe Abb. 146). Im ersten Fall zeigte das Schlägerblatt in Schwungrichtung, im zweiten Fall war es zur Schwunglinie hin offen. Diese beiden Schwünge sind also eng verbunden und die Methoden ihrer Korrektur sind ähnlich (siehe Abb. 147).

In manchen Fällen kommt es vor, daß der Spieler den genau gleichen Schwung mit der Schlägerblattstellung in dem genau gleichen Winkel ausübt und das Resultat doch ganz anders ausfällt, aus dem einzigen Grund, daß der Spieler einen anderen Schläger benutzte. Zum Beispiel kommt es oft vor, daß ein Spieler mit seinen hohen Eisen einen Hook schlägt und mit seinen Hölzern einen Slice oder, noch präziser, mit seinem Driver einen Slice und mit seinem 3er Holz gerade schlägt. Der Grund dieser Fehlauffassung liegt im Neigungswinkel des Schlägerblattes. Der Driver hat ein gerades Schlägerblatt, mit dem er den Ball in der Mitte schlägt, und wenn dieses zur Schwunglinie offen ist, dann entsteht ein Slice. Mit dem Wedge, da er einen großen Neigungswinkel im Schlägerblatt hat, wird die Unterseite des Balls geschlagen, und damit fliegt der Ball sowieso in die Richtung der Schwunglinie, auch wenn das Schlägerblatt mit einem Winkel den Ball berührte (siehe Abb. 148). Somit erzielt man zwei vollkommen verschiedene Schläge mit demselben Schwung und mit demselben Schlägerblattwinkel. Die Variable ist der Neigungswinkel des Schlägerblattes.

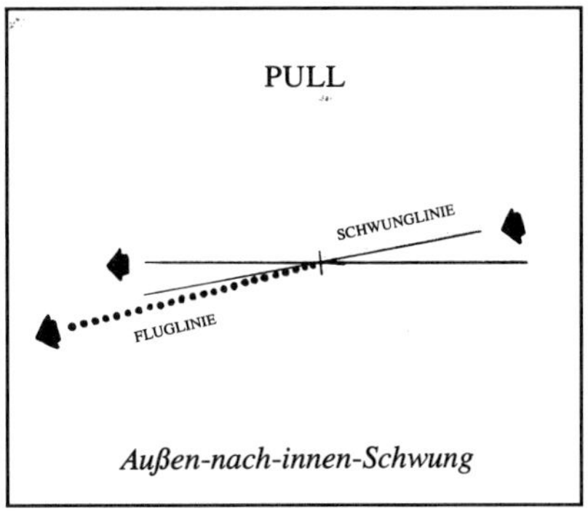

Abb. 145

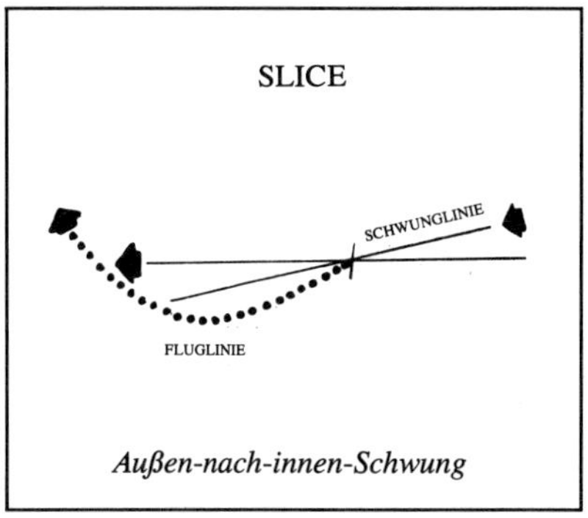

Abb. 145a

Die wichtigsten Schlußfolgerungen, die wir daraus ziehen können, sind: Wer etwas über sein Schlägerblatt erfahren will, wie es im Treffmoment gestellt ist, der spiele mit dem Driver, und wer seine Schwunglinie studieren will — ob sie von *außen nach innen* oder von *innen nach außen* verläuft -, der spiele mit dem 9er Eisen oder mit einem Wedge, der viel Loft hat, und der Ball wird der Schwunglinie folgen.

Wir schließen daraus, daß Sie Ihren schlechten Schlag genau beschreiben und definieren müssen. Die unbeständigen Spieler unter Ihnen müssen versuchen, ihre guten sowie ihre schlechten Schläge in einer der Schlagfamilien unterzubringen.

Wenn Sie einen Golfball schlagen, bestimmt die *Wucht des Schwungs* die anfängliche *Flugrichtung* des Balls. Wenn die Wucht des Schwungs links des Ziels gerichtet ist, dann ist dies die Richtung, in die der Ball abfliegen wird. Anders, wenn sie rechts gerichtet ist, dann bestimmt sie die Richtung der ersten Flugphase des Balls. In der späteren Phase des Fluges bestimmt dann der *Winkel des Schlägerblattes,* in welche Richtung der Ball abweicht. Mit anderen Worten, der Winkel des Schlägerblattes im Treffmoment ist entscheidend.

Abb. 146

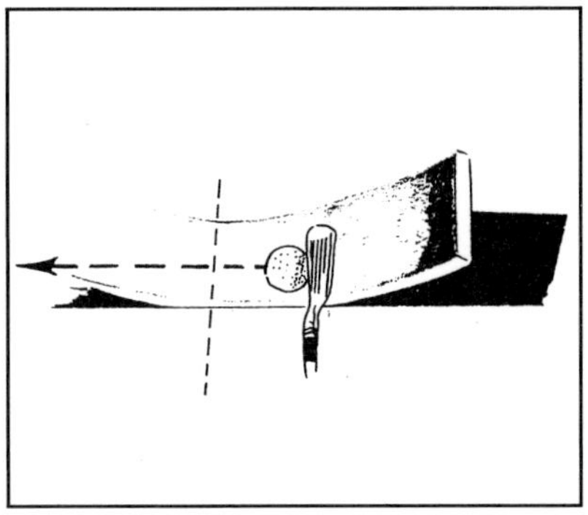

Abb. 147

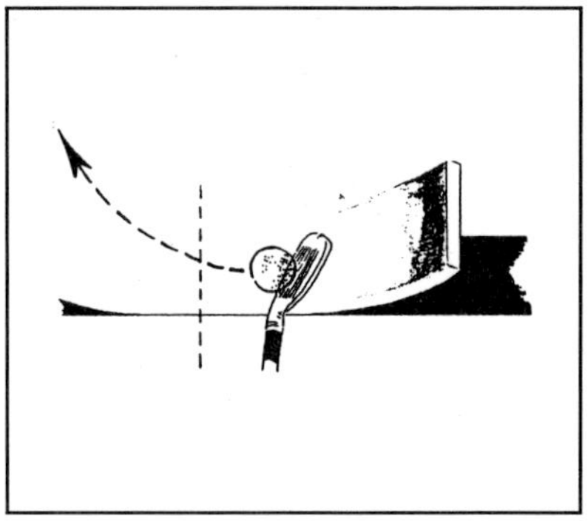

Wenn der Ball zum Beispiel scharf nach rechts abweicht (siehe Abb. 149), dann war das Schlägerblatt im Treffmoment nach rechts gerichtet, obwohl die Wucht nach links gerichtet war. Gleichfalls, wenn ein Ball in der letzten Phase seines Fluges nach links abweicht, dann war das Schlägerblatt links der Schwunglinie ausgerichtet (siehe Abb. 150). Daraus schließen wir, daß die *erste Flugphase* des Balles einem vieles über die *Schwunglinie* offenbart, während die *Schlußphase des Fluges* über die Stellung des Schlägerblattes im Treffmoment Auskunft gibt. Wenn der Ball in einer geraden Linie nach links, rechts oder geradeaus fliegt, dann wissen Sie, daß die *Wucht des Schwungs und die Schlägerblattstellung miteinander koordinierten* (siehe Abb. 151). Die Wucht des Schwungs und das Schlägerblatt des Schlägers können zum Beispiel beide nach links gerichtet werden. Wenn Sie einen Ball nach rechts *stoßen,* dann richten Sie die Wucht des Schwungs und das Schlägerblatt nach rechts (siehe Abb. 152). Nun, wenn Sie einen Ball schlagen und dieser seine Flugrichtung vom Anfang bis zum Ende des Fluges beibehält, stehen Schwunglinie und Schlägerblatt in einem rechten Winkel zueinander. Wenn der Ball in seinem Flug, besonders in der letzten Phase, abdreht, dann war die *Schlägerblattstellung* nicht korrekt, nicht senkrecht zum Schwung (siehe Abb. 153 und 154).

Der Golfball kann an drei verschiedenen Stellen getroffen werden: oben, in der Mitte oder unten (siehe Abb. 155, 156 und 157). Wenn Sie den Ball oben schlagen, dann bohren Sie ihn in den Boden, wenn Sie den Ball in der Mitte schlagen, dann erreichen Sie eine vernünftige Flugbahn. Wenn Sie ihn unten schlagen, wird der Ball

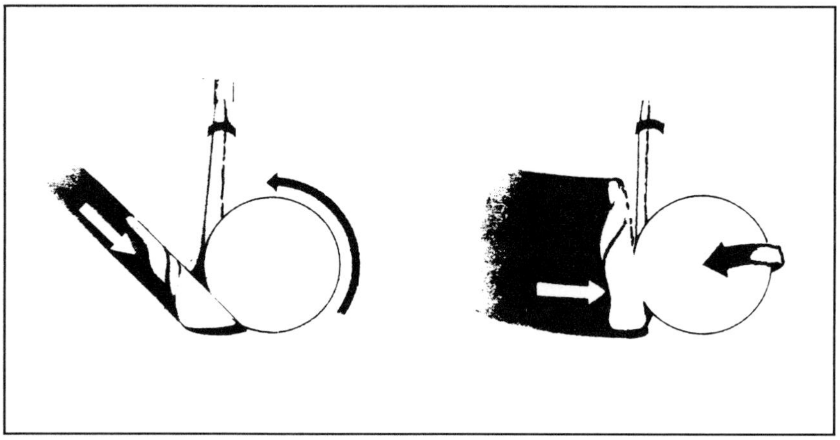

Abb. 148

angeschnitten, und durch den starken Backspin steigt er dann hoch in die Luft. Dadurch können wir klar festlegen, daß bei den schlechten Schlägen die Bälle meistens entweder *zu weit oben oder zu weit unten* abgeschlagen wurden.

Soweit haben wir nun festgestellt, daß drei wichtige Faktoren den Golfschlag beeinflussen:
— Erstens, die Schwungrichtung: Mit anderen Worten, die Wucht des Schwungs, und ob der Ball in die Zielrichtung fliegt, links oder rechts des Ziels landet.
— Zweitens, die Schlägerblattstellung: Ist sie in Richtung Ziel, links oder rechts davon?
— Drittens, der Winkel zwischen Ball und Schläger im Treffmoment. Wird der Ball von oben, von hinten oder flach von unten her geschlagen?

Dies sind die drei wichtigsten Punkte. Wenn Sie diese drei genau unter Kontrolle haben, den Schwung, die Schlägerblattstellung und den Auftreffwinkel, dann haben Sie einen sehr guten Schlag erzielt. Wenn einer dieser Punkte nicht perfekt ist, dann ist das Resultat ein fehlgeschlagener Ball. Wenn zwei oder mehr dieser Punkte mißlangen, befinden Sie sich in größten Schwierigkeiten!

Abb. 149

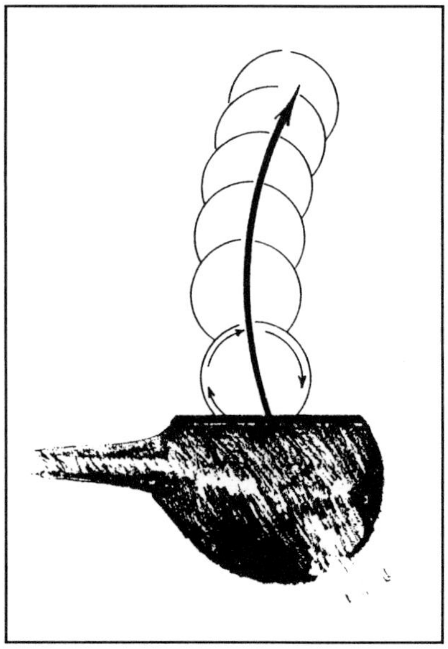

Abb. 150

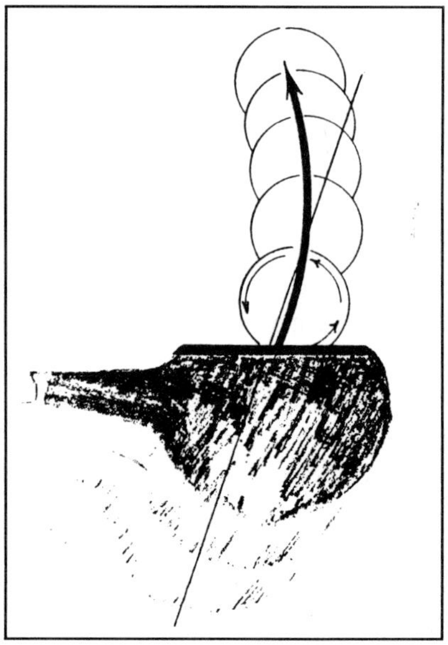

Wir rekapitulieren: Die Richtung, in die der Ball abfliegt, wird von der Schwunglinie bestimmt. Der Winkel des Schlägerblattes zur Schwunglinie bestimmt, ob der Ball in seinem Flug noch abweicht. Die Flughöhe wird durch einen hohen, respektive tiefen, Abschlag bestimmt.

Eine kurze Warnung:

Bevor ich die schlechten Schläge im Spiel nenne, möchte ich Sie kurz darauf aufmerksam machen, daß der Bogen, den der Ball in der zweiten Hälfte seines Fluges macht, von der Schlägerblattstellung beeinflußt wird. Es kommt jeweils darauf an, ob die Schlägerblattstellung zur Schwunglinie hin offen oder geschlossen ist, welche von einer schlechten Griffhaltung bestimmt wird. Mit anderen Worten, die Griffhaltung kontrolliert die Schlägerblattstellung im Treffmoment.

Weiter möchte ich Ihnen mitteilen, daß *90% der Spieler mit hohem Handicap nach links vom Ziel abschlagen,* denn die Wucht ihres Schwungs (die Schwunglinie) kommt *von außen* auf den Ball. Wenn Sie sich erhoffen, ein guter Spieler zu werden, und den Ball soweit unter Kontrolle haben, daß er jeweils etwas rechts des Ziels landet, haben Sie eins der größten Hindernisse überwunden.

Abb.151

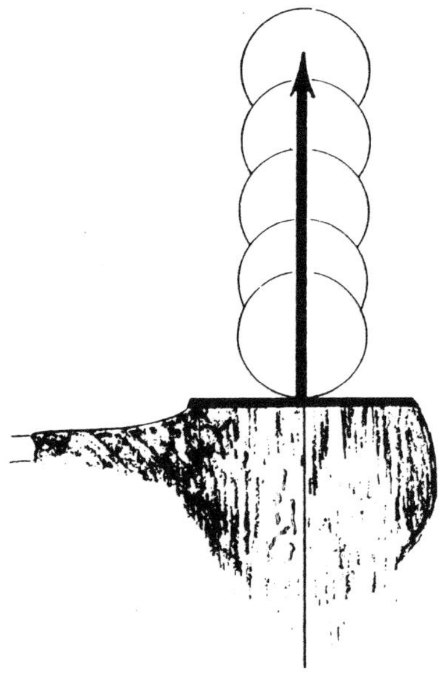

Abb. 152

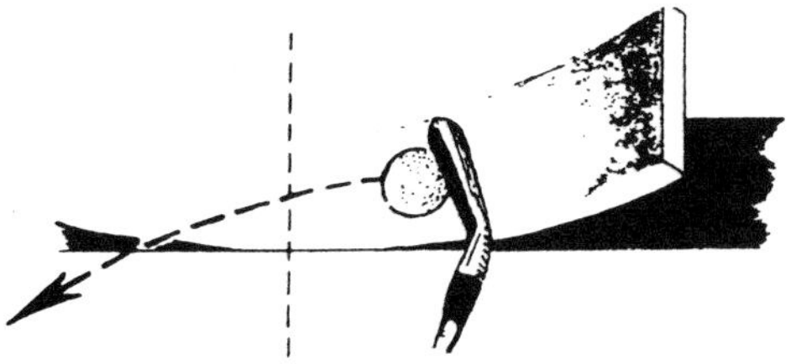

Abb. 153

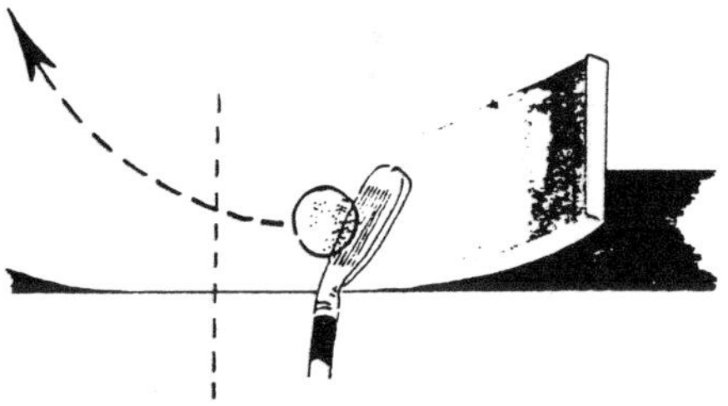

Abb. 154

Nun nenne ich die schlechten Golfschläge:

Der »Slice«, der »Pull«, der »Sky« (Himmelschlag), der »Fluff« (Patzer), der »Shank« (Schaftschlag), der »Top«, der »Push« und der »Smother« (verhungerter Ball).

Im Gegensatz zur Meinung vieler Leute gibt es nur neun schlechte Schläge im Spiel. Ich habe die Schläge aus bestimmten Gründen in dieser Reihenfolge aufgezählt, denn manche sind sich sehr ähnlich. Ich gruppiere sie sozusagen in kleine Familien. Der »Slice« entsteht bei einem *außen-nach-innen*-Schwung, mit zur Schwunglinie geöffnetem Schlägerblatt; der »Pull« wird durch einen *außen-nach-innen*-Schwung verursacht, mit einer zur Schlagfläche rechtwinkligen Schlägerblattstellung; der »Sky« entsteht bei einem *außen-nach-innen*-Schwung, mit einer sehr steilen Schwunglinie; der »Fluff« entsteht bei einem *außen-nach-innen*-Schwung; der »Shank« wird durch einen stark übertriebenen *außen-nach-innen*-Schwung verursacht; und der »Top« entsteht bei einem von außen kommenden, steilen Angriff auf den Ball. Der »Hook« wird durch *innen-nach-außen*-Schwung hervorgerufen, mit einem zur Schwunglinie geschlossenen Schlägerblatt; der »Push« entsteht bei einem *innen-nach-außen*-Schwung, mit einer zur Schwunglinie rechtwinkligen Schlägerblattstellung; der »Smother« wird durch einen *innen-nach-außen*-Schwung verursacht, mit zur Schwunglinie nach unten geschlossenem Schlägerblatt. Daraus ersehen wir, daß sechs der schlechten Schläge von *außen-nach-innen*-Schwüngen verursacht werden und drei von *innen-nach-außen*-Schwüngen. Dabei sind zwei der drei *innen-nach-außen*-Schwünge nicht allzu schlecht, wenn Sie das Resultat betrachten. Das sind der »Push« und der »Hook«, wobei der »Smother« weiterhin ein schlechter Schlag bleibt. Die Schlußfolgerung, die wir daraus ziehen, zeigt, daß fünfundsiebzig Prozent aller Golfspieler leider den Ball von außen her schlagen, und daß die übrigen fünfundzwanzig Prozent ihn von innen nach außen oder auf der Innenseite der Zielgeraden schlagen. Wenn Sie den Ball von innen her nach außen schlagen, dann fliegt der Ball eher niedrig. Sie erzielen dadurch eine tiefere, weiter reichende Flugbahn, und, wie schon erwähnt, gibt es bei dieser Art von Schwung nur drei schlechte Schläge, wovon zwei noch akzeptabel sind (siehe Abb. 158).

Abb. 155

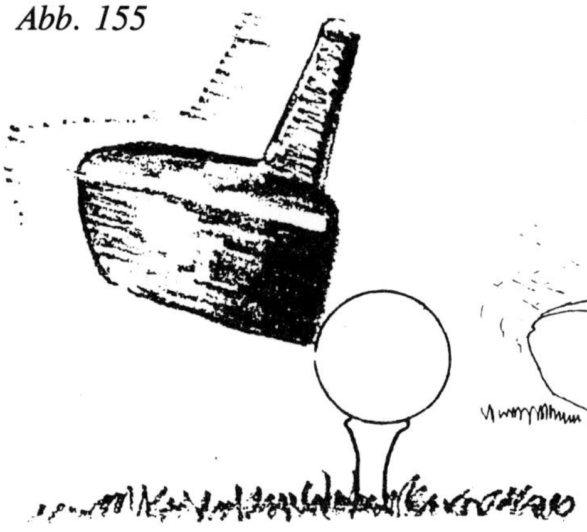

Abb. 156

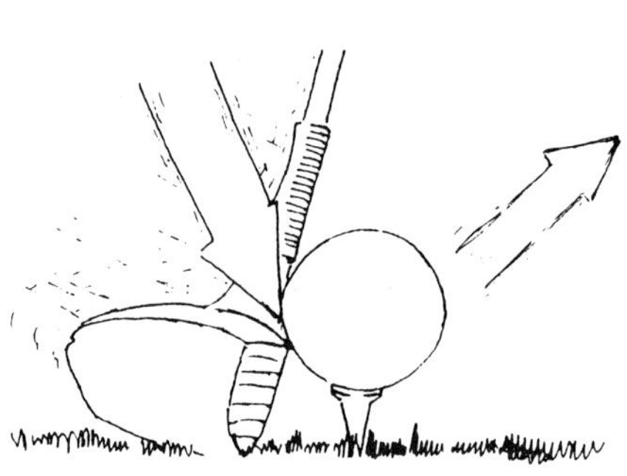

Abb. 157

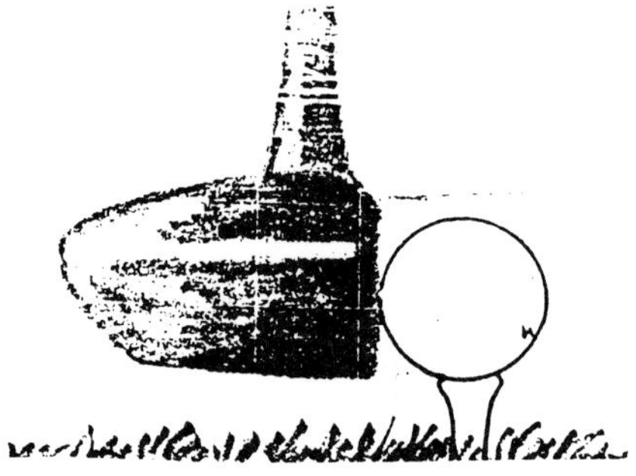

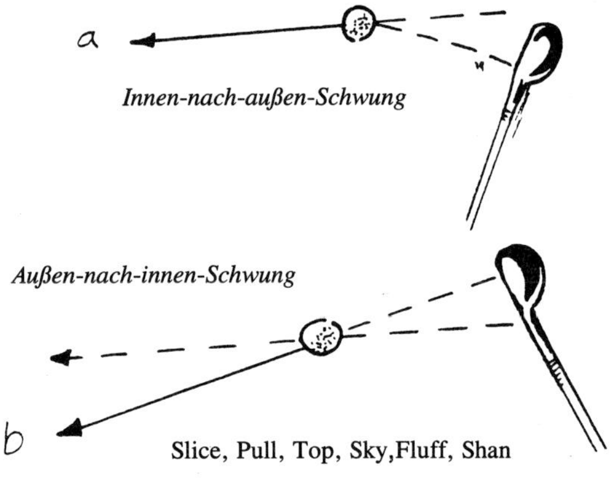

Abb. 158

Wenn Sie von außen nach innen schlagen, dann besteht die Möglichkeit, daß Sie einen »Slice«, »Pull«, »Sky«, »Fluff«, «Shank« oder »Top« verursachen. Von *außen* schlagen bedeutet, daß Sie von außen quer über die Ziellinie schwingen, daß der Ball die Richtung links vom Ziel einschlägt, und daß der Angriffswinkel auf den Ball immer steil ist. Meistens fliegt der Ball dann sehr hoch und, wie schon erwähnt, sind sechs der neun schlechten Schläge leicht möglich. Im Gegensatz dazu, den Ball von innen nach außen zu schlagen, bedeutet immer der Zielgeraden entlang, mit einer flacheren Flugbahn und mit nur drei Möglichkeiten, den Ball schlecht zu schlagen. Wer ein guter Golfer sein will, oder wer seine beste Leistung erreichen will, schlage ausnahmslos, unabhängig von seinen persönlichen kleinen Eigenarten oder seiner Art, den Schläger zurückzuschwingen, unbedingt den Ball von innen her nach außen. Manche Profis führen den Schläger außen zurück, manche steil innen, manche in einer geraden Linie zum Ball. Sogar in den wichtigsten Wettkämpfen sehen Sie die verschiedensten Rückschwungmöglichkeiten, jedoch der Treffmoment bleibt der gleiche. Die Frage, die Sie sich stellen müssen, ist: gehören Sie zu den fünfundsiebzig Prozent oder zu den fünfundzwanzig Prozent der Elite, welche von innen nach außen zum Ziel schwingt? Stellen Sie sich vor, da

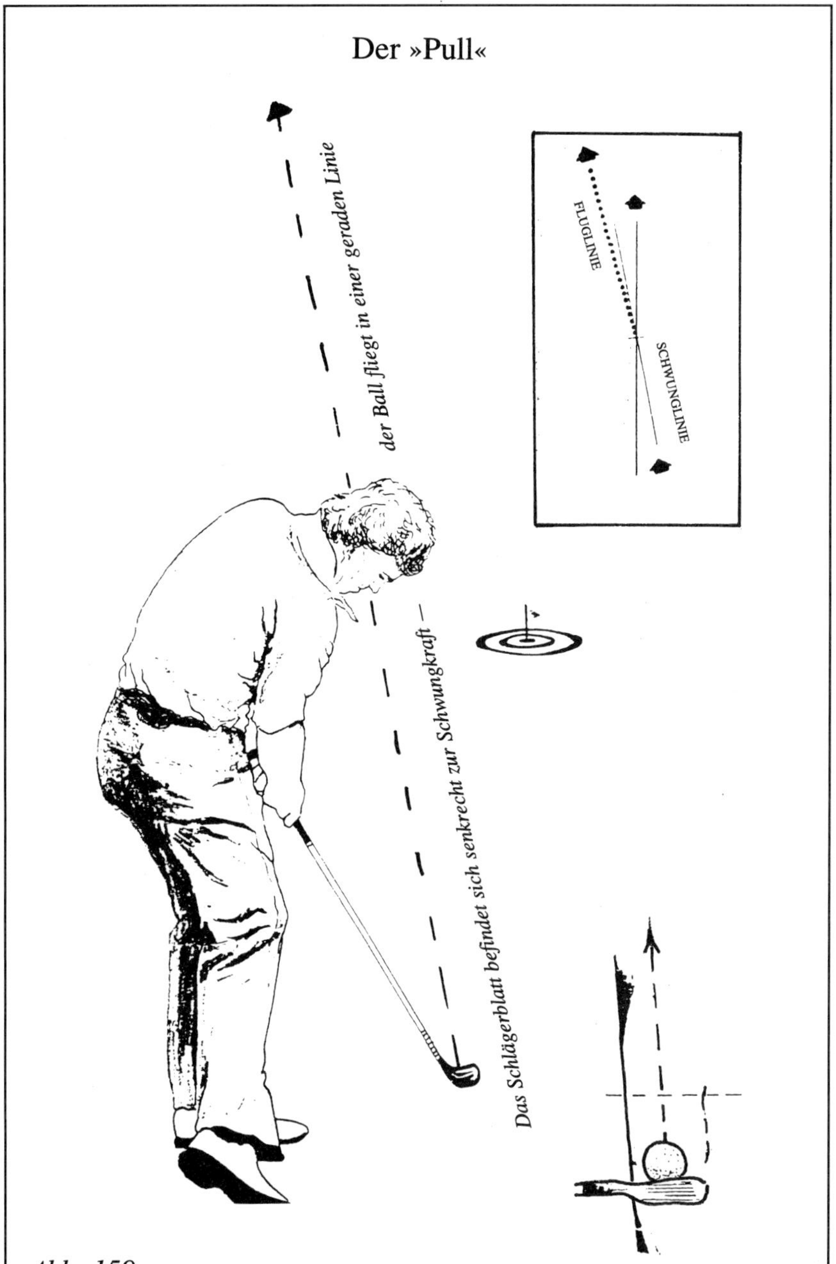
Der »Pull«
der Ball fliegt in einer geraden Linie
FLUGLINIE
SCHWUNGLINIE
Das Schlägerblatt befindet sich senkrecht zur Schwungkraft

Abb. 159

wäre ein Schlitz oder eine Öffnung, in die Sie den Schläger hineinstecken müßten, um von innen zu schlagen.

Den Slice habe ich schon in einem früheren Kapitel behandelt und gehe daher gleich zum »Pull« über (siehe Abb. 159). Der Pull zeichnet sich dadurch aus, daß er in einer geraden Linie links vom Ziel landet — genau das Gegenteil des Push. Da der Ball in einer geraden Linie fliegt, ohne irgendwie abzuweichen, waren die Schwunglinie und die Schlägerblattstellung koordiniert — beide nach links vom Ziel ausgerichtet. Daher brauchen wir uns nicht mit dem Schlägerblatt zu befassen. Wir bleiben bei der Richtung der Wucht des Schwungs — links — und dem steilen Winkel, mit dem das Schlägerblatt auf den Ball trifft. Die Tendenz hoher Bälle bleibt. Der Pull ist ein typischer Schlag, der beweist, daß der Ball garantiert kein Gehirn hat und nicht denken kann. Er geht genau dorthin, wohin Sie ihn geschlagen haben! Obwohl es eigentlich gar kein so schlechter Schlag war, ist es ein Beweis für eine falsche Schwungform! Vergessen Sie nicht, daß Sie mit diesem Schwung auch manch anderen schlechten Schlag erzielen können — sogar den berüchtigten »Shank«.

Was verursacht den »Pull«? Der Hauptgrund liegt in schlechter Vorbereitung. Das Schlägerblatt (siehe Abb. 160) und der Körper (siehe Abb. 161) sind links vom Ziel ausgerichtet, und der Ball liegt meistens zu weit vorne. Die erste Phase des Rückschwungs verläuft leicht nach außen (siehe Abb. 162); im höchsten Punkt des Rückschwungs zeigt der Schaft nach links vom Ziel. Im Abschwung kommt der Schläger von außen herab und schlägt den Ball von außen nach innen, während er die Zielgerade kreuzt (siehe Abb. 163). In solch einem Fall ist alles auf einen *außen-nach-innen*-Schwung ausgerichtet. Daher müssen wir uns ganz neu organisieren. Sie richten den Schlägerkopf leicht rechts vom Ziel aus (siehe Abb. 164) und vergewissern sich, daß der Ball etwas weiter hinten im Stand liegt (siehe Abb. 165). Dies sichert, daß die Füße, die Hüfte und die Schultern leicht rechts der Ziellinie ausgerichtet sind (siehe Abb. 166). Somit ist alles nach rechts vom Ziel ausgerichtet (siehe Abb. 167). Im höchsten Punkt des Rückschwungs muß der Schlägerschaft leicht über die Linie gebracht werden (siehe Abbildung) oder leicht nach rechts zeigen. Am Anfang des Abschwungs müssen Sie sich vergewissern, daß Sie den Ball von sich weg, von innen her nach außen schlagen (siehe Abb. 168).

Leider kommt es vor, daß ein Spieler den Ball *pullt,* obwohl der

Schläger am höchsten Punkt des Rückschwungs in einer guten Position war, *weil er zuviel mit dem Oberkörper arbeitet* (siehe Abb. 169), ohne Mitarbeit der unteren Hälfte des Körpers. Daher ist es wichtig, daß der Schläger nicht *hinuntergeworfen* wird, sondern daß die Hüfte den Abschwung einleitet, gefolgt von den Händen — und nicht in der anderen Reihenfolge (siehe Abb. 170). Leider kommt dies öfter vor, besonders wenn die Beine müde werden, wenn Sie nicht fit sind oder aus lauter Vergeßlichkeit.

Ein Pull-Schlag kann auch durch einen schlechten Rückschwung entstehen. Wenn die Vorbereitung des Schlages fehlerhaft ist, kommt es vor, daß der Körper zu weit vom Ball entfernt ist und eine gebeugte Stellung einnimmt (siehe Abb. 171). Der Schläger wird mit einer schrägen Bewegung über die Schulter gehoben (siehe Abb. 37 u. 58), die linke Schulter sinkt, die rechte Schulter wird hochgezogen, und dadurch wird der Ball beim Abschwung von außen her geschlagen. Das Endresultat solch eines Schlages ist ein Pull, oder in manchen Fällen ein sehr schlechter Slice. Manchmal meinen Golfer, daß sie ihre Schultern auf das Ziel hin ausrichten müssen. Wenn die Schultern des Spielers mit der Zielgeraden übereinstimmen, ist das Schlägerblatt nach rechts vom Ziel ausgerichtet und alles dorthin eingestellt. Obwohl der Spieler einen ausgezeichneten Übungsschwung durchführt und mit dem Schläger schön nach rechts durchzieht, korrigiert er seine falsche Richtung, wenn es darauf ankommt, und versucht, den Ball doch noch irgendwie in die Zielrichtung zu schlagen. Da alles nach rechts ausgerichtet war, das Ziel jedoch links der Schwunglinie liegt, versucht der Spieler, im unteren Sektor des

Abb. 161 *Abb. 160*

Ausrichtung und Schwung

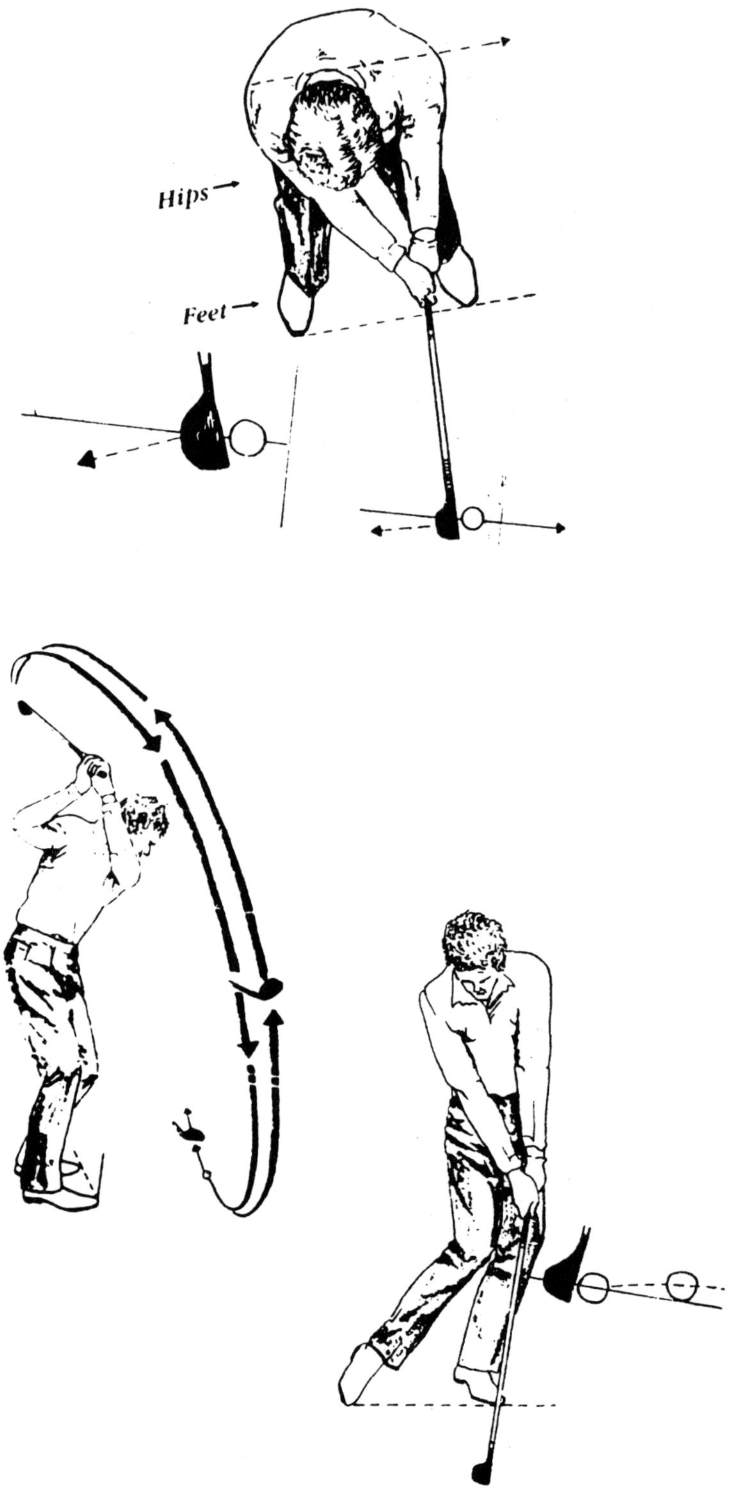

Abb. 162 *Abb. 163*

Schwungs um seine eigene Achse herumzuschwingen, und verursacht dadurch einen Pull. Mit anderen Worten, der Spieler zielt weit nach rechts vom Ziel und verbessert seine Aufstellung, indem er im unteren Sektor des Schwungs quer zu seinem Körper schlägt.

Der Grund dafür ist einfach: Die Mehrzahl der Golfplätze haben Begrenzungen und folgen den Grundregeln, die durch St. Andrews festgelegt wurden. Die Begrenzungen liegen auf der rechten Seite und obwohl der Spieler sich auf diese eingestellt hat, schwingt er automatisch zurück in Richtung Ziel oder weg von der Begrenzung und zurück zum Fairway.

Für die Spieler, die dieses Problem haben, ist hier eine interessante Übung zur Schwungverbesserung: Begeben Sie sich auf das Übungsgrün und richten Sie Schlägerkopf, Körper, Füße, Hüfte und Schultern leicht nach links vom Ziel aus. Konzentrieren Sie sich auf das Ziel und darauf, daß Sie dorthin schwingen und nicht in die Richtung, in die Sie sich gestellt haben. Durch diese *von-sich-weg-in-die-Zielrichtung-Übung* trainieren Sie den innen-nach-außen-Schwung.

Es ist logisch, daß Sie den Schlägerkopf auf das Ziel und den Körper leicht rechts davon ausrichten, und so das gesamte Fairway vor sich haben, um den Ball zu landen. Sie schwingen nun innen zurück und schlagen den Ball von innen her nach außen und vergewissern sich jeweils, daß Sie den Schlägerschaft am Gipfelpunkt des Rückschwungs über die Linie bringen, und daß der Abschwung von den Beinen und dem Unterkörper in die Schlagzone geleitet wird.

Zum Abschluß nur ein paar Kontrollpunkte zum Pull-Schlag.

Abb. 164 *Abb. 166*

Ausrichtung zur Korrektur des »Pull und Swing«

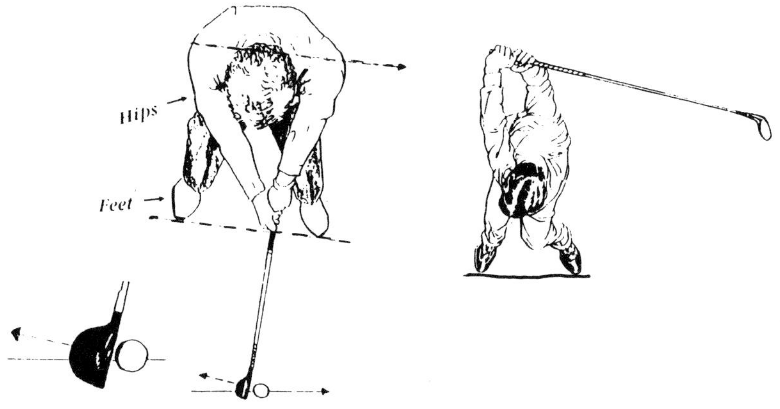

Abb. 165

Abb. 167 *Abb. 168*

Aufstellung

— wenn Sie sich nach links vom Ziel ausgerichtet haben, unterstützen Sie einen links gerichteten Schwung (Ballposition zu weit vorne)

— wenn Sie sich nach rechts vom Ziel ausgerichtet haben, dann drehen Sie sich automatisch im Schwung um Ihre eigene Achse und schwingen nach links.

Ballposition (zu weit vorne?)

Der Beginn des Rückschwungs

— drehen sich Ihre Schultern auf gleicher Höhe?

Der Gipfelpunkt des Rückschwungs

— der Schaft muß die Zielgerade gekreuzt haben.

Der Beginn des Abschwungs — dieser muß von einer Beinbewegung eingeleitet werden und von innen her geführt werden.

Als nächstes beschäftigen wir uns mit dem »Sky«, der manchmal auch »300-Yard-Schlag« genannt wird, da der Ball 150 Yards hoch in die Luft fliegt und 150 Yards wieder herunter fällt. Der Name besagt schon, daß dies kein weiter Schlag ist. Es ist dann auch immer wieder enttäuschend, wenn der Ball nach so viel Anstrengung hoch in die Luft fliegt und nicht viel weiter vom Ausgangspunkt wieder am Boden landet. Sie stellen sich sogleich die Frage, wie dieser »Sky« entstehen kann. Die Antwort ist einfach: Zu tiefer Ballabschlag (siehe Abb. 172). Dies bedeutet, daß der Schlägerkopf den Ball nicht oben, auch nicht in der Mitte, sondern tief unten trifft. Dies verleiht ihm dann zuviel Backspin und läßt ihn hoch in die Luft steigen. Die nächste Frage, die Sie sich stellen, ist, wie das passieren kann. Wieso wurde der Ball unten abgeschlagen anstatt in der Mitte? Dafür gibt es mehrere Gründe, meistens ist jedoch der Schwung der Übeltäter. Der Schwung ist *zu steil,* die Luftlinie, die der Schlägerkopf zieht, sieht wie ein amerikanischer Fußball aus (siehe Abb. 173). Der Schwung ist nicht rund genug — was nach oben geht, muß auch wieder herunter kommen. Mit anderen Worten, der Schläger wird zu schnell und zu steil zurückgeführt (siehe Abb. 174) und daher beschreibt der Schläger beim Abschwung keinen Halbkreis, sondern trifft von oben steil auf den Ball (siehe Abb. 175). Auf dem Abschlagplatz schlagen Sie im allgemeinen ein Rasenstück mit heraus oder suchen garantiert nach Ihrem Tee. Nun ist es Zeit, sich zu fragen, wieso Sie einen solchen steilen Schwung haben? Einen

Steiler Winkel von außen auf den Ball

Abb. 169

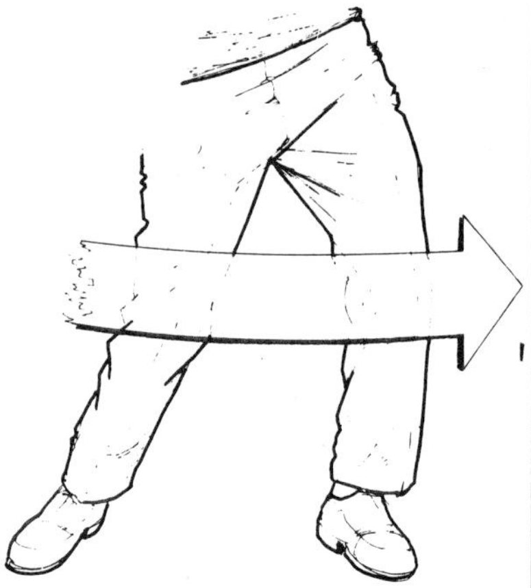
Ihre Beine beginnen den Durchschwung

Abb. 170

Schwung, der so auf den Ball trifft, daß dieser an seiner Unterseite abgeschlagen wird und mit übermäßigem Backspin losfliegt. Der Grund liegt in der Vorbereitung, wenn die *rechte Seite dominant* ist (siehe Abb. 30). Die stärkere Seite, die rechte Hand und der rechte Arm, werden in einer beinahe geraden Linie gehalten, wobei der Ellbogen zu weit vom Körper entfernt ist. Was dann geschieht, wird am Schwung offensichtlich. *Die rechte Seite schwingt den Schläger mit einem schnellen steilen Bogen zurück* (siehe Abb. 51). Im Höhepunkt des Rückschwungs dreht sich der Körper nicht mit, es liegt zuviel Gewicht auf dem linken Bein (siehe Abb. 176), und der Schlag trifft von oben auf den Ball (siehe Abb. 52).

Wie korrigiert man den Sky-Schlag? Erinnern Sie sich: Sie schlagen ein rundes Objekt mit einem flachen Schlägerblatt vorwärts. Die Betonung liegt auf vorwärts. Daher ist es nicht zweckmäßig, mit dem Schläger von oben auf den Ball zu treffen, nicht wahr? Deswegen müssen Sie sich so postieren, daß Sie den Ball nicht von oben nach unten, sondern durch eine Bewegung von hinten nach vorne schlagen. Beobachten Sie einmal das Pendel einer Standuhr, es schwingt hin und her, hin und her ... Nun stellen Sie sich vor, das Pendel würde ganz nach oben und steil nach unten schwingen. Zur Korrektur eines solch steilen Schlages müssen Sie Ihre linke Seite bewußt dominieren lassen. Zuerst halten Sie den Griff des

Abb. 171

Schlägers mit den Fingern der linken Hand, nicht mit der Handfläche (siehe Abb. 177). Der linke Arm wird mit dem Schlägerschaft in eine Linie gebracht (siehe Abb. 178). Der Griff wird so in der linken Hand gehalten, daß das V, welches zwischen dem Zeigefinger und dem Daumen entsteht, auf die *rechte* Schulter zeigt (siehe Abb. 179). Die rechte Hand wird ganz locker auf den Griff gelegt. Der rechte Ellbogen bleibt entspannt und wird eng am Körper gehalten (siehe Abb. 33). Beim Schwung bleiben der rechte Arm und die rechte Hand ganz ruhig, während Sie sich darauf konzentrieren, daß Ihre linke Schulter und Ihr linker Arm den Schlägerkopf den Boden entlang zurückführen (siehe Abb. 15). Achten Sie besonders darauf, daß Sie beim Rückschwung genügend Weite in den Schwung bringen, von der Sie dann beim Abschwung profitieren, da Sie den Ball von hinten in seiner Mitte treffen können (siehe Abb. 16) und das Tee nicht deplazieren (siehe Abb. 17 u. 134). Achten Sie auf das Geräusch Ihres Schlägers beim Rückschwung. Sie müssen den Schlägerkopf über das Gras gleiten hören. Sie sollten ebenfalls darauf achten, daß Sie den Ball treffen und das Tee stehen lassen, und daß Sie den Ball erst dann schlagen, wenn sich der Schläger im Aufschwung befindet und nicht schon während des Abschwungs (s. Abb. 180). Hand in Hand mit dem steilen Ausholen, begleitet eine gekippte Schulterbewegung den Sky-Schlag. Der Spieler hält seine Schultern beim Rückschwung schief. Seine linke Schulter bewegt sich abwärts, seine rechte aufwärts. Der Oberkörper dreht sich nicht mit. Der Spieler ist zu weit vom Ball entfernt, seine Knie sind nicht gebeugt, sein Oberkörper befindet sich in der Vorlage. Das Ge-

Der »Sky«

Abb. 172

wicht liegt auf den Zehen und während des Rückschwungs sinkt die linke Schulter automatisch, und die rechte Schulter wird hochgezogen. Somit entsteht keine Drehung im Oberkörper.

Das Resultat: Der Spieler tendiert beim Abschwung zu einem Überschwung, er schwingt nach außen und quer mit einem steilen Schwung.

Ein flacher Schwung bei Schlägern mit flachem Schlägerblatt, um niedrige, tiefe Annäherung an den Ball zu gewährleisten.

Wenn Sie unter dem Sky-Problem leiden, denken Sie jeweils an die folgenden Punkte. Greifen Sie den Ball so flach wie möglich an. Um dieses zu erreichen, stehen Sie so dicht wie möglich am Ball. Verlagern Sie Ihr Gewicht nach hinten auf die Fersen, beugen Sie Ihre Knie und halten Sie Ihren Rücken gerade. Stellen Sie sich in Gedanken einen flachen Schwung vor (siehe Abb. 181). Eine flache Drehung, bei der sich beide Schultern auf gleicher Höhe drehen. Drehen Sie sich hinter dem Ball, und am höchsten Punkt des Rückschwungs sollte Ihr Rücken auf das Ziel gerichtet sein.

Mit anderen Worten, Sie haben den Oberkörper im Rückschwung gedreht und erreichen dadurch automatisch eine *flachere Schwungebene*. Der Schlag trifft somit von innen her nach außen und von hinten auf den Ball (siehe Abb. 182). Die Übung zu diesem Schwung haben wir schon in diesem Buch behandelt. Die Hände sind in der üblichen Position auf dem Schlägergriff (siehe Abb. 63).

Dann heben Sie Hände und Arme, bis auf Höhe des Kinns. In dieser Position drehen Sie die Schultern (siehe Abb. 64). Als Abschluß noch einmal die wichtigsten Punkte:

Abb. 173

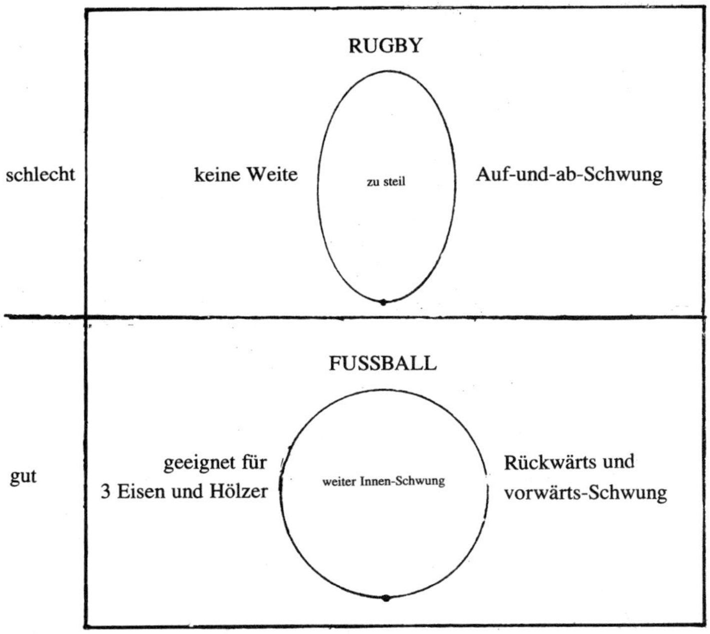

Abb. 174

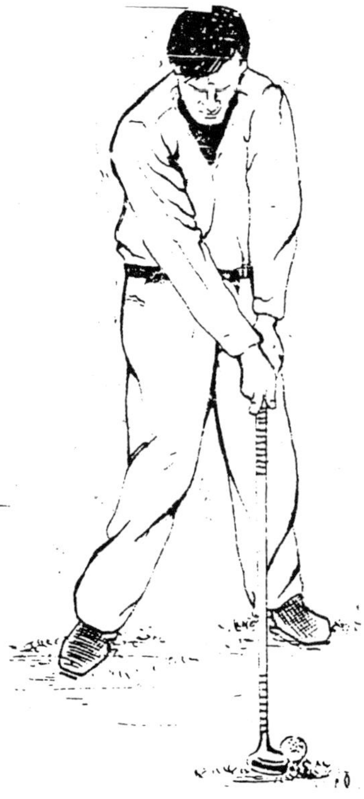

Abb. 175

Vorbereitung kontrollieren:
— Wird zu steil zurückgeschwungen?
— Drehen sich Ihre Schultern auf einer flachen (korrekten) oder schiefen Ebene?
— Stehen Sie zu weit weg vom Ball?
— Wird das Tee oder ein Stück Rasen mitgeschlagen?

Der nächste Schlag, den ich behandle, ist der »Top« (siehe Abb. 183):

Genauso wie es möglich ist, den Ball von unten her zu schlagen und den »Sky« zu schlagen, ist es leider auch möglich, den Ball ganz oben zu treffen und ihn zu »toppen«. Der Top-Schlag ist kein Fehler, den ein Profi-Golfer begeht, sondern kommt bei Amateuren leider sehr häufig vor und ist der reinste Fluch für den Anfänger. Das Hauptproblem des Top ist, daß er durch eine zu große Nervosität und Spannung des Anfängers verursacht wird. Diese wiederum entsteht durch die Erwartung, die in den Schlag gelegt wird. Der Schläger wird umklammert statt gehalten, und es herrscht die Meinung, daß der Schwung mit Kraft vollbracht werden muß.

Abb. 176

Daher bewegen Sie Ihren Körper im Schwung nach vorne und schlagen somit den Ball in den Boden (siehe Abb. 184). Sie können dies der graphischen Darstellung deutlich entnehmen. Der Spieler bewegt während des Abschwungs den Kopf. Er hebt ihn hoch und bewegt ihn zur linken Seite. Dadurch werden auch die Schultern und der Oberkörper mit bewegt. Das Resultat: Der Bogen, den der Schwung beschreibt, wird somit gänzlich zerstört. Dieses Phänomen wird von hilfreichen Golfern oft als »Kopf hoch« bezeichnet, jedoch ist es viel mehr als das. Der Grund, weshalb der Kopf hochgehoben wird, liegt darin, daß sich der Körper in den Schlag hineinbewegt hat. Um dieses Problem zu beheben, müssen Sie zuerst einmal den Schläger lockerer in die Hand nehmen, etwa so wie eine Tube Zahnpasta. Dann erinnern Sie sich, daß nicht Ihr Körper, Ihre Füße, Ihre Hüfte, Ihre Schultern oder Ihr Kopf den Ball schlagen, sondern der Kopf des Golfschlägers! Dieser alleine bringt den Ball nach vorne. Anstatt Ihren Körper in den Schlag zu legen (siehe Abb. 185), legen Sie den Schlägerkopf hinein (siehe Abb. 186), und er wird die ganze Arbeit für Sie erledigen. *Wer den Ball in Bewegung bringen will, der bewege den Schlägerkopf,* und dieser wird den Ball bewegen. Also, halten Sie Ihren Körper zurück und aus dem Schlag heraus. Zur Übung chippen Sie den Ball etwas mit dem Schlägerkopf oder geben ihm einen kleinen Schlag aus dem Handgelenk heraus — alles, damit Sie sich

Abb. 177

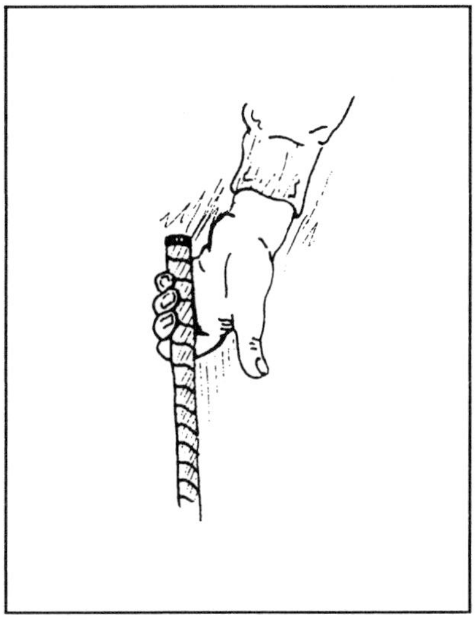

Abb. 178

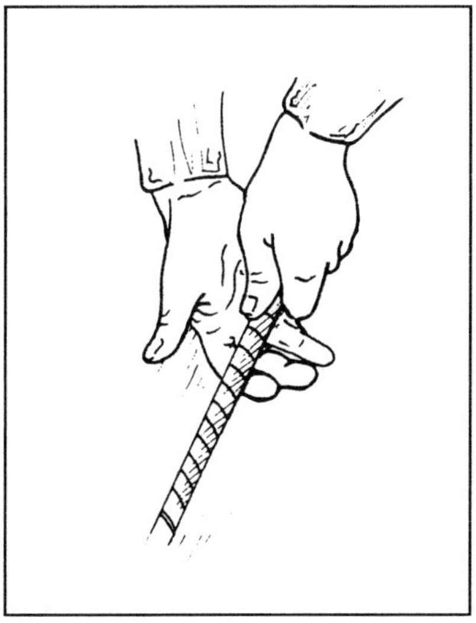

Abb. 179

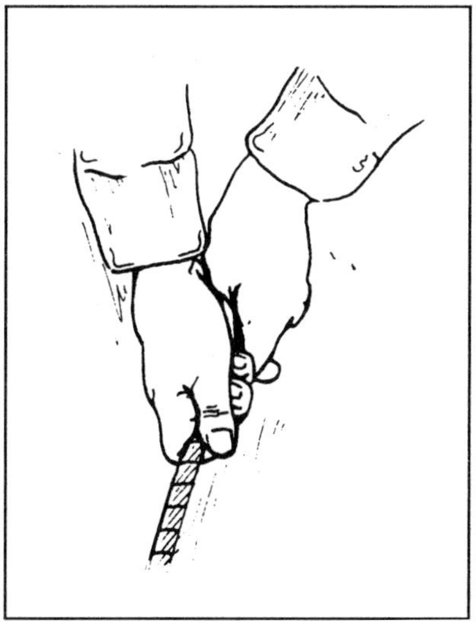

daran gewöhnen, die Arbeit an den Schlägerkopf zu delegieren.

Der zweite Hauptgrund, weshalb Sie sich in den Schlag hineinbewegen, ist möglicherweise ein Zurücklehnen beim Rückschwung. Mit anderen Worten, Sie haben den Schwung nicht mit einer Schulterdrehung durchgeführt, sondern Sie bewegen sich seitlich weg vom Ball. Mit einer solchen seitlichen Verschiebung Ihres Körpers verlagern Sie Ihren Körperschwerpunkt *außerhalb* des rechten Fußes. Die Schwungkurve wird dementsprechend ebenfalls nach hinten verschoben, und der Schläger befindet sich im Aufschwung, bevor er den Ball trifft. Wenn Sie sich beim Rückschwung nach rechts lehnen und dies im Abschwung nicht im gleichen Maße korrigieren, verziehen Sie die Schwungkurve nach rechts. Klare Sache, nicht wahr?

Wenn sich Ihr Körper in alle Himmelsrichtungen bewegt, so daß sich Ihr Kopf nach vorwärts und rückwärts verlagert, gibt es eine einfache Art, dies festzustellen: Stellen Sie sich in Schlagposition auf. Wenn alle Vorbereitungen getroffen sind, bitten Sie einen Freund (ein Erzfeind tut's auch), sich Ihnen gegenüber zu stellen (siehe Abb. 187). Darauf achtend, daß seine Füße außerhalb der Schlagweite sind, lege der Freund seine linke Hand auf Ihren Kopf. Nun schwingen Sie. Hat sich Ihr Kopf unter der Hand Ihres Freundes selbständig gemacht? Haben Sie eine Reibung an der Hand gespürt? Dann wissen Sie, daß sich Ihr Kopf beim Schwung bewegt hat.

Durch seinen relativ kleinen Körperbau, ist Jack Nicklaus sehr auf seine Beine angewiesen, um den Ball anzutreiben. In jüngeren Jahren enthielt sein Schwung sehr viel Körper- und Beinbewegung, die dann natürlich auch seinen

Abb. 180

Abb. 181

Abb. 182

Abb. 183

Abb. 184

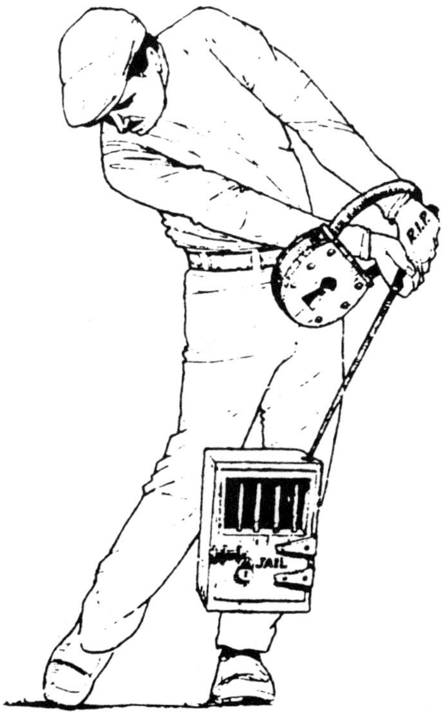

Abb. 185

Abb. 186

Kopf beeinflußte. Um diesem Problem entgegen zu wirken, hielt ihn Jack Grout buchstäblich beim Schopf und er mußte aus dieser Position die Bälle schlagen. Sehr schnell lernte Jack Nicklaus, daß der Kopf nicht bewegt werden darf, sondern daß er auf den Punkt fixiert werden muß, um den sich dann der Schwung dreht. Arnold Palmer, der einen sehr heftigen Schwung hat, betont die Bedeutung der Kopfhaltung. Der Golfspieler, der mehr schwingt und weniger schlägt, wird dieses Problem kaum kennen.

Abb. 187

Eine weitere Ursache des Top ist eine *schlechte Haltung,* genau wie beim *Sky,* beim *Pull* oder bei jedem anderen fehlerhaften Schlag. Aus der graphischen Darstellung (siehe Abb. 188) ersehen Sie, daß die Knie nicht gebeugt sind, daß sich der Oberkörper in der Vorlage befindet und das Gewicht zu weit vorne liegt. Mit anderen Worten, der Spieler kauert. Bei dieser Ausgangsposition kommt es oft vor, daß sich der Spieler dann beim Rückschwung streckt, beim Abschwung oben hängen bleibt und den Ball »toppt«, wenn er ihn überhaupt noch erreichen kann. Bei dieser schlechten Haltung kommt es ebenfalls oft vor, daß sie zusätzlich noch schief ist (wie schon früher erwähnt). Die linke Schulter sinkt während des Rückschwungs, das rechte Knie streckt sich und es wird übertrieben zurückgeschwungen. Es entsteht keine Körperdrehung.

Im Gipfelpunkt des Rückschwungs liegt das Körpergewicht auf dem linken Fuß, der dem Ball gegenüber steht. Was während des Schwungs dann geschieht, ist klar. Das Gewicht verlagert sich auf den rechten Fuß zurück. Der Schwung erreicht seinen tiefsten Punkt, bevor der Schläger in die Nähe des Balles gelangt. Somit wird der Ball nur knapp vom Schlägerkopf getroffen.

Auch ein erfahrener Spieler kann ab und zu einen Top schlagen. Dieser entsteht bei zuviel Körperbewegung während des Abschwungs. Der Spieler möchte einen Push schlagen und versäumt es, den Schlägerkopf frei durch den Schlag laufen zu lassen, und daher schwingt der Schläger über den Ball hinweg. Ein Ende dieses Problems ist erst absehbar, wenn der Schlägerkopf früher freigelassen wird.

Wir fassen die Korrekturen kurz zusammen: Grundbedingung für einen guten Schlag sind ein guter Stand und eine gute Körperhaltung. Die linke Schulter etwas höher als die rechte — in eine innen-nach-außen-Stellung —, damit der Schlägerkopf die Tendenz bekommt, den Ball von hinten und nicht von oben zu treffen. Zur Korrektur des Top-Schlages beachten Sie die folgenden Punkte:

Abb. 188

- Den Körper nicht in den Schlag hineinbewegen.
- Nicht durch Anspannung nach vorne und oben schlagen.
- Kontrollieren, daß Sie sich beim Rückschwung nicht zurücklehnen, sich nicht vom Ball entfernen.
- Beachten, daß Sie die Schwungkurve nicht durch schlechte Haltung verziehen.
- Ihr Gewicht nicht von einem Fuß auf den anderen verlagern (verursacht durch einen schiefen Schwung).

Erfahrene Spieler, die ab und zu unter diesem Schlag leiden, vergessen, den Schlägerkopf freizulassen, oder haben einen übertriebenen, vom Körper geleiteten innen-nach-außen-Schwung.

Der nächste Fall ist der »Fluff«. Bei diesem Schlag trifft der Schläger den Boden, bevor er den Ball erreicht. Dieser Schlag ist im allgemeinen mit außergewöhnlicher Mühe beim Schwung verbunden. Der Spieler schwitzt mehr und ist nach ein paar Bällen schon ermüdet. Wiederum hat der Spieler nicht erkannt, daß nicht er, sondern der Schlägerkopf die Arbeit erledigt. *Auch bildet sich der Spieler ein, daß der Ball um so weiter fliegt je stärker zurückgeschwungen wird.* Dies ist aber nicht der Fall, eher das Gegenteil, denn *ein zu weiter Rückschwung endet meistens mit einem zusammengefallenen Schwung,* da sich der Körper des Spielers nicht dreht und keine Verwringungskraft im Schwung liegt. Die erste Bewegung im Schwung ist dann auch immer ein Werfen des Schlägers. Aus der Zeichnung (siehe Abb. 189) ersehen wir die ideale Stellung, um den Boden hinter dem Ball zu treffen. Es liegt so viel Gewicht auf dem linken Bein des Spielers, daß er während des Schwungs automatisch dieses Gewicht nach rechts verlagert, das linke Bein streckt und so den Boden hinter dem Ball trifft (siehe Abb. 190). Wie entsteht dieser *Körperschwung?* Erstens sind die rechte Hand und der rechte Arm in einer zu starken Position, daher dieser übertriebene Rückschwung. Zweitens wird der Schlägerkopf von außen kommend auf den Ball herabgeschlagen, und drittens liegt das Körpergewicht beim Rückschwung auf dem linken Fuß, verlagert sich dann beim Abschwung sehr schnell wieder auf den rechten Fuß zurück; deswegen wird der Boden zuerst getroffen. Die beste Lösung ist: Geben Sie Ihrer rechten Seite Urlaub! Sie hat sowieso schon viel zu hart gearbeitet, während die linke faulenzte! Stellen Sie sich folgendermaßen

Der »Fluff«

Abb. 189

auf: die schwächere linke Seite in starker Position. Die rechte Hand liegt ganz locker auf dem Griff, der rechte Ellbogen entspannt an der Seite.

Die erste Bewegung beim Rückschwung ist die Drehung: drehen, drehen, drehen... nur die Schultern ganz leicht nach innen drehen, etwa ein Viertel der Distanz, die Sie normalerweise zurückschwingen würden, und dann schlagen Sie den Ball. Sie bekommen Schuldgefühle bezüglich des kurzen Rückschwungs. Sie denken, der Ball würde nicht sehr weit fliegen nach solch einem kurzen, mühelosen Schlag. Auf jeden Fall haben Sie das Gefühl, keinen sehr weiten Ball verdient zu haben, denn es fehlte die große Anstrengung. Dem ist aber nicht so. Jeder Golfer muß seine linke Seite in eine starke Position bringen. Sie üben das, indem Sie die Finger der rechten Hand strecken, während Sie den Griff mit der linken Hand festhalten. Dann holen Sie mit dem Schläger aus, aber nur mit einer seitlichen Schulterdrehung. Die rechte Schulter wird gedreht, der Rücken zeigt in Richtung Ziel, die Schultern sind auf gleicher Höhe. Ein Trick zur Übung dieses Rückschwungs: Behalten Sie die rechte Schulter im Augenwinkel. Sobald Sie mit dem Rückschwung beginnen, verlieren Sie die rechte Schulter aus dem Blickwinkel. Ein viel flacherer Schwung ist das Resultat. Wenn Sie das Gefühl eines flachen Schwunges haben, haben Sie das Erwünschte erreicht.

Der Spieler, der einen »Fluff« schlägt, hat seine rechte Schulter in den Schwung hineingelegt. Die Ursache dafür ist, daß der gesamte Schwung unstimmig ist. Wenn er richtig wäre, würde der Spieler die Schulter nicht hinunterbringen. Denn es gibt nichts bei einem richtigen Schwung, das den Spieler

Abb. 190

zwingt, sich in den Schwung hineinzulegen. Kurzer, kontrollierter Rückschwung und Drehung der Schultern auf gleicher Ebene, so korrigieren Sie den *Knick* beim Rückschwung, wodurch wiederum eine Korrektur beim Abschwung überflüssig wird. Mit anderen Worten, wenn die linke Schulter beim Rückschwung sinkt, dann muß die rechte Schulter dies beim Abschwung ausgleichen und verlagert sich während des Abschwungs nach unten. Wenn Sie die Schultern auf gleicher Ebene hinter dem Ball gedreht haben, dann haben Sie den idealen Winkel, um den Ball mit dem Schlägerkopf voll von hinten zu treffen und können ihn nach vorne schlagen. Manchmal kommt es vor, daß sich ein erfahrener Spieler in dieser Position befindet, weil er in seinem Eifer, einen innen-nach-außen-Schwung durchzuführen, die Grundaufstellung übertreibt. Er stellt seine rechte Schulter tiefer als seine linke. Den rechten Ellbogen hält er ganz nah an seiner Seite, um einen Schwung von innen her durchzuführen. Leider ist seine Ansprechposition so übertrieben, daß er den Boden aufgrund der niedrigen Annäherung vor dem Ball trifft.

Zusammenfassung des »Fluff«-Schlages:

— Kontrollieren Sie die Ansprechposition vor dem Schlag; vergewissern Sie sich, daß die rechte Seite nicht eine zu starke Position einnimmt.

— Rückschwung kontrollieren.

— Die Schultern gleichmäßig *drehen* und nicht nur schräg stellen.

— Auf Nummer sicher gehen, daß am höchsten Punkt des Rückschwungs das Gewicht nicht auf dem linken Fuß liegt.

— Selbstverständlich genauestens kontrollieren, daß Sie nicht zu weit nach hinten schwingen, und somit den größten Übeltäter, der zum »Fluff«-Schlag führt, meiden. Die Tendenz bei einem zu weiten Rückschwung ist, den Schläger zu weit hinter dem Ball anzusetzen und dann in den Boden zu schlagen, bevor der Schläger den Ball erreicht.

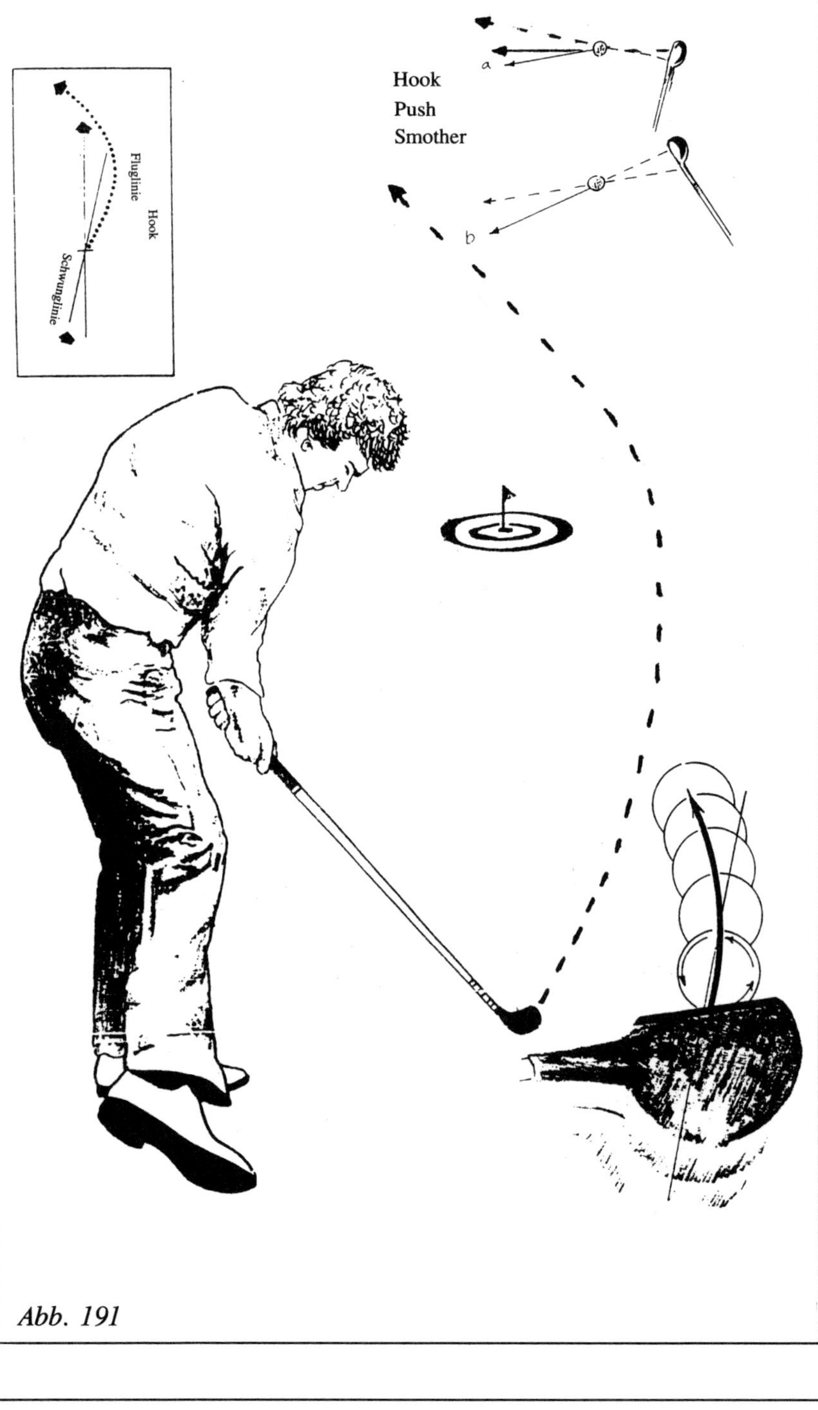

Abb. 191

Wir widmen uns nun der zweiten Familie schlechter Schläge:
Gemeint sind der »Hook«, der »Push« und der »Smother«.

Sogar der weltberühmte Ben Hogan litt während seiner Karriere unter diesem Problem (siehe Abb. 191).

Der Grund, weshalb diese drei Schläge in einer anderen Familie sind, ist, daß sie einem anderen Schwungtyp entstammen. Sie werden von einem innen-nach-außen-Schwung, von einem Schwung, der von innen her kommt, verursacht. Wie schon erwähnt, sind es nicht allzu schlechte Schläge: Zwei davon sind wirklich nicht so schlimm.

Zuerst widmen wir uns dem »Hook«. Was verursacht einen Hook? Eigentlich ist ein Hook das Resultat einer *geschlossenen Schlägerblattstellung*. Das Schlägerblatt zeigt im Treffmoment nach links vom Ziel. Gleichzeitig ist der Hook mit einem innen-nach-außen-Schwung, einem nach rechts vom Ziel gerichteten Schwung, verbunden. Weil die Schwunglinie und somit die Wucht des Schwungs auf die rechte Seite des Ziels gerichtet ist, wird der Ball auch in diese Richtung geschlagen. Jedoch weicht der Ball durch die nach links gerichtete Stellung des Schlägerblattes in der zweiten Hälfte seines Fluges nach links ab. Drei Faktoren beeinflussen den Golfschlag:
— die Richtung des Schwunges
— der Winkel des Schlägerblattes
— der Teil des Balls, der vom Schlägerkopf getroffen wurde.

In diesem Falle ist der Aufschlagwinkel flach, daher beschäftigen wir uns mit den anderen beiden Punkten. Wir widmen uns der Richtung der Schwunglinie

Abb. 192

Abb. 193

Abb. 194

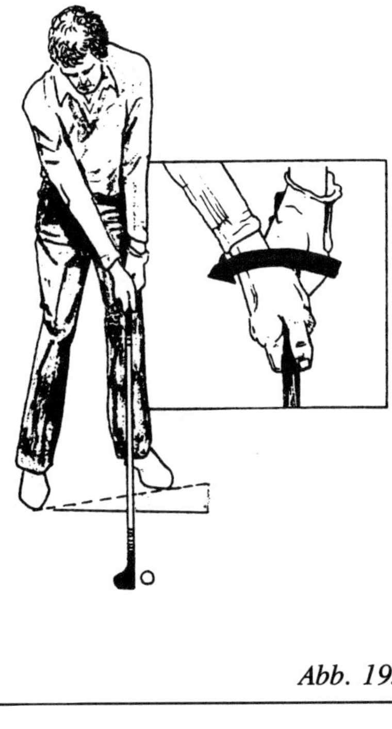

Abb. 195

und, noch wichtiger, dem Winkel des Schlägerkopfes. Sobald wir den Winkel des Schlägerblattes unter Kontrolle haben, ist der Hook kein Problem mehr.

Die Hände des Spielers bestimmen den Winkel, und somit ist die Griffhaltung der Ursprung des Fehlers. Der Spieler hat sich einen «Hooker-Griff« angewöhnt (siehe Abb. 192). Dies bedeutet, daß die Hände den Schläger zu weit rechts greifen, die Knöchel der linken Hand sichtbar sind, und daß die rechte Hand unter dem Schaft liegt. Die Hände und Arme haben im Verhältnis zum Körper eine natürliche Haltung. Wenn diese Haltung verdreht oder verändert wird, dann kehren die Hände und Arme, sobald sich der Körper bewegt, in die natürliche Stellung zurück.

Ein kleines Experiment: Halten Sie den Schläger mit Ihrem üblichen Griff, jedoch mit einer Verschiebung nach rechts (einem Hooker-Griff). Nun stellen Sie den Schlägerkopf auf den Boden. Sie sehen gleich, daß die Schlägerblattstellung offen ist. Ohne die Hände vom Griff zu lösen, drehen Sie sie nun nach *links,* die Schlägerblattstellung ist geschlossen. Genau dieses findet während des Schwungs statt. Wenn die Hände den Griff zu weit nach rechts gedreht halten, so daß die Knöchel der linken Hand sichtbar sind und die rechte Hand unter dem Schlägergriff liegt, bleibt die Schlägerblattstellung offen (siehe Abb. 193). Am höchsten Punkt des Rückschwungs dreht sich das Schlägerblatt und schlägt den Ball in geschlossener Stellung (siehe Abb. 194).

Bedauerlich, ein Spieler mit dem Hook-Problem wird die linke Seite des Fairways meiden. Er richtet sich schon vor dem Schlag leicht nach rechts vom Ziel aus. Dieses fördert den Hooker-Griff auf dem

Abb. 196

Rechte Hand darunter

Abb. 197

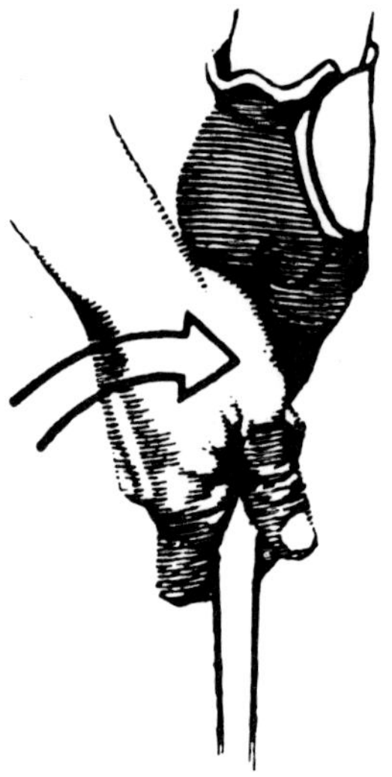

Nehmen Sie die rechte Hand nach oben

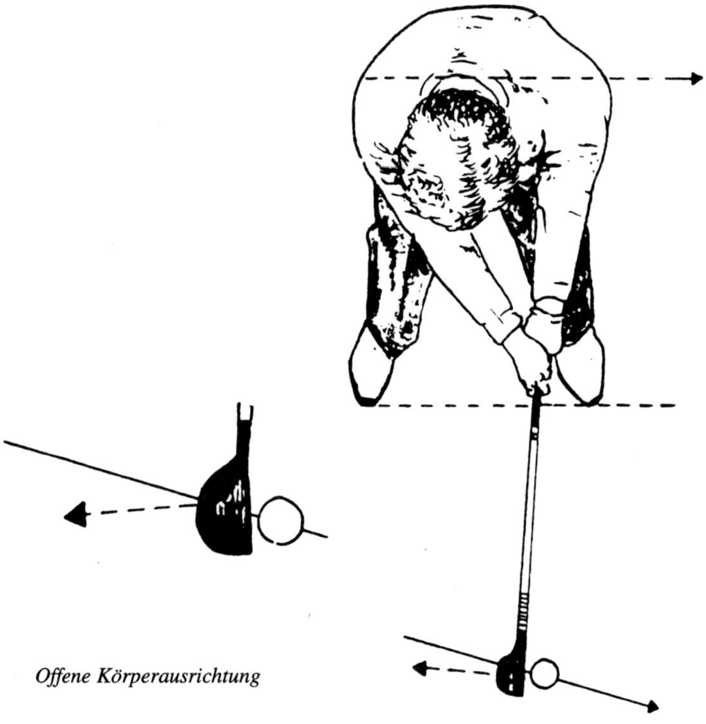

Offene Körperausrichtung

Abb. 198

Schläger, die von der Zielgeraden abgedrehten Schultern und den übertriebenen innen-nach-außen-Schwung.

Die Lösung des Hook-Problems:

Erstens: Den Schlägerkopf auf das Ziel richten oder sogar etwas links davon.

Zweitens: Die Hände so auf den Schlägergriff legen, daß das V zwischen dem Daumen und dem Zeigefinger auf das Kinn zeigt (siehe Abb. 195). Den Schläger in die *linke Handfläche* legen, nicht in die Finger. Die Knöchel der linken Hand sind nicht sichtbar. Nun die rechte Hand auf die linke legen und darauf achten, daß das V wiederum auf das Kinn zeigt. Diese Haltung ist sehr unbequem, garantiert jedoch, daß sich das Schlägerblatt beim Rückschwung nicht schließt, im höchsten Punkt des Rückschwungs gerade oder sogar etwas offen ist und selbstverständlich geöffnet auf den Ball trifft (siehe Abb. 196 u. 197).

Dieser neue Griff verleiht Ihnen die Freiheit, wohl zum ersten Mal in Ihrem Leben, den Schlägerkopf frei durch den Schlag laufen zu lassen. Mit einem Hooker-Griff auf dem Schläger ist es üblich, den Schlägerkopf festzuhalten, denn falls der Schlägerkopf freigelassen würde, würde der Schlag sehr schlecht ausfallen. Mit einem lockeren Griff jedoch, können sie den Schlägerkopf nach Belieben freilassen, ohne einen Hook zu verursachen.

Spieler, die unter dem Hook leiden, scheuen meistens vor zwei Golfschlägern zurück. Der eine ist der Driver und der andere der Wedge. Durch den Hooker-Griff und die geschlossene Schlägerblattstellung wird der Höhenfaktor

Abb. 199

Abb. 200

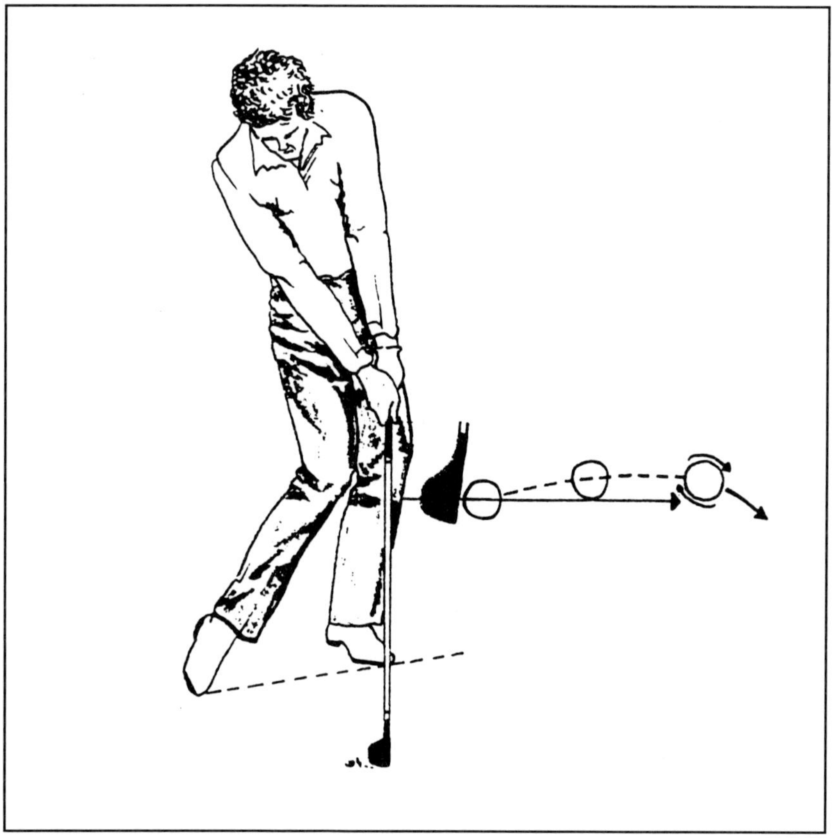

des Drivers zerstört. Es wird fast zur Unmöglichkeit, einen Ball in die Luft zu befördern, oder Sie schlagen einen sehr starken Hook, einen Ball, der nicht erst geradeaus fliegt, sondern gleich mit der Linkskurve beginnt und immer weiter nach links fliegt. Daher bevorzugt es der Spieler, vom Tee aus mit einem 3er Holz zu spielen, da bei diesem der Winkel des Schlägerblattes größer ist. Das Schlägerblatt trifft die untere Hälfte des Balls, erzeugt einen Backspin und verhindert den Sidespin.

Eine weitere Ursache des Hook: Der Schwung mit zuviel Handgelenksaktivität oder wenn die Hände nicht ruhig gehalten wurden. Der Rückschwung wird übertrieben, im Abschwung wird der Ball zu früh geschlagen — alles endet mit einem Hook. Mit anderen Worten, die rechte Hand ist im Moment des Kontaktes mit dem Ball viel zu stark, sie dreht sich zu sehr und dreht sich in der Schlagzone. Die Lösung findet sich darin, daß Sie die rechte Hand auf dem Griff entspannen und die linke in der Schlagzone verstärken. Sie bringen den linken Handrücken vorwärts durch die Schlagzone in die Zielrichtung und vergewissern sich, daß die rechte Hand das Schlägerblatt im Schwung nicht dreht. Zur Übung dieser Dominanz der linken Seite empfehle ich den Bernhard-Langer-Griff: Die linke Hand legen Sie unter der rechten auf den Griff. In dieser Position wird das Schwingen geübt, und schon bald genießen Sie das Gefühl eines links dominierten Schwunges.

— Den Griff kontrollieren:
Halten Sie den Schläger mit einem Hooker-Griff?

— Aufstellung kontrollieren:
Sind Sie einer, der einen Hook erwartet? Haben Sie sich nach rechts vom Ziel ausgerichtet? Sind Füße, Hüfte und Schultern auf einen von *innen* her geschwungenen Schlag und den unvermeidlichen Hook vorbereitet?

— Position des Schlägerkopfes im höchsten Punkt des Rückschwungs kontrollieren:
Ist er in einer geschlossenen Stellung?

— Kontrollieren Sie, daß Sie nicht übertrieben zurückschwingen und daß sich Ihre rechte Hand in der Schlagzone nicht dreht.

Bernhard Langer

Als Abschluß: Wenn Sie Ihre Griffhaltung unter Kontrolle haben, sind Sie ein gutes Stück weiter, den Hook loszuwerden. Jedoch mögen Sie gewarnt sein: Wenn Sie Ihre Griffhaltung lokkern, laufen Sie Gefahr, Ihren Hook in einen Slice zu verwandeln. Sie stellen sich sogleich vor, daß Sie sich dann wohl eines Lasters entledigt haben, nur um sich ein anderes anzugewöhnen.

Sie haben den Hook korrigiert und jetzt haben Sie einen Slice (denken Sie an all die verschiedenen Golfplätze, die sie noch nie gesehen haben, und die Sie auch nie besuchen werden!). Daher gehen Sie auf Nummer sicher und behalten Sie eine lockere Griffhaltung bei, mit der Sie den Schlägerkopf zum Ball frei durch den Schlag laufen lassen können. Denn bei dieser Griffhaltung ist es fast unmöglich, einen Hook zu schlagen, ganz gleich wann Sie den Schlägerkopf freilassen. Mit einem Hooker-Griff würde der »Duck-Hook« verursacht werden. Wenn Sie daher die *linke* Hand auf dem Griff lockern, bis daß keine Knöchel mehr sichtbar sind, müssen Sie sicherstellen, daß Sie dem Ball mit der *rechten* Hand einen Schlag versetzen.

Wir rekapitulieren: Der echte Hook, bei dem der Ball zuerst nach rechts fliegt und dann in der zweiten Hälfte des Fluges nach links abdriftet, hat zwei Ursprünge.

1) Eine fehlerhafte Griffhaltung — dies ist die häufigste Ursache.

2) Ein Hook kann auch mit einer neutralen Griffhaltung verursacht werden, aber nur, wenn man den Rückschwung weit übertrieben hat, wenn der Ball vom Schläger zu früh getroffen wurde, oder wenn die rechte Hand beim Schlag dominiert.

Abb. 201

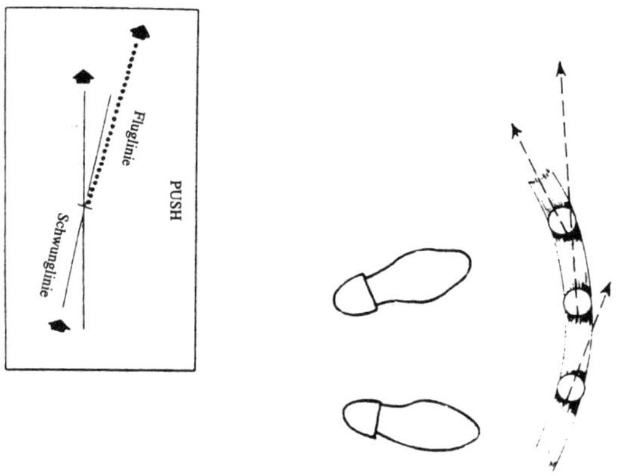

Abb. 202

Ein Schlag, der mit dem Hook eng verbunden ist, ist der »Push« (siehe Abb. 201).

Der Push fliegt in einer geraden Linie nach rechts vom Ziel. Er wird von einem innen-nach-außen-Schwung verursacht, mit einem Null-Grad-Winkel des Schlägerblattes zur Schwunglinie (siehe Abb. 202). Der Push kann durch übermäßigen Einfluß der linken Seite entstehen. Mit anderen Worten, wenn die Hände im Schwung dem Schlägerblatt vorausgehen. Obwohl der Schwung korrekt von innen her kommt, hat der Schlägerkopf im Treffmoment die Hände noch nicht eingeholt und verursacht dadurch den Push. Dies kommt daher, daß der Ball etwas hinter dem Spieler liegt, oder daß der Spieler sehr flach zurückgeschwungen hat, oder auch davon, daß der Spieler den Ball zu weit hinten im Stand spielt. Den Ball zu weit hinten im Stand spielen, ist logischerweise damit verbunden, daß sich der Körper in dem Moment, wenn der Ball geschlagen wird, vor dem Ball befindet. Das Resultat bleibt unverändert, auch wenn Sie in der korrekten Stellung anfangen und sich dann während des Schwungs nach links verlagern. In beiden Fällen befindet sich der Körper im Treffmoment weiter vorne als der Ball, und daher hat das Schlägerblatt nicht den richtigen Winkel zur Schwunglinie. Das Schlägerblatt ist, durch den innen-nach-außen-Schwung im rechten Winkel zu der Linie, die der Schlägerkopf beschreibt, jedoch noch leicht zur gewünschten Linie hin geöffnet. Wenn Sie die graphische Darstellung betrachten, sehen Sie, daß in der Schlagzone der Schlägerkopf einen Halbkreis beschreibt. Wenn sich der Ball am Anfang dieses Halbkreises befindet, kann er nicht richtig geschlagen werden.

Der zweite Ursprung eines Push ist, wenn der Körper sich in die Schlagzone hineinbewegt. Die Hände befinden sich im Treffmoment automatisch vor dem Ball, und somit ist der Push unvermeidbar. Einmal mehr ist es Zeit einzusehen, daß nicht der Spieler den Ball weiterbefördert, sondern der Schlägerkopf, daß Sie den Schlägerkopf zum Ball bringen, und daß Sie die rechte Hand in der Schlagzone drehen müssen.

Eine weitere Ursache des Push und des Hook ist ein sehr flacher Rückschwung. Mit anderen Worten, ein übertriebener innen-nach-außen-Schwung, der dadurch verursacht wurde, daß Sie den Schläger zu steil nach innen zurückgeführt haben.

Korrektur des Push:

— Ballposition kontrollieren: liegt der Ball zu weit hinter dem Stand?

— Kontrollieren, daß sich Ihr Körper beim Rückschwung nicht zurück und beim Schlagen nicht vorwärts lehnt.

— Flaches Zurückschwingen kontrollieren.

Der letzte Schlag, den ich behandeln werde, ist der »Smother« (siehe Abb. 203, 204, 205).

Dieser Schlag wird von einem verdeckten Schlägerblatt verursacht.

Das Schlägerblatt ist im Moment des Kontaktes mit dem Ball etwas nach unten abgedreht. Der Loft, der bei der Herstellung auf das Schlägerblatt gebaut wurde, wird nicht nur eliminiert, sondern bewirkt sogar durch einen nach unten gedrehten Schlägerkopf das Gegenteil. Der »Smother« erschwert es dem Golfer, den Ball in die Luft zu bringen. Dafür gibt es zwei Ursachen:

Der häufigste Grund liegt in einer Hooker-Griffhaltung. Das Symptom dieses Problems ist, daß der Spieler die Tendenz hat, den Driver zu meiden, denn dieser Schläger hat nur elf Grad Loft auf dem Schlägerblatt. Der Hooker-Griff bringt das Schlägerblatt geschlossen zum Ball, eliminiert den Loft und verursacht einen scharf nach rechts abweichenden Ball. Nur mit dem 3er Holz schlagen Sie den Ball noch einigermaßen gut. Tatsächlich verwandeln Sie mit einer derartigen Griffhaltung das 3er Holz in ein 1 ½er, und erreichen trotz dieses schlechten Griffs un-

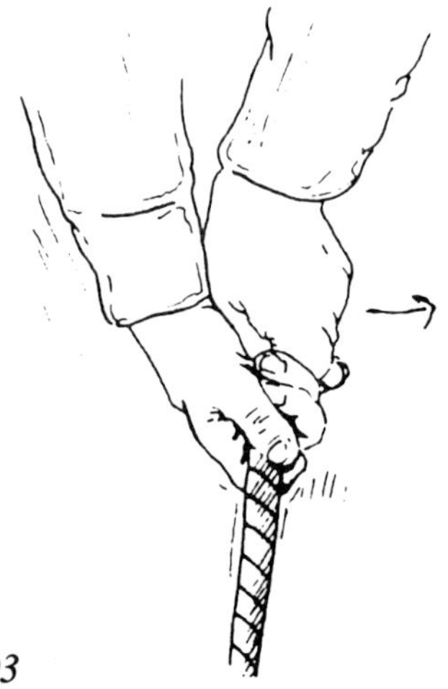

Auf der linken Hand sind zu viele Knöchel sichtbar

Abb. 203 *»Smother-Griff«*

glaubliche Distanzen. Das 8er Eisen verwandeln Sie durch schlechte Griffhaltung und verdecktes Schlägerblatt in ein 5er.

Zur Lösung dieses Problems:

Die Position der Hände: Der Schlägergriff muß in der linken Handfläche liegen — nicht in den Fingern. Das V, das zwischen dem Zeigefinger und dem Daumen entsteht, zeigt genau auf das Kinn. Die rechte Hand wird so über der linken placiert, daß das V der rechten Hand ebenfalls auf das Kinn zeigt. Dies kommt einem sehr unbequem vor! Beim Rückschwung sowie im höchsten Punkt des Rückschwungs besteht die Tendenz, das Schlägerblatt etwas zu öffnen und es dadurch offen auf den Ball zu bringen. Mit dieser neuen Griffhaltung stellt der Spieler sofort fest, daß der Ball mehr an Flughöhe gewinnt, und sich ab und zu ein Slice einschleicht. Die ungewohnte Position der Hände wird kaum auszuhalten sein, Tatsache ist jedoch, daß Sie, wenn Sie ein »Smother« oder »Hook«-Problem haben, dieses an den Wurzeln, nämlich an der Griffhaltung, packen müssen und so lange beharrlich bleiben müssen, bis Sie es überwunden haben, egal wie unbequem es ist. Sie müssen hinausgehen und Spielen üben, nicht übend spielen. Das bedeutet, Sie sollten nicht während einer Runde Golf diese Änderungen ausprobieren, denn in einem Spiel geht es »um die Wurst«, da zählt jeder Schlag. Mit zielbewußter Beharrlichkeit üben Sie die neue Griffhaltung bis sie Ihnen natürlich vorkommt und Sie sich dessen bewußt sind. Erst dann können Sie ihn im Spiel einsetzen und das erste Grün betreten.

Die Zusammenfassung der Korrekturen des »Smothers«:
— Hände kontrollieren: sich vergewissern, daß beim Ansprechen nicht mehr als zwei Knöchel der linken Hand sichtbar sind, und selbstverständlich, daß die rechte Hand *nicht* auf die rechte Schulter zeigt.

— Sich vergewissern, daß im höchsten Punkt des Rückschwungs die Schlägerblattstellung nicht geschlossen ist.

Der einzige Schlag, den ich noch nicht erwähnt habe, ist der *Frischluft*-Schlag, bei dem der Schlägerkopf den Ball ganz und gar verfehlt. Dieser Schlag ist dem Anfänger nur allzu gut bekannt. Ich erinnere mich an eine kleine Geschichte: Ein Golfspieler steht am ersten Tee und schwingt zum Ball. Er verfehlt diesen, schwingt nochmals, mit demselben Erfolg. Er geht weg, kommt zurück und versucht es abermals, und schon wieder verfehlt er den Ball! Nachdem er das Fairway betrachtet hat, wendet er sich seinem Gegner zu und sagt: »Dies ist aber ein schwieriger Golfplatz!«

Wenn in Ihrem Spiel *Frischluft*-Schläge vorkommen, dann eindeutig deshalb, weil Sie versuchen, den Ball zu weit zu schlagen. Sie forcieren den Schlag. Sie müssen Ihre Hände auf dem Griff entspannen und sich mit einem kürzeren Ball zufrieden geben — kurz ist besser als gar nicht. Mit anderen Worten, lassen Sie den Schlägerkopf die Arbeit erledigen. Chippen Sie mit dem Schlägerkopf, als befänden Sie sich auf dem Grün.

Jeder Golfer hat seinen eigenen Stil, zurückzuschwingen und den Ball zu schlagen. Wer sein Potential ausschöpfen will, muß gewillt sein zu üben, denn es ist noch kein Meister vom Himmel gefallen. Üben heißt nicht, sinnlosen guten Ideen nachzujagen, sondern eine

Abb. 204

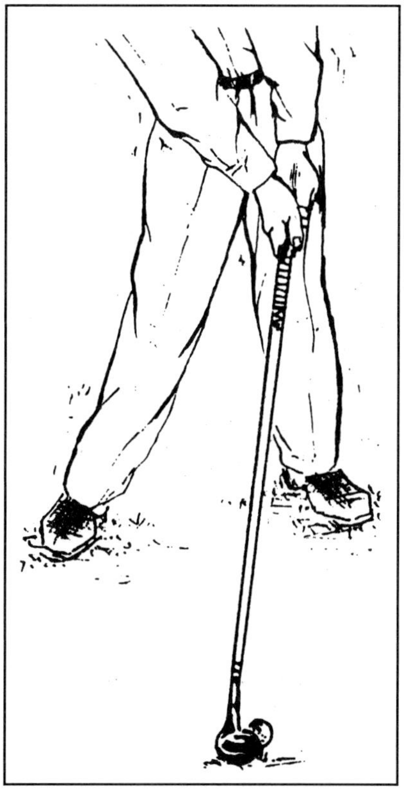

Abb. 205

Geschlossenes Schlägerblatt

gesunde Kenntnis des Spieles anzuwenden — die Ursachen und Wirkungen. Sich selber kennen, Ihren Schwung, und wann Sie in Ihre schlechten Gewohnheiten hineinrutschen. Sich selbst korrigieren können und wiederum erkennen, wenn Sie wieder einen schlechten Schlag ausgeführt haben, das ist die Formel zum Erfolg. Es nützt nicht viel, wenn Sie sich durch und durch kennen, aber nicht wissen, wie Sie sich verbessern können. Wichtig ist es, im Spiel zu spielen und nicht zu üben. Wenn die Korrektur nicht gleich einen Eindruck macht, müssen Sie bereit sein, beharrlich zu üben. Sie müssen sich die Frage stellen: Kann jemand in einer Stunde Klavierspielen lernen? Zum Abschluß möchte ich noch sagen, falls Sie ein unbeständiger Golfer sind und unter mehreren dieser schlechten Schläge leiden, sollten Sie nach einer Gruppe, einer Familie dieser schlechten Schläge suchen.

Der Slice, der Pull, der Top, der Shank und der Fluff können sich zu jeder Zeit in das Spiel einschleichen... Dann sollten Sie Ihre Schwunglinie, Ihre Haltung ändern. Sie sollten sich bemühen, den Ball von innen her zu schlagen, denn dadurch wird der Ball flacher angegriffen und erreicht eine bessere Flugbahn — und Sie eine kleinere Anzahl von Schlägen.

Dieses Kapitel handelt nicht davon, wie das Spiel gespielt werden soll, sondern wie es verbessert werden kann. Ich hoffe sehr, daß ich Ihnen mit diesem Kapitel geholfen habe, Ihre schlechten Schläge zu identifizieren, und den richtigen Weg zur Korrektur zu finden. Meine Absicht ist, daß Sie nicht das ganze Buch lesen müssen, um die Lösung für Ihre Probleme zu finden. Immer wenn der Spieler in einem steilen Bogen auf den Ball schlägt, nähert er sich einer Gefahrenzone. Im korrekten Schwung fährt der Schlägerkopf vor und nach dem Treffen des Balles kurz ganz nah dem Boden entlang. Mit einem derartigen Schwung besteht nur eine ganz geringe Gefahr, den Ball zu tief, zu hoch oder den Boden zuerst zu treffen. In dem idealen Schwung kommt der Annäherungswinkel an den Ball von der Innenseite her.

Die perfekte Anwendung der F.H.B. Formel wird durch eine Videoaufnahme Ihres Spieles erreicht. Die F.H.B. Formel besteht daraus, daß Sie den Anfang der Flugbahn (F), die Höhe (H), respektive deren Abwesenheit, und den Bogen (B), respektive dessen Abwesenheit, des Balls beobachten. Der Anfang der Flugbahn wird von der Wucht des Schwungs bestimmt. Sie bestimmt, welche Richtung der Ball zuerst einschlägt. Diese erste Phase des Fluges offenbart dem Spieler vieles über die Richtung seines Schwunges. Wenn Ihr Ball nach dem Schlag in die linke Richtung abfliegt, können Sie davon ausgehen, daß Ihre Schwunglinie nach links vom Ziel gerichtet ist, und daß die Wucht des Schwungs nach dort verläuft. Weiterhin können Sie daraus schließen, daß Ihre Schwunglinie von außen nach innen verlief. Wenn Ihr Ball nach rechts vom Ziel startet, oder auch auf das Ziel zu, zeigt Ihre Schwunglinie in die Richtung, die der Ball einschlägt.

Die Flughöhe des Balles gibt Ihnen an, welchen Teil des Balls Sie mit dem Schlägerkopf getroffen haben. Wenn Sie ihn unten treffen, erzeugen Sie viel Backspin und der Ball steigt sehr hoch in die Luft. Wenn Sie den Ball oben treffen, ist der Top das unvermeidliche Resultat. Wenn Sie den Ball voll von hinten in der Mitte treffen, ist Ihnen die optimale Flugbahn sicher.

Das B in der F.H.B. Formel steht für Bogen. Gemeint ist der Bogen, den der Ball in seiner späteren Flugphase beschreibt. Er wird vom Winkel zwischen dem Schlägerblatt und der Schwunglinie im Treffmoment erzeugt. Wenn dieser Winkel nicht 90 Grad beträgt, erhält der Ball einen Dreh, der, wenn die Wucht des Schwungs seinen Einfluß auf den Ball verliert, den Ball nach links oder rechts abweichen läßt. Die Wucht beeinflußt den Anfang und der Schlägerblattwinkel die zweite Hälfte der Flugbahn. Wenn Sie einen Ball gerade schlagen, waren Schwunglinie und Schlägerblatt in einem rechten Winkel zueinander, oder auch *zusammen*. Die Richtung des Schwungs und der Winkel, durch den der Ball seinen Dreh erhält, waren identisch (der Pull oder der Push).

Es lohnt sich, daran zu denken, daß manche Schläge von allen drei Faktoren beeinflußt werden, andere nur von zwei, und daß die Formel für den Shank nicht zutrifft, denn bei einem derartigen Schlag entsteht kein Kontakt zwischen Ball und Schlägerblatt.

Der Slice

Mit Hilfe der F.H.B. Formel untersuchen wir nun den Slice. Der Ball fliegt zuerst nach links vom Ziel. Er erreicht ziemlich viel Höhe und weicht dann am Ende der Flugbahn nach rechts ab. Beobachten Sie die erste Flugphase. Daraus können Sie schließen, daß sie von einer von außen nach innen verlaufenden Schwunglinie stammt. Aus dem Höhenfaktor ersehen Sie, daß der Ball unten getroffen wurde und daß Ihr Schwung nicht nur von links kam, sondern auch zu steil war.

Der Bogen, den der Ball nach rechts beschreibt, beweist, daß, obwohl Sie versucht haben, den Schlag nach links zu forcieren, Sie ihm einen nach rechts gerichteten Dreh gegeben haben, der dann in der zweiten Hälfte der Flugbahn den Verlauf dieser bestimmt. Dies wurde dadurch verursacht, daß das Schlägerblatt im Moment des Ballkontaktes nach rechts der Schwunglinie gerichtet war.

Der Pull

Der Pull fliegt in einer geraden Linie nach links vom Ziel und ändert auch nicht zum Ende seines Fluges hin die Richtung. Das beweist, daß, obwohl Ihre Schwunglinie nach links vom Ziel gerichtet war, Ihr Schlägerblatt auch dorthin gerichtet war und sie somit übereinstimmten. Die Schwunglinie und das Schlägerblatt waren von außen nach innen gerichtet.

Der Sky

Der Sky hat zwei Eigenschaften, die Höhe und die Richtung. Die Richtung verläuft meist links vom Ziel. Die Höhe ist ein Hinweis darauf, daß der Kontakt auf dem Ball tief gewesen sein muß. Ihr Schwung verlief in die linke Richtung und war viel zu steil.

Diesen Schlag werden wir nicht beim Namen nennen; beobachten Sie seine Flugbahn: Sie schlagen den Ball. Er fliegt zuerst nach rechts vom Ziel. Langsam aber sicher weicht er in der späteren Flugphase nach links ab. Der Flug war nicht sehr hoch. Mit Hilfe der F.H.B. Formel finden Sie mehr über diesen Schlag heraus. Der nach rechts gerichtete Beginn, deutet auf eine von innen nach außen verlaufende Schwunglinie. Die niedrige Flugbahn weist auf einen mittleren Kontakt auf dem Ball im Treffmoment hin. Die Linkskurve in der zweiten Flugphase ist ein Zeichen dafür, daß die Schlägerblattstellung in einem Winkel nach links von der Schwunglinie gerichtet war.

Den Spin müssen Sie dadurch korrigieren, daß Sie sich mehr auf die Schlägerblattstellung konzentrieren, die Richtung verbessern Sie dadurch, daß Sie den Bogen nicht mehr in Ihren Schwung einkalkulieren, sondern in Zukunft gleich von Anfang an in die linke Richtung schwingen.

Da die meisten wirklich schlechten Schläge den Ball zuerst nach links fliegen lassen, muß die Wucht des Schwungs nach rechts vom Ziel gerichtet werden. Denn nur dadurch können Sie diese Familie schlechter Schläge meiden. Sobald Sie das erreicht haben, wird die Flugbahn des Balles niedriger sein, und der Bogenfaktor wird sich sehr wahrscheinlich durch die neutralere Griffhaltung auch verbessert haben. Somit spielen Sie auch ein viel besseres Golf.

Das nächste Mal, wenn Sie eine Runde Golf spielen, setzen Sie die F.H.B. Formel ein, oder auch nur ein Teil davon, z.B. wenn Ihre schlechten Schläge nur zwei dieser Merkmale haben.

Eine weitere Formel

Dieses Mal eine Formel bezüglich des Schwungs: G.Z.D.Ü.I.

G. heißt Griffhaltung. Die Griffhaltung, die das Schlägerblatt kontrolliert. Ein Hook-Griff auf dem Schläger wird immer einen schlechten Schlag verursachen, z.B. einen Hook etc. Zweitens müssen Sie lernen, sich auf das Z., das Ziel, zu richten, damit korrektive Maßnahmen in der Aufstellung nicht nötig sind. D., die erste Bewegung im Rückschwung muß eine Drehung des Oberkörpers sein. Ü., der Schaft des Schlägers muß im höchsten Punkt des Rückschwungs über die Schwunglinie hinweg gezogen werden, damit ein sauberer Schlag von innen nach außen möglich ist. Letztendlich das I., es steht für innen, denn ohne einen von-innen-nach-außen-Schlag können Sie Ihr Potential nie erreichen. Es ist sogar möglich, in den anderen Punkten etwas nachzulassen und trotzdem von innen nach außen zu schlagen. Dieser ist der allerwichtigste Teil des Schwungs. Jedoch ist es viel einfacher, dies zu erreichen, wenn alle Punkte der G.Z.D.Ü.I. Formel eingehalten werden.

Zum Schluß ein Wort über den Winkel. So sollte die Schlägerblattstellung während eines Schwungs und Schlages aussehen: Während des Rückschwungs sollte sie offen sein, im Treffmoment sollte sie in einem rechten Winkel zur Schwunglinie sein, beim Durchziehen geschlossen. Es ist wichtig, analysieren zu können, geben Sie jedoch acht, daß Sie diesem nicht ganz verfallen. Lernen Sie die Mechanik des Schwungs kennen, schwingen Sie jedoch nicht mechanisch!